Deepak Chopra

Vollkommene Meditation

Deepak Chopra

Vollkommene Meditation

Das Leben transformieren – von mehr Gelassenheit bis zum spirituellen Erwachen

Aus dem amerikanischen Englisch
von Claudia Callies

IRISIANA

This translation published by arrangement with Harmony Books,
an imprint of the Crown Publishing Group,
a division of Penguin Random House LLC

Die amerikanische Originalausgabe erschien 2020
unter dem Titel »Total Meditation«.

FSC www.fsc.org MIX Papier aus verantwortungsvollen Quellen FSC® C014496

Klimaneutral*
Druckprodukt
ClimatePartner.com/14044-1912-1001

Penguin Random House Verlagsgruppe FSC® N001967

1. Auflage

einem Unternehmen der Penguin Random House Verlagsgruppe GmbH,
Neumarkter Straße 28, 81673 München
Umschlaggestaltung: Geviert, Grafik & Typografie,
basierend auf dem Coverdesign von Anna Bauer Carr
Satz: Leingärtner, Nabburg
Druck und Bindung: GGP Media GmbH, Pößneck
Printed in Germany
ISBN: 978-3-424-15412-2

Für all jene,
die eine erwachte Welt schaffen

INHALT

EINLEITUNG

EIN AUFRUF ZUM ERWACHEN

Liebe Leserin, lieber Leser,

es gibt viele gute Gründe zu meditieren, Gründe, die Tausende von Jahren zurückreichen. Dieses Buch aber wurde nicht mit einem Blick zurück, sondern mit dem Blick nach vorn geschrieben. Es geht um das erwachte Leben; das bedeutet, im Licht zu sein, Gnade zu finden und von Schmerz und Leid befreit zu werden. Es ist die Verkörperung des wahren Glücks. Vollkommene Meditation ist der Schlüssel zu diesem Leben.

Wenn ich Sie davon überzeugen kann, dass dies das richtige Leben für Sie ist, dann ist das, was Sie erwartet, buchstäblich unvorstellbar. Die Dinge, die Ihnen heute, morgen und für den Rest Ihres Lebens widerfahren werden, entsprechen dann nicht mehr den alten, vorhersehbaren Mustern. Jeder Tag wird sich vollkommen neu anfühlen und Ihre Kreativität wecken – Sie müssen nur zulassen, dass sich das Glück entfalten kann.

Zunächst gilt es jedoch, die grundlegendste Frage zu stellen: Was macht einen Menschen wirklich glücklich? Eine liebevolle Beziehung, ein geregeltes Familienleben, eine erfolgreiche Karriere? Es gibt wahrscheinlich ebenso viele Antworten wie es Menschen auf der Welt gibt. Aber ungeachtet all unserer altbewährten Wege zum Glück ist da etwas Großes im Gange. Etwas Neues, Dringliches und Aufregendes geschieht. Teil der Veränderung zu werden bedingt indessen, hinter die Kulissen des Alltags zu blicken.

Jeder strukturiert sein Glück im Rahmen seiner Lebensweise. Täglich treffen wir individuelle Entscheidungen über Dinge, die wir gerne tun würden. Wollen Sie sich zum Beispiel zum Abendessen eine Pizza bestellen? Vielleicht, vielleicht auch nicht. Haben Sie Ihre E-Mails gecheckt? Noch nicht, aber das werden Sie noch. Rund um diese kleinen täglichen Entscheidungen geht es um etwas Wichtigeres: die großen Entscheidungen, die wir über unsere individuelle Lebensführung getroffen haben. Erst in den letzten Jahrzehnten hat die Gesellschaft begonnen, der Tatsache Beachtung zu schenken, dass persönliches Wohlbefinden entscheidend von der Lebensweise abhängt.

Sie haben die Freiheit, sich für einen ungesunden Lebensstil zu entscheiden – zu rauchen, Alkohol zu trinken, sich wenig zu bewegen und sich hauptsächlich von industriell verarbeiteten Lebensmitteln zu ernähren. Aber wollen Sie wirklich so leben? Es stehen genügend Informationen zur Verfügung, um stattdessen bessere Entscheidungen zu treffen, wie zum Beispiel naturbelassene Nahrung zu sich zu nehmen, auf wohltuende Weise körperlich aktiv zu sein und sich umweltschonend zu verhalten. Sie könnten sich sogar fragen, was die absolut beste Lebensweise ist. Das kann eine lebensverändernde Frage sein, und wenn man sie ernst nimmt, verändert sie die Vorstellung davon, was es bedeutet, glücklich zu sein.

Immer mehr Menschen treffen gute Entscheidungen über ihren Lebensstil hinsichtlich Ernährung, Bewegung, Nichtrauchen und so weiter. Aber der Schlüssel zur *besten* Lebensweise ist noch nicht gefunden worden. Sie brauchen kein schlechtes Gewissen zu haben – in der modernen säkularen Gesellschaft gibt es einige Tendenzen, die einem echten, dauerhaften Wohlbefinden entgegenwirken. Fast alle Menschen haben mit Ängsten zu kämpfen und leiden an Stress. Zu den gesellschaftlichen Entwicklungen, die Stress begünstigen, gehören:

- Eine immer schnellere Lebensweise
- Eine Flut von Ablenkungen, darunter das Internet und Videospiele
- Steigende Raten von Demenz und anderen Alterskrankheiten

- Zügelloses Konsumverhalten, das sich auf immer mehr Länder ausbreitet
- Auseinanderreißen und Zerrüttung traditioneller Familienstrukturen
- Eine Epidemie von Angstzuständen und Depressionen
- Globale Probleme wie Klimawandel, Terrorismus, Pandemien und Flüchtlingsbewegungen
- Zusammenbruch des Vertrauens in öffentliche Institutionen und die Politik
- Zunehmendes Auseinanderklaffen der Schere zwischen Arm und Reich sowie Rassendiskriminierung und Gerechtigkeitslücken

Diese Herausforderungen sind hartnäckig und nehmen zu. Man hört von ihnen oder erlebt sie täglich am eigenen Leib. Man kann sich den Tatsachen nicht entziehen, und der Einzelne ist machtlos dagegen. Jedes Problem auf der Liste scheint überwältigend, wenn man sich nur ein wenig damit befasst. Ob Malaria in Afrika, Opiatabhängigkeit in den USA oder die Alzheimerkrankheit, die wie ein Damoklesschwert über der Babyboomer-Generation hängt – keines dieser Probleme konnte bisher gelöst werden. Es gibt Menschen, die ihr Leben solchen Fragen widmen, und in vielen Bereichen wurden ja auch schon große Fortschritte erzielt, aber im Kern bestehen die Probleme weiter.

Für den Durchschnittsmenschen bilden diese Bedrohungen ein beunruhigend chaotisches Hintergrundszenario für sein Leben. Man kann den Kopf nicht tief genug in den Sand stecken, um nicht betroffen zu sein. Auch eine noch so gesunde Ernährung, viel Bewegung, Meditation und Yoga bieten keine Lösung.

Vor diesem Hintergrund habe ich mich auf die Suche nach der bestmöglichen Lebensweise begeben, die trotz des chaotischen Zustands der modernen Welt für Wohlbefinden sorgt. Die beste Lebensweise lässt sich mit einem einzigen Begriff beschreiben: *Erwachen.* Oder, mit anderen Worten, unserer Umgebung vollkommen ge-wahr zu werden. Erwachen bedeutet, über unsere Alltagsroutinen, die Überzeugungen und Meinungen aus zweiter Hand, die Erwartungen, an die wir uns klammern, und die Absichten des Egos hinauszugehen. Beim Erwachen geht es um ein höheres Bewusstsein oder, mit anderen Worten, ein tieferes Gewahrsein. Erwachen ist kein weit entferntes Ziel – es kann Ihre tägliche Realität sein, beginnend im Hier und Jetzt.

Den allermeisten Menschen ist immer noch nicht klar, wie wichtig Gewahrsein ist. Einer Sache gewahr zu werden bedeutet, etwas zu bemerken, was einem vorher entgangen ist: Man wird gewahr, dass es im Zimmer zu warm ist, also dreht man den Thermostat herunter. Man wird gewahr, dass ein Freund sich nicht mehr so oft meldet wie früher, also ruft man ihn an, um zu fragen, wie es ihm geht. Diese einfachen Beispiele veranschaulichen einen wichtigen Punkt: Nichts kann sich in Ihrem Leben ändern, ohne dass es Ihnen vorher bewusst wird. Dies scheint etwas ganz Offensichtliches zu sein, und doch steckt das Gewahrsein voll lauter Möglichkeiten, welche den Menschen selten bewusst sind. Was Sie im Geiste des Gewahrseins tun, wird buchstäblich jeden Teil Ihres Lebens verändern.

Wir prüfen die Realität mit dem Geist. Wenn Ihr Geist wirklich offen und frei von Ablenkungen und Konflikten ist, werden Sie die Realität als ein Feld unbegrenzter Möglichkeiten wahrnehmen. Vielleicht klingt das übertrieben, aber das ist es nicht – wir haben einfach nur gelernt, mit radikal gesenkten Erwartungen zu leben. Wir sind auf einer Bewusstseinsebene gefangen, die für Chaos und Verwirrung sorgt, auch wenn wir meinen, dass unser Leben ganz gut läuft. Durch die allmähliche Entwicklung schlechter körperlicher, seelischer und geistiger Gewohnheiten im Laufe der Jahre haben wir uns selbst eingemauert. Die Mauern, die wir durch unseren Verstand geschaffen haben, sind unsichtbar, aber massiv, manchmal uneinnehmbar.

Stellen wir uns zur Veranschaulichung vor, ein Fremder, ein hellsichtiger Beobachter der menschlichen Natur, würde Sie, von Ihnen unbemerkt, ein paar Tage im Alltag begleiten und könnte Ihre Gedanken lesen. Seine Notizen könnten in etwa so aussehen:

7:30 Uhr: Person wacht auf, steht auf und beginnt nachzudenken und zu planen. Geistige Aktivität 90 %, wie gestern.
8:30 Uhr: Konversation am Frühstückstisch, typischer Austausch. Person verlässt das Haus zur Arbeit, geistige Aktivität im Leerlauf.

9:00 Uhr: Person trifft bei der Arbeit ein. Geistige Aktivität in den vertrauten Bahnen. Person hofft, dass der heutige Tag spannender verläuft als der gestrige.
11:00 Uhr: Person ist in die Arbeit vertieft, spürt Stressbelastung, die von Kollegen, dem Chef und dem allgemeinen Umfeld verursacht wird.
12:00 Uhr: Person geht dankbar zum Mittagessen. Geistige Aktivität entspannt sich, während Person eine angenehme Stunde verbringt.
14:00 Uhr: Die angenehmen Empfindungen vom Mittagessen haben sich aufgelöst. Person ist wieder bei der Arbeit. Geistige Aktivität 80 %, so wie an jedem anderen Arbeitstag.

Und so geht es weiter. Nach Einzelheiten gefragt, würde unser hellsichtiger Beobachter beschreiben, wie oft Sie die gleichen Worte und Gedanken wiederholen, die gleichen Meinungen austauschen, die gleichen Unannehmlichkeiten vermeiden usw., und zwar nach einem festen Schema, von dem Sie kaum abweichen. Wir selbst nehmen solche festen Muster im Großen und Ganzen nicht wahr, aber ein Beobachter würde glasklar erkennen, dass wir einen beträchtlichen Teil unseres Tages wie ein Roboter abspulen.

Wollen Sie wirklich so leben?

WAS SIE TUN MÜSSEN

Der Prozess des Erwachens muss kontinuierlich vorangetrieben werden und wir müssen uns stets unserer Verhaltensmuster bewusst sein und neue Dinge ausprobieren. Dies muss zu unserer Lebensweise werden, weil jeder Mensch voller unbewusster Angewohnheiten steckt, auch wenn sich dem Anschein nach alles zu unseren Gunsten entwickelt.

Es hat mich im Laufe der Jahre immer wieder verblüfft, dass die Menschen nicht wirklich an ihrem Gewahrseinszustand interessiert sind, aber ich weiß jetzt, warum. Ob wir es merken oder nicht, jeder von uns ist fasziniert von der Aktivität des Geistes, das heißt dem ständigen Strom von Wünschen, Ängsten, Begierden, Hoffnungen, Träumen, Plänen, Erwartungen und – für die Glücklichen – Einsichten, Intuition und kreativen Ideen. Mit anderen Worten, wir werden von unseren Gedanken verführt. Das kann verlockend, verwirrend und manchmal gefährlich sein. Im Vergleich dazu ist das Gewahrsein leise und still. Es beinhaltet nicht die Art des Denkens, die für die meisten von uns alltäglich ist. Man kann nicht beobachten, wie es sich bewegt, oder sich an der nächsten Sache festklammert. Das Bewusstsein wird, da es einheitlich und konstant ist, von allen als selbstverständlich vorausgesetzt. Infolgedessen schenken wir dem Gewahrsein wenig Aufmerksamkeit, was wiederum in einen Teufelskreis mündet: Je weniger wir gewahr sind, desto weniger setzen wir unsere Kraft zur Gestaltung unserer persönlichen Realität ein.

In der Vergangenheit brauchten die Menschen so viel Hilfe, um zu überleben, dass sie das Gewahrsein wie eine Rettungsweste in stürmischer See einsetzten. Schmerz und Leid waren die Norm; genug Nahrung zu bekommen war ein täglicher Kampf; die Wahrscheinlichkeit, Opfer von Krankheiten, Unfällen und Gewalt zu werden, war extrem hoch. In diesem Umfeld sind die spirituellen Traditionen entstanden, angefangen von der vedischen Kultur Indiens, gefolgt von Buddhismus, Judentum, Christentum und Islam. Der Alltag war von allen Seiten so voller Bedrohungen, dass Priester, Gurus, Heilige und Weise eine erwartungsvolle und bereitwillige Zuhörerschaft vorfanden, die hoffte, ihre gefährdete Existenz transzendieren zu können.

Das Streben danach, der Welt zu entfliehen, um gewahr zu werden, hat heute deutlich abgenommen, aber der Wunsch nach Transzendenz steckt immer noch in uns. Die grundlegenden spirituellen Praktiken sind beliebig geworden, und wir stellen unsere persönliche Praxis aus einem üppigen Angebot zusammen, so wie unser Menü von einer Speisekarte. Menschen beten oder meditieren oft, um weltlichen Sorgen zu *entfliehen* und etwas »Höheres« zu finden. Mich hat jedoch ein Kommentar des bekannten vietnamesischen buddhistischen Mönchs Thích Nhất Hạnh beeindruckt: »Meditation ist keine Flucht, sondern eine heitere Begegnung mit der Realität.« Das ist es, was moderne Menschen hören müssen. Sie müssen erkennen, dass Meditation mehr ist als eine beliebige Beilage auf einer Speisekarte.

Um jemanden dazu zu bringen, das erwachte Leben anzunehmen, ist ein Gangwechsel erforderlich, den viele als drastisch empfinden könnten, was auch Thích Nhất Hạnh gut versteht:

> Wir tun so viel, wir rennen herum, die Situation ist schwierig, und viele Menschen sagen: »Sitz nicht nur einfach da, sondern tu etwas.« Aber immer noch mehr zu tun, kann die Situation auch verschlimmern. Richtig wäre also: »Tu nicht immer etwas, sondern sitz einfach mal nur da.« Sitzen Sie da, halten Sie inne, seien Sie zuerst Sie selbst und beginnen Sie von dort aus.

Es steckt eine schöne Einfachheit in diesen Worten, die mich dazu inspiriert hat, auch dieses Buch in möglichst einfachen Worten zu schreiben und zu Ihnen von Mensch zu Mensch zu sprechen. Ich bitte Sie, liebe Leserin, lieber Leser, davon auszugehen, dass diese Seiten für Sie persönlich bestimmt sind, denn das sind sie auch. In diesem Buch möchte ich hervorheben, dass es so etwas wie die beste Lebensweise gibt – die erwachte Lebensweise nämlich. Nichts, was in Ihrem gegenwärtigen Leben gut ist, muss geopfert werden – im Gegenteil, das Erwachen wird alle Aspekte eines guten Lebens noch fördern. Worum es wirklich geht, ist die Entscheidung zu erwachen, hier und jetzt. Das ist der erste Schritt in Richtung einer Zukunft, die wirklich funktioniert, statt in einer Gegenwart zu verharren, die uns zu überwältigen droht. Was für die Meditation gilt, gilt auch für die Transformation: *Bleiben Sie sitzen, halten Sie inne, seien Sie zuerst Sie selbst.*

In Liebe, Deepak

VOLLKOMMENE MEDITATION:

EIN NEUER UND BESSERER WEG

1

WARUM »VOLLKOMMENE« MEDITATION?

Wenn mich jemand fragen würde, was man von Meditation erwarten kann, würde ich antworten: »Alles, was Sie sich nur vorstellen können.« Meditation beinhaltet Transformation und wirkt sich auf jeden Aspekt Ihres Wohlbefindens aus. Meditation kann zu positiven Veränderungen in Ihrem Körper führen, Ihre geistige Einstellung beeinflussen, Ihre Entscheidungsfähigkeit verbessern und Sorgen und Ängste beseitigen. Es gibt mannigfaltige Meditationstechniken, die in hundert verschiedene Richtungen führen können, aber im Kern zielen sie alle darauf ab, eine nicht so offensichtliche Frage zu beantworten: Kann das Dasein für sich selbst sorgen? Wenn Ihre Antwort Nein lautet, dann sind all die Kämpfe und Frustrationen, die Ihren Alltag durchdringen, gerechtfertigt. Sie glauben, dass nichts und niemand außer Ihnen selbst auf Sie achtgeben wird. Deshalb stehen Sie unter so viel Stress.

Sollten Sie die Frage jedoch mit ja beantworten, erwartet Sie ein neues Leben. Die Vorstellung, dass das Dasein – einfach nur hier und jetzt zu sein – Erfüllung bringen kann, scheint fragwürdig, fast befremdlich. Für Ihren Körper ist das jedoch gar nicht abwegig. Es liegt in der Natur der Körperzellen, dass sie unwillkürlich und reibungslos funktionieren. Ebenso selbstverständlich scheinen uns die automatisch ablaufenden Reaktionen von Körpergeweben und Organen. In einem durchschnittlichen Leben schlägt das Herz eine

Milliarde Mal, was eine für den Verstand höchst verblüffende Tatsache ist, insbesondere, wenn man sich das Herz als eine Maschine vorstellt, die die Aufgabe hat, ununterbrochen Blut durch den Körper zu pumpen. Kein Computer lässt sich milliardenfach einschalten und kein Flugzeug kann milliardenfach abheben, ohne dass das Risiko, oder sogar die Gewissheit, eines mechanischen Versagens besteht. Im Lebensnetz jedoch verrichtet ein gesundes Herz seine Dauerarbeit offensichtlich ohne jede Mühe. Unser Herz schlägt gewöhnlich zwischen 60 und 100 Mal pro Minute. Das ist eine höchst faszinierende Tatsache, aber noch gar nichts im Vergleich zum Herz einer Spitzmaus, das 1000 Mal pro Minute schlägt, oder dem eines Kolibris, das problemlos bis zu 1250 Schläge pro Minute erreichen kann.

Das Herz ist zwar etwas ganz Besonderes, aber keineswegs einzigartig. Die Gemeinschaft der Organe – Haut, Herz, Lunge, Leber, Gehirn – bleibt bei einem normalen gesunden Menschen ganz mühelos im Gleichgewicht und in Harmonie. Bei der Ausübung unserer täglichen Aktivitäten jedoch erleben wir selten mühelose Harmonie, weder in uns selbst noch zwischen uns und anderen. Kriege und häusliche Gewalt haben den gleichen Ursprung, nämlich Disharmonie. Unsere Sorgen sind ein Symptom von Disharmonie, und wenn Depressionen auftreten, kann dies den Durchhaltewillen schwächen. Die Vorstellung, das Dasein an sich sei genug, erscheint lächerlich. Und doch können wir Momente des Gleichmuts – sogar über einen längeren Zeitraum – erleben, die Körper, Geist und Seele in ihrer ganzen Fülle in Harmonie bringen. Solche Phasen deuten darauf hin, dass etwas Dauerhafteres erreicht werden kann. Deshalb ist Meditation eine Reise und nicht nur eine Ruhepause von der täglichen Routine.

Wenn wir in der Gewissheit leben können, dass das Dasein auf der Ebene des Individuums tatsächlich für sich selbst sorgen kann, wird dem modernen Leben ein radikal neues Element hinzugefügt. In unserer Welt gibt es dann keine inneren Feinde wie Angst und Wut, die sich jenseits unserer Kontrolle unseres Geistes bemächtigen. Schmerzhafte Erinnerungen und unzumutbare Gefühle werden nicht mehr in die geheimen Verstecke des Unbewussten hinabgestoßen. Wir werden aus einer Art Schlafzustand geweckt, der uns als geistige Dumpfheit und Trägheit befallen hat. (Sollten Sie nicht glauben, dass wir in diesem Zustand des Schlafes leben, sehen Sie sich einfach um und achten Sie auf die ausdruckslosen Gesichter der Menschen, während sie an ihren Smartphones kleben, mit der S-Bahn zur Arbeit fahren oder am Flughafengate warten.) Das erwachte Leben steckt voller Energie und ist vollkommen bewusst; es löscht die Leiden aus, die so oft durch unsere unbewussten Gewohnheiten entstehen.

MEDITATION IST ABSOLUT EINZIGARTIG

Persönliche Transformation ist das, was Ihnen die Meditation bietet, wenn Sie sich auf die Reise begeben. Der erste Schritt ist die Erkenntnis, dass Gewahrsein in irgendeiner Form immer vorhanden ist. Das Denken (im Wesentlichen das Beurteilen) ist nicht der wahre Charakter des Geistes. Gewahrsein ist es. Bei allem, was Sie tun, schlägt im Hintergrund Ihr Herz unaufhörlich. Und bei allem, was Sie denken, sieht im Hintergrund das Gewahrsein zu. Wir halten beides für selbstverständlich, aber das nimmt beidem nicht das Geheimnisvolle und die Macht. Man kann ein ganzes Forscherleben in der Kardiologie verbringen, nur um den verborgenen Feinheiten, die in einer einzigen Herzzelle verpackt sind, ein paar kleine Schritte näher zu kommen. (Vor noch nicht allzu langer Zeit wurde zum Beispiel zur allgemeinen Verblüffung entdeckt, dass das Herz zwölf Geschmacksrezeptoren aufweist, wie man sie normalerweise im Mund findet, und dass es sich dabei vor allem um Bittergeschmack-Rezeptoren handelt. Es gibt keine vernünftige Erklärung dafür, aber wir wissen ja nicht einmal so ganz genau, wie das Herz-Kreislauf-System es schafft, der Schwerkraft zum Trotz in unseren Zehen und im Kopf den gleichen Blutdruck aufrechtzuerhalten.)

Wir versuchen seit Jahrtausenden, die Geheimnisse des menschlichen Geistes zu enträtseln. Noch immer gibt es keinen Konsens darüber, wie das Bewusstsein und die Fähigkeit, sich seiner selbst und der Welt um uns herum gewärtig zu sein, erklärt werden können. Es gibt keine Alternative dazu, als sich in das eigene Gewahrsein zu vertiefen, und genau da beginnt die Meditation. Meditation ist praktisch das einzige menschliche Unterfangen, das den Geist erforscht, während er keine Gedanken hat. Ansonsten dreht sich in der Philosophie und Psychologie und anderen Forschungsgebieten alles um Gedanken. Das Gewahrsein geht den Gedanken voraus, aber im modernen Leben haben wir die Dinge so vollständig umgekehrt, dass das Leben eines jeden Menschen auf geistiger Aktivität aufbaut, ohne auch nur die leiseste Ahnung zu haben, woher die Gedanken kommen. Gewiss, das Gehirn ist beteiligt, aber das ist nicht der Schlüssel. Auch wenn wir bei dem Versuch, die drei Pfund schwere graue Masse in unserem Schädel zu verstehen, große Fortschritte gemacht haben, deutet nichts an einer Gehirnzelle darauf hin, dass sie Gedanken, Gefühle und Empfindungen verarbeitet. Es gibt einige erstaunliche medizinische Fälle von Personen mit einem sogenannten Wasserkopf oder Hydrocephalus. Bei diesen Personen wurde seit dem Säuglingsalter die Großhirnrinde (die dünne Schicht an der Außenseite des Gehirns, die für höheres Denken zuständig ist) durch einen erhöhten Flüssigkeitsdruck radikal zusammengedrückt, und dennoch wuchs die Person ohne jedes Anzeichen einer geistigen Beeinträchtigung auf. In anderen seltenen medizinischen Fällen nahm ein gutartiger Tumor die Hälfte des Schädelraums oder mehr ein, ohne dass dies die Denkfähigkeit der betroffenen Person irgendwie einschränkte.

Wir glauben, es sei kein Problem, nicht zu wissen, woher die Gedanken kommen, aber das stimmt nicht wirklich. In einem faszinierenden TED-Talk im April 2019 wies David Deutsch, ein britischer Theoriephysiker, darauf hin, dass das Universum im Laufe der Geschichte als Kriegsgebiet charakterisiert wurde. In frühen Kulturen wurde versucht, die Welt im Sinne eines endlosen Krieges zwischen Gut und Böse zu erklären, in denen Menschen das Schlachtfeld waren. Physiker aus dem zwanzigsten Jahrhundert entwickelten bessere Erklärungen, aber weiterhin im Sinne des kosmischen Krieges. Diesmal waren die Kämpfer Ordnung und Chaos. Wem diese Analogie zu abstrakt klingt, kann sie in der gegenwärtigen Klimakrise als den Kampf zwischen Klimawandel und einem zukunftsfähigen Planeten verkörpert sehen.

Das sind alles gedankliche Modelle, die schon so lange Bestand haben, sagt David Deutsch, dass wir Opfer der »kosmischen Monotonie« sind. Die Wissenschaft hat unwillentlich die alttestamentarische Vorstellung übernommen, dass es unter der Sonne nichts Neues gibt. Was ist die Lösung? Laut Deutsch ist der Mensch durch sein tieferes Verständnis auf einzigartige Weise in der Lage, etwas Neues zu schaffen. Wenn wir also erwachen, erwacht der Kosmos. Tatsächlich, glaubt Deutsch, hat das Erwachen bereits begonnen, nach Milliarden von Jahren der Monotonie.

Die Vorstellung, dass Menschen das Universum zum Erwachen bringen können, mag kühn erscheinen, aber David Deutsch ist ein Physiker, jemand, der sich in erster Linie mit mathematischen Gleichungen befasst und das Bewusstsein in den Mittelpunkt des kreativen Prozesses stellt. Damit erweitert er eine berühmte Idee, die in den Fünfzigerjahren von dem bekannten amerikanischen Physiker John Archibald Wheeler vertreten wurde, der als Erster sagte, dass wir in einem »partizipatorischen Universum« leben. Mit anderen Worten: Alles, was wir »da draußen« für real halten, hängt von unseren Überzeugungen, Wahrnehmungen, Beobachtungen, Interpretationen und Erwartungen »hier drin« ab.

Wenn man die kosmischen Zusammenhänge beiseitelässt, schaffen sich die Menschen einzelne persönliche Realitäten. Was Sie aus dem »Rohstoff« des Bewusstseins herstellen, ist einzigartig für Sie. Deshalb hat es durchaus Sinn, die Funktionsweise des Bewusstseins zu erforschen. Es gibt Regeln und Prinzipien, die es zu entdecken gilt, und was sie vorgeben, ist entscheidend für die Art und Weise unserer Lebensführung.

DIE PRINZIPIEN DES BEWUSSTSEINS

Bewusstsein ist wach und klar.
Bewusstsein überschreitet die Grenzen von Geist und Körper, Materie und Verstand.
Bewusstsein ist kreativ.
Sobald es etwas erschafft, hält das Bewusstsein es im Gleichgewicht.
Bewusstsein ist dynamisch – es verlangt nach Energie für Taten und Veränderungen.
Bewusstsein ist ein Ganzes – es durchdringt alles Existierende gleichermaßen.
Bewusstsein ist selbstorganisierend – es überwacht geordnete Systeme und Strukturen.
Bewusstsein ist harmonisch – jede Ebene der Natur ist Teil des Ganzen. Jeder Faden trägt zum kosmischen Gewebe bei.

Diese Prinzipien klingen abstrakt, aber sie regieren unsichtbar alles, was Sie denken, sagen und tun. Wenn Sie sprechen, drücken Sie Ihre Gedanken verständlich aus. Ihre Rede ist geordnet und organisiert, anders als der »Wortsalat« eines Schizophrenen zum Beispiel. Eine einzelne Erinnerung muss aus mehreren Bereichen des Gehirns abgerufen werden, denn jede Erinnerung wird in Fragmenten gespeichert. Nur durch ihre unmittelbare Wiederzusammenfügung ergibt sich eine schlüssige Erinnerung. Wenn Sie sich an etwas erinnern, setzt sich in Ihrem Bewusstsein ein mentales Puzzle zusammen. Ebenso erkennen Sie Gesichter dank mehrerer koordinierter Gehirnregionen. Auf einer noch grundlegenderen Ebene sehen Sie die Welt in Farbe aufgrund eines komplexen Prozesses, bei dem über zwei Millionen Farbnuancen aus Rot, Blau und Grün geformt werden, den einzigen drei Wellenlängen des Lichts, auf die Ihre Netzhaut reagiert.

All dies geschieht, ohne dass die jeweiligen Prozesse etwas über die Prinzipien des Bewusstseins »wissen«. Sie als Mensch verfügen über mehr als hunderttausend, vielleicht bis zu einer Million, körpereigene Proteine, und jedes einzelne ist anders. Jedes erfüllt seine einzigartige Aufgabe genau dann, während es wie ein zufälliges Staubpartikel an Tausenden anderer Proteine vorbeischwirrt, und jedes hat auf eine für den menschlichen Verstand unergründliche Weise Wissen darüber erworben, was jeweils zu tun ist.

Warum ist all dies wichtig für die Meditation? Aus eigener Erfahrung zu verstehen, wie Bewusstsein funktioniert, hat enorme Vorteile. Dieses Verständnis macht das Erwachen einzigartig. Erwachen ist nicht dasselbe wie Denken, und es ist auch nicht dasselbe wie scharfsinnig statt einfältig, klug statt dumm zu sein. Beim Erwachen geht es darum zu lernen, wie das Bewusstsein funktioniert, und dann seine Prinzipien entsprechend anzuwenden. Kein anderes Wissen ist so wie dieses, und keines ist wertvoller.

Weltreligionen, spirituelle Traditionen und Weisheitsschulen beruhen auf einem Berg von Texten und Lehren. Gewahrsein verlangt jedoch wenig. Es ist ein einfacher Zustand. Ein neugeborenes Baby begreift noch nichts, verfügt aber bereits über Gewahrsein. Da es noch nichts von seinem Leben versteht, ist ein Neugeborenes bereit, alles was kommt zu verstehen. Viele Babys legen ein unwiderstehliches Lächeln an den Tag. Sie kennen Freude, ohne zu wissen, was Freude ist.

Das Wichtigste ist: Gewahrsein bringt Sie mit dem kreativen Impuls in der Natur in Einklang. Wenn es bei der Meditation um Gewahrsein geht, ist das, was wir erreichen können, praktisch unbegrenzt.

VOLLKOMMENE MEDITATION

Die Art von Meditation, die ich in diesem Buch behandle, wird von mir als *vollkommene Meditation* bezeichnet, weil sie alle Prinzipien des Bewusstseins umfasst, die es zu verstehen und zu leben gibt. Andere verbreitete Meditationsarten, unabhängig davon, welcher Schule oder Tradition sie angehören, unterscheiden sich davon. Es handelt sich dabei um gelegentliche Meditationen, die zu einer bestimmten

Tageszeit mit einer bestimmten Technik durchgeführt werden, während der Rest des Tages wie üblich verbracht wird. Ein solcher Ansatz ist wie das Erlernen eines Musikinstruments oder des Tennisspiels – man hat die Hoffnung, immer besser zu werden, je mehr man übt. Gelegentliche Meditation hat zwar ihre Vorteile – zum Beispiel kann sie beruhigen und den Puls vorübergehend senken –, wirkt sich aber letztendlich nur sehr eingeschränkt aus. Die wenigen Minuten, die man täglich in Meditation verbringt, tragen kaum dazu bei, die überwältigende Flut von Erfahrungen in der restlichen Zeit zu bewältigen.

Die Kürze der gelegentlichen Meditation ist nicht der Grund, dass der Prozess behindert wird – zahlreiche Forschungen stützen die gängige Meditationspraxis. Man kann der Meditation nicht vorwerfen, dass sie den Kampf um die Veränderung des modernen Lebens verloren hat, da sie schon vor vielen Jahrhunderten entstanden ist, als das Leben noch in vergleichsweise ruhigen Bahnen verlief. Schon damals erkannte man, dass das völlige Eintauchen in die Meditation die letztendliche Antwort auf Schmerz und Leid sowie den Weg zur Freiheit darstellt. Das traditionelle indische Leben war in vier Stadien oder *Ashramas* unterteilt, und das letzte davon war eine Art doppelter Ruhestand. Der Mensch zog sich von Arbeit und familiären Verpflichtungen zurück in die Abgeschiedenheit und durch Meditation in sich selbst zurück.

Eine solche völlige Versenkung war auch eine Option für die wenigen, die sich von vornherein von der äußeren Welt lossagten und sich nach einem nach innen gerichteten Leben anstelle von Arbeit und Familie sehnten. Aber keines dieser beiden Modelle passt zum modernen Leben oder zu der neu entdeckten und weitverbreiteten Suche nach persönlicher Spiritualität. In diesem Buch möchte ich sogar noch weiter gehen, indem ich eine Art von totaler Versenkung anbiete, die nicht traditionell oder gar »spirituell« im eigentlichen Sinne ist (und bei der man seinen Beruf nicht aufgeben muss). Wie ich gerade skizziert habe, ist die vollkommene Meditation eine Auslotung der Funktionsweise des Bewusstseins mit dem Ziel, diese Prinzipien auf das eigene Leben anzuwenden.

Den vielen Menschen, die gelegentlich meditieren, möchte sich sagen, dass ihnen ihre Meditationspraxis einen Vorgeschmack auf die vollkommene Meditation gibt, eine Kostprobe der Stille. Dieser Vorgeschmack kann zweifellos aufschlussreich sein, denn die meisten Menschen haben noch keine längere Erfahrung mit dem »Stillwerden« gemacht. Auch wenn sie wissen, wie sich innerer Frieden anfühlt, können sie ihn trotzdem nicht jederzeit abrufen. So angenehm es ist, in der Meditation Frieden und innere Ruhe zu finden – wenn man die Augen öffnet, was tut dann der Geist? Er kehrt zu dem Leben zurück, das er kennt, ein ständiger Strom von Sorgen, Begierden, Forderungen, Pflichten, Wünschen, Hoffnungen und Ängsten. Dennoch kann gelegentliche Meditation, trotz ihrer Begrenztheit, das eine oder andere mildern. Und oft ist sie der erste Schritt zu einer umfassenden Transformation.

Meine ersten Meditationsversuche in den frühen Achtzigerjahren waren der Auftakt zu einem Wendepunkt in meinem Leben. Wenn ich auf diese Zeit zurückblicke, sehe ich einen gestressten Bostoner Arzt in den Dreißigern, der vor Sonnenaufgang das Haus verließ und nach Sonnenuntergang zurückkehrte und dessen angegriffene Nerven eine tägliche Zufuhr von Zigaretten und Alkohol zu benötigen schienen, um sich zu beruhigen. Ich war in diesen Gewohnheiten und Süchten gefangen, weil alle Ärzte um mich herum, vor allem die überarbeiteten Assistenzärzte, damals eine solche ungesunde Lebensweise pflegten.

Innerhalb eines Jahres, nachdem ich damit begonnen hatte, zweimal täglich eine kurze Auszeit zu nehmen, um eine einfache Mantra-Meditation zu praktizieren, waren meine schlechten Angewohnheiten vollständig verschwunden. Ich wusste nun also aus erster Hand, welch tiefgreifende Veränderungen für jeden Menschen möglich sind. Und nur einige Jahre später war ich mit Leidenschaft als Meditationslehrer tätig. Ich habe im Laufe der Zeit verschiedenste Techniken unterrichtet, und unzählige Menschen haben das Meditieren von mir gelernt. Viele von ihnen kreuzten nur kurz meinen Weg, aber in meinem Herzen war ich mir sicher, dass Meditation ihr Leben verändern würde.

Leider musste ich mit den Jahren feststellen, dass es eine große Kluft gibt zwischen dem Potenzial dessen, was Meditation bewirken kann, und dem, was sie tatsächlich bewirkt. Einer der Gründe für diese Kluft liegt darin, dass die Menschen der Meditation nur eine halbe Chance geben. Sie versuchen es eine Zeit lang damit, aber es dauert nicht lange und sie lassen die tägliche Meditation immer öfters entfallen, weil ihre Tage zu arbeitsreich sind. Irgendwann hören sie ganz damit auf, manchmal mit der Ausrede: »Ich habe ja versucht zu meditieren, aber es hat nicht funktioniert.« Oder sie suchen nach einem bestimmten Nutzen, wie zum Beispiel den Blutdruck zu senken, verlieren dann aber die Geduld, weil sich das gewünschte Ergebnis durch das Einnehmen von Pillen viel schneller einstellt. Es gibt auch noch andere Faktoren: die Missbilligung durch Familie und Freunde (vor dreißig Jahren weitaus wahrscheinlicher, aber auch heute noch möglich) oder die vor allem bei Männern verbreitete Sorge, als »esoterischer Spinner« abgetan zu werden.

DAS GESPALTENE SELBST

Schließlich wurde mir klar, dass das Problem viel tiefer lag, nicht in dem modernen Lebensstil, sondern in seiner Ursache, dem gespaltenen Selbst. Das gespaltene Selbst ist etwas, mit dem wir alle leben. Im Alltag spielen wir ganz unterschiedliche Rollen, je nachdem, mit wem wir Umgang pflegen. Zu Hause sind wir anders als bei der Arbeit, wir sind anders zu unserer Familie als zu Fremden, anders in unseren Gedanken als in den Worten, die wir laut aussprechen.

Meditation ist so wie all die Soldaten und Pferde des Königs in dem Kinderbuch *Alice im Wunderland*, die versuchen, Humpty-Dumpty wieder zusammenzusetzen. Menschen können die verschiedenen Kräfte spüren, die in ihrem Inneren miteinander streiten. Eine einfache Entscheidung wie zum Beispiel drei Kilo abzunehmen, wird zu einem Kampf zwischen unterschiedlichen Stimmen in unserem Kopf – die eine unterstützt uns bei dem Vorhaben, während uns die andere sagt, dass wir es aus verschiedenen Gründen (Gewohnheit, Trägheit, impulsive Wünsche, zwanghaftes Verhalten, der Versuchung nachgeben und so weiter) nicht schaffen werden. Letztlich gewinnen die Kräfte der Spaltung und die Diät versagt. Sie können Humpty-Dumpty nicht wieder zusammensetzen, wenn *Sie* Humpty-Dumpty sind. Niemand von außen kann das gespaltene Selbst eines anderen Menschen reparieren, und da das gespaltene Selbst so tief eingebettet ist, kann es sich auch nicht selbst reparieren.

Die meisten Menschen kennen die Begriffe *gespaltenes Selbst* oder auch *fragmentiertes Selbst* nicht. Sie lassen sich gut an einem ihrer Nebenprodukte veranschaulichen, das jeder kennt – unsere kollektive Faszination für Ruhm. Wir werden von den Massenmedien dazu ermuntert zu glauben, dass Filmstars und andere Berühmtheiten liebenswerte, ganz besondere Menschen sind. Sie sehen nicht nur schön aus, sie haben außerdem ein perfektes Liebesleben und generell ein höchst erfülltes Dasein. Die Realität sieht natürlich anders aus, und die Kehrseite der Medaille ist, dass wir auch gerne Artikel über den Niedergang eines Prominenten durch Drogen, eine gescheiterte Beziehung oder irgendeinen Skandal lesen. Es ist eine alte Geschichte, dass sich die Menschen danach sehnen, Götzen anzubeten, nur um sie dann von ihrem Thron zu stoßen.

Durch die Verehrung von Prominenten geben wir uns der Illusion der Wunscherfüllung hin. Da wir gezwungen sind, mit unserem eigenen gespaltenen Selbst zu leben, projizieren wir Perfektion, das heißt Ganzheit, auf Prominente. Wir fantasieren, dass sie privilegierte Geschöpfe sind, die in einer anderen Realität als der unseren leben. In unserem eigenen Leben gibt es ein ständiges Auf und Ab, Langeweile, endlose Routine und schlechte Gewohnheiten, die wir nicht ablegen können. Wir müssen erkennen, dass es sich hierbei um Produkte des gespaltenen Selbst handelt. Scheinbare Wunscherfüllung hilft nicht wirklich, wenn es darum geht, sich dem eigenen Leben zu stellen. Die Reise der vollkommenen Meditation aber kann helfen.

Das gespaltene und fragmentierte Selbst kann sich nicht selbst heilen. Es wird weiterhin mit Höhen und Tiefen, inneren Widersprüchen und Konflikten konfrontiert sein. Bei ehrlicher Betrachtung bestehen die Mängel, die Sie an sich erkennen, wahrscheinlich schon seit Jahren. Wenn Sie heute ängstlich und deprimiert sind, wird das höchst wahrscheinlich nicht das erste Mal sein. Wenn Sie einer schlechten Angewohnheit wie übermäßigem Essen nachgeben, steckt hinter dieser Angewohnheit eine Geschichte von Handlungen und Entscheidungen. Wenn Sie negative psychische Tendenzen aufweisen, wie zum Beispiel ein unbeherrschtes Temperament, übertriebene Nachgiebigkeit gegenüber anderen Menschen oder das automatische Einnehmen der Opferrolle, dann haben auch diese eine Geschichte. Die Dynamik des Lebens geht weiter, denn wenn Sie versuchen, gegen eine tief verwurzelte Gewohnheit anzukämpfen, setzt dies einen Kampf zwischen zwei Aspekten des gespaltenen Selbst in Gang. Der Aspekt, der sich ändern will, steht dem Aspekt gegenüber, der sich hartnäckig weigert, sich zu ändern. Das typische Ergebnis ist, dass keiner von beiden gewinnt und die Auseinandersetzung weitergeht.

Die Begeisterung, die ich wie unzählige Menschen vor mir bei den ersten Meditationen verspürte, kam von der Entdeckung, dass es in jedem Menschen einen Platz gibt, der frei von dem gespaltenen Selbst ist. Ruhe und innerer Frieden sind gute Erfahrungen, aber ihre wahre Bedeutung liegt darin, inneren Konflikten, Unruhe, Angst, Depression, Sorge, Verwirrung und Selbstzweifeln zu entkommen. Mit ein wenig Übung kann jeder diesen Ort im Inneren finden, dorthin gehen und die Erfahrung eines heilen und ungestörten Selbst machen. Es zu schaffen, dass diese Erfahrung andauert, ist ein anderes Kapitel.

ERWACHEN, HIER UND JETZT

Die Frage ist nicht, ob Meditation einen über das geteilte Selbst hinausführen kann – sie kann es zweifellos. Die Frage ist, wie man das gespaltene Selbst heilen kann, denn in dem Moment, in dem man am Ende einer Meditation die Augen öffnet, geht alles wieder seinen gewohnten Gang. So wie die Dinge liegen, ist die einzige Lösung für dieses Problem die Wiederholung. Wenn Sie einfach Tag für Tag, Jahr für Jahr immer weiter meditieren, löst sich alles. »Bleiben Sie dabei« ist ein guter Rat, und in seltenen Fällen erfüllt sich das Versprechen, dass Sie eines Tages ganz sein werden. Die Tradition der Meditation ist im Osten Tausende von Jahren alt, und es gibt unzählige Aufzeichnungen von Menschen, die erwachen, erleuchtet werden, Ganzheit finden, das Bewusstsein der Einheit erreichen – nennen Sie es, wie Sie wollen.

Das Erwachen ist ein echtes Phänomen, und es geschieht oft recht unvorhersehbar. In *Walden* schreibt Thoreau über »den einsamen Arbeiter auf einer Farm in der Nähe von Concord, der an seine Wiedergeburt glaubt« (der Begriff der *Wiedergeburt* ist ursprünglich ein Begriff aus der indischen Philosophie, und zwar bereits vor Buddha). Thoreaus Leben in einer Blockhütte am See Walden Pond war ein Symbol für die innere Reise des Erwachens, die das Ziel und das natürliche Ergebnis der Meditation ist. Er drückte aus, wie zeitlos und weitreichend sich die Erfahrung anfühlt, als er schrieb: »Zarathustra wanderte vor Tausenden von Jahren auf derselben Straße und hatte dieselbe Erfahrung. Doch er in seiner Erfahrung wusste, dass sie keinem erspart bleibt. Darum behandelte er seine Mitmenschen dementsprechend.«

Der Winter am Walden Pond war brutal kalt, und Thoreau erlebte kaum weniger harte Bedingungen als der sprichwörtliche Yogi, der in einer Höhle im Himalaya sitzt. Dieses Bild von Not und Entbehrung hat die in allen Kulturen angeborene Vorstellung verstärkt, dass es mühsam ist, sich der Meditation zu widmen. Neben körperlichen Entbehrungen klingen noch einige andere Anforderungen sehr unangenehm, wie zum Beispiel allen weltlichen Genüssen zu entsagen, sich sozial zu isolieren und im äußersten Fall um des Bekenntnisses des eigenen Glaubens willen als Märtyrer zu leiden oder sogar den Tod zu erdulden (und dafür im Jenseits reich belohnt zu werden).

Die Gesamtwirkung dieser tief verwurzelten Vorstellungen hält den Durchschnittsmenschen davon ab, in Betracht zu ziehen, dass ein höheres Bewusstsein für jedermann im täglichen Leben erreichbar sein könnte. Erwachen geschieht jedoch nur deshalb so selten, weil wir es so bezeichnen. Die Gesellschaft sondert diejenigen aus, die erleuchtet, heilig oder spirituell fortgeschritten sind, wie auch immer man es nennen möchte. Absonderung ist aber nicht gleichbedeutend mit Ablehnung. Zu Zeiten, als der Glaube eine zentrale Rolle spielte, wurden solche Menschen abgesondert, um verehrt zu werden. Heute, wo der Glaube an eine höhere Macht hinterfragt wird, betrachtet man sie eher als Außenseiter, die bewundert, hingenommen oder vergessen werden.

Vor diesem Hintergrund suchte ich nach einem Weg, das Erwachen zu einem Teil des normalen Lebens zu machen. In erster Linie musste die *vollkommene Meditation natürlich und mühelos sein*, denn sonst wird die Meditation immer wieder zu kurz kommen. Ein Weg, der Monate und Jahre der Wiederholung mit einer festen Technik erfordert, ist weit davon entfernt, natürlich und mühelos zu sein. Viele Menschen, die mit der Meditationspraxis beginnen, fragen sich, ob sie richtig meditieren. Andere empfinden die ganze Unternehmung als lebensfremd – ein durchschnittlicher geschäftiger Haushalt hat nicht viel mit einem Tempel, Kloster oder Aschram gemeinsam. Aber der Prozess, der uns einem ruhigen Geist und innerem Frieden näherbringt, ist möglicherweise einfacher, als die meisten von uns denken. Der Genuss von großer Kunst und Musik gibt uns einen Eindruck davon, was einen ruhigen Geist ausmacht. Und wir erleben – hoffentlich – jede Nacht inneren Frieden, wenn wir nach einem Tag, der angenehm und unbeschwert war, einschlafen (ganz sicher erlebt das jedes kleine Kind).

Vollkommene Meditation muss aber nicht nur natürlich und mühelos sein, sondern auch *spontan*. Sie muss im gegenwärtigen Moment so spontan geschehen wie ein unerwarteter Ausbruch von Glück oder die Wahrnehmung eines wunderschönen Sonnenuntergangs. Auf diese Weise kann das Erwachen im Hier und Jetzt fließen und mit dem, was Sie gerade tun, verschmelzen.

Schließlich *muss die vollkommene Meditation mit den letztendlichen Wünschen eines Menschen in Einklang stehen*. Es ist nur natürlich, mehr vom Leben zu wollen, doch leider verurteilt der spirituelle Rahmen, der die Meditation in vielen Fällen umgibt, jedes Begehren. Jahrtausendelang hieß es, dass Verlangen, insbesondere des Fleisches, den Menschen auf ein Triebwesen reduziert. Weltliche Begierden ziehen uns angeblich zu sehr in das endlose Streben nach äußeren Dingen wie Geld und Erfolg hinein. Die Unterwerfung unter unsere Leidenschaften untergräbt die Moral, heißt es. Was vielleicht kurzfristigen Genuss bringt, wird kein dauerhaftes Glück bringen. All das sind bekannte Argumente, und doch ist Verlangen an sich nichts Schlechtes.

Wir können dem Begehren nicht entkommen und niemand sollte uns sagen, dass wir das müssen. Das Leben entfaltet sich durch Verlangen in jeder Form, und das Ausblenden der höheren Begehren, zum Beispiel des Wunsches, zu Gott zu gelangen, gelingt in der Praxis nicht. Die sogenannten niedrigeren Begehren sind unweigerlich Teil der menschlichen Erfahrung. Sie abzulehnen verstärkt nur das gespaltene Selbst.

Wenn diese drei Voraussetzungen erfüllt sind – also das Erwachen natürlich und mühelos ist, spontan und in Übereinstimmung mit unseren persönlichen Wünschen –, dann kann die Spaltung des Selbst ein Ende finden. Es wird dieses ganze Buch brauchen, um diese Behauptung zu untermauern, denn wer sich in seinem Umfeld umsieht, wird in der Regel niemanden finden, der überhaupt nicht gespalten ist. Es ist daher nur verständlich zu glauben, dass es keinen Ausweg aus der Spaltung gibt. Die menschliche Natur ist einfach so, wie sie schon immer war. Aber auch das Erwachen hat es immer schon gegeben, und wenn es geschieht, bewirkt das Bewusstsein die Heilung, die das gespaltene Selbst allein nicht vollbringen kann.

Vollkommene Meditation

Lektion 1: Gewahrsein

In diesem Buch werden Sie lernen, Ihr Gewahrsein zu erweitern, es zu vertiefen und schließlich in einer neuen Realität aufzuwachen. Dafür müssen Sie aber verstehen, was Gewahrsein überhaupt ist. Zunächst einmal ist Gewahrsein eine Erfahrung, eine höchst grundlegende Erfahrung. Wenn Sie plötzlich merken, dass es zu regnen beginnt, verändern sich Ihre Gewahrseinserfahrungen. Wenn Sie ruhig mit geschlossenen Augen friedlich dasitzen, erfährt das Gewahrsein die Stille der Nichtveränderung. Das Leben kann sich ändern, und manchmal ändert es sich auch nicht. Das Gewahrsein jedenfalls registriert alles.

Hier sind ein paar Möglichkeiten, wie Sie sich Ihr Gewahrsein bewusst machen können:

- Legen Sie dieses Buch weg und lauschen Sie aufmerksam auf jedes Geräusch, das um Sie herum zu hören ist. Indem Sie die Geräusche hören, wissen Sie, dass Sie hier und jetzt gegenwärtig sind. Und auch wenn Sie etwas sehen, berühren, schmecken oder riechen, wissen Sie, dass Sie im Hier und Jetzt existieren. Dieses Wissen um Ihre Existenz ist Gewahrsein.

  Wenden Sie nun Ihre Aufmerksamkeit von den Geräuschen ab und beachten Sie sie nicht. Auch wenn Sie Ihre fünf Sinne ignorieren, sind Sie immer noch anwesend. Gewahrsein ist grundlegender als Anblicke, Klänge, Geschmäcker, Texturen oder Gerüche. Unsere Sinne füllen den Geist mit Inhalt, aber Gewahrsein braucht keinen Inhalt. Einfach hier zu sein ist der Grundzustand des Gewahrseins.
- Schauen Sie sich dieses Buch an, schließen Sie dann die Augen und betrachten Sie es vor Ihrem geistigen Auge. Denken Sie das Wort *Buch*, dann sagen Sie es laut. Was haben diese vier Erfahrungen gemeinsam? Sie wurden im Gewahrsein erlebt. Worte,

Gedanken und Bilder ändern sich ständig, aber das Speichermedium ändert sich nicht – das ist Gewahrsein.

- Bleiben Sie für einen Moment still sitzen und leeren Sie Ihren Geist. Nach einer Weile verwandelt sich die Leere in einen Gedanken, ein Bild oder eine Empfindung. Wenn das passiert, machen Sie Ihren Geist wieder leer. Beobachten Sie, wie die Leere durch einen neuen Gedanken, ein neues Bild oder eine neue Empfindung ersetzt wird. Doch egal, ob Ihr Geist leer ist oder nicht, Sie sind immer da. Ihre Selbstwahrnehmung existiert unabhängig von dem, was geschieht oder nicht geschieht. Diese Selbstwahrnehmung ist Gewahrsein.

VOLLKOMMENES BEWUSSTSEIN UND SIE

Nachdem ich nun das Ziel und die Struktur der vollkommenen Meditation umrissen habe, wollen wir tiefer auf die Frage eingehen, die am Anfang dieses Kapitels steht, eine Frage, die allem zugrunde liegt: Kann das Dasein für sich selbst sorgen? Die Antwort lautet: Ja, das Bewusstsein erhält die Schöpfung aufrecht. In diesem Moment, und in jedem Moment seit Ihrer Geburt, sind Sie umgeben von der unendlichen Intelligenz und schöpferischen Kraft des Bewusstseins. Ich weiß, dass diese Prinzipien am Anfang etwas schwierig zu begreifen sein können, aber sie sind wichtig, um in die vollkommene Meditation einzutreten.

Wenn die Natur ein Geheimnis birgt, das das Leben auf der Erde verständlich macht, dann ist es dies: Leben *ist* Bewusstsein. Sie wissen bereits, dass Sie Bewusstsein *haben*. Ohne Bewusstsein wären Sie geistlos. Die Prinzipien, denen es folgt, durchdringen alles. Es ist ein Irrtum zu glauben, so wie viele Wissenschaftler es annehmen, dass das Bewusstsein erst entstand, als sich das menschliche Gehirn entwickelt hatte. Die grundlegendsten Lebensformen folgen den Prinzipien des Bewusstseins, indem sie selbstorganisiert sind und genau wissen, wie sie am Leben bleiben können. Diese Prinzipien gelten sogar unter den Lebensformen, die wir für völlig primitiv halten.

1973 bemerkte eine Frau in Texas in ihrem Garten einen eigentümlichen gelben Klecks, der über Nacht entstanden war, ähnlich wie manchmal sogenannte Hexenringe aus Pilzen buchstäblich über Nacht aus dem Boden schießen Aber der Klecks war kein Pilz oder irgendetwas anderes, das die Frau kannte.

Hinzugezogene Biologen identifizierten den gelben Klecks als eine Schleimpilz-Art. Schleimpilze sind einzellige Lebewesen, die es seit mindestens einer Milliarde Jahren gibt. Die neu entdeckte Art erhielt den Namen *Physarum polycephalum* (wörtlich: »vielköpfiger Schleim«) und erregte in der Öffentlichkeit viel Aufsehen. Sie geriet dann aber wieder in Vergessenheit, bis im Oktober 2019 der Zoologische Garten von Paris bekannt gab, dass er den Einzeller als außergewöhnliches Phänomen in einem eigenen Raum präsentieren würde. Er erhielt den Spitznamen »der Blob«, in Anlehnung an einen Horrorfilm aus den Fünfzigerjahren, in dem eine außerirdische Kreatur in Form einer schleimigen Masse alles auffrisst, was ihr in die Quere kommt. CNN berichtete wie folgt über die neu entdeckte Kreatur:

> Der Blob ist knallig gelb und kann sich mit einer Geschwindigkeit von bis zu vier Zentimetern pro Stunde fortbewegen. Obwohl er kein Gehirn hat, kann er Probleme lösen. Schneidet man den Blob entzwei, heilt er sich selbst binnen zwei Minuten! Dieses mysteriöse Wesen ist keine Pflanze, kein Tier und kein Pilz, sondern irgendetwas dazwischen. Außerdem hat er nicht zwei, sondern sage und schreibe 720 Geschlechter, sodass die Fortpflanzung kein Problem ist. Obwohl der Blob weder Mund, Magen noch Augen hat, kann er Nahrung (Bakterien und Pilze) aufspüren, essen und verdauen.

Als merkwürdige biologische Kuriosität, ein Mysterium der Natur, war *Physarum polycephalum* eine Sensation. Schleimpilze sind unglaublich einfache Lebensformen. Es gibt neunhundert Arten, die früher als Pilze klassifiziert wurden, jetzt aber ihr eigenes, locker organisiertes Reich erhalten haben. Es gibt keine wirkliche Verbindung zwischen den einzelnen Arten, außer dass sie entweder als einzellige Organismen oder in einer großen Gemeinschaft vermischt funktionieren können. Sie durchlaufen im Laufe ihres Lebens mehrere morphologisch extrem verschiedene Stadien. In einem ihrer Lebenszyklen ist ihr Erscheinungsbild das von gelartigem Schleim.

Das Rätsel ist, wie eine Lebensform, die kaum komplexer ist als Grünalgen, intelligent sein kann. Laut einer in der renommierten wissenschaftlichen Zeitschrift *Proceedings of the Royal Society* veröffentlichten Studie können Blobs aus Erfahrung lernen und ihr Verhalten entsprechend ändern. Ihre Erinnerung an etwas Gelerntes hält bis zu einem Jahr an. Bei entsprechenden Versuchen von Forschern fand der Blob sogar aus einem Labyrinth heraus. Die auf feuchten Waldböden gedeihenden Blobs sind darüber hinaus nahezu unsterblich. Ihre einzigen Feinde sind Licht und Trockenheit. Ein ausgetrockneter Blob kann aber mehrere Jahre lang überleben und mit ein paar Tropfen Wasser wieder zum Leben erweckt werden.

Dies ist sicherlich ein Beispiel dafür, wie das Dasein für sich selbst sorgt, was sich darin zeigt, dass der gelbe Klecks Eigenschaften des Bewusstseins aufweist. Abgesehen davon, dass er selbstorganisierend und selbstversorgend ist, passt er sich seiner Umgebung an, weiß bedrohliche Schadstoffe zu vermeiden und löst Probleme.

All das scheint nicht mehr rätselhaft zu sein, sobald man akzeptiert, dass Bewusstsein ein Teil der Existenz ist. Beide gehören zusammen, weil sie es müssen. Wäre das Dasein eine Leere, eine Tabula rasa, gäbe es keine physische Kraft mit der Fähigkeit, Bewusstsein zu schaffen. Leere ist tot. Bewusstsein ist lebendig. Totes lässt sich nicht in Lebendiges verwandeln, und doch ist offensichtlich Leben entstanden. Die naheliegende Schlussfolgerung lautet deshalb, dass Leben im Bewusstseinsfeld erzeugt wurde, das bereits lebendig, aber unsichtbar ist, bis das Bewusstsein physische Gestalt annimmt.

Hier brauchen wir uns nicht um die metaphysische Seite des Themas zu kümmern. Unser Projekt ist praktischer: Wir testen, ob eine Hypothese wahr ist – in diesem Fall die Hypothese, dass das Dasein mühelos, naturgemäß und unaufgefordert für uns sorgen kann. Die vollkommene Meditation soll beweisen, dass das Bewusstsein trotz des gespaltenen Selbst und all der Probleme, die es geschaffen hat, den Menschen nicht im Stich gelassen hat. Sie gibt uns die Fähigkeit, uns um unser eigenes Leben zu kümmern, indem wir das tun, was jede Lebensform bis hinunter zum gelben Klecks tut: auf die Prinzipien des Bewusstseins zu bauen. Der einzige Unterschied besteht darin, dass wir die Wahl haben, ob wir uns an diesen Prinzipien orientieren oder nicht. Diese Wahl wird jedoch von den meisten Menschen übersehen. Das gespaltene Selbst hat sein Unwesen getrieben, indem es uns von unserem Ursprung losgelöst und uns dann davon überzeugt hat, dass diese Loslösung normal ist.

DER WEG ZURÜCK

Jede Art von Meditation wird Ihnen die Erfahrung stillen Gewahrseins vermitteln, aber sie ist oft nur vorübergehend und nicht sehr tief. Sie können Ihre Augen schließen, ruhig dasitzen und eine Art stillen Gewahrseins erfahren (vorausgesetzt, Sie sind vorher nicht aufgeregt oder gestresst). Was die Meditation vom einfachen Schließen der Augen unterscheidet, ist ihre Fähigkeit, Sie tiefer in das Gewahrsein hinein zu führen. Im Sanskrit ist diese Erfahrung als *Samadhi* bekannt. Yogis, die sich tief genug in Samadhi versenken können, sind zu außergewöhnlichen Dingen in der Lage, wie zum Beispiel ihre Herzfrequenz zu verlangsamen und ihren Sauerstoffverbrauch auf ein absolutes Minimum zu reduzieren. Sie können sogar ihre innere Körpertemperatur so weit erhöhen, dass sie ohne Schaden in der Eiseskälte sitzen, auch wenn sie nur ein dünnes Seidengewand oder fast gar nichts tragen.

Als persönliche Erfahrung zeigt uns Samadhi den Unterschied zwischen oberflächlicher und tiefer Stille. Und auch bei oberflächlicher Stille ist einiges möglich. So wurde erst in jüngster Zeit festgestellt, dass man zum Beispiel Stress überwinden kann, indem man einfach die Augen schließt und langsam und regelmäßig atmet. Die als *Vagusatmung* bezeichnete Atemtechnik stellt aufgrund ihrer Einfachheit und Wirksamkeit einen echten Durchbruch dar. Ich habe sie bereits in früheren Büchern behandelt, aber es lohnt sich, hier noch einmal darauf einzugehen.

Die Vagusatmung hat ihren Namen vom Vagusnerv (Nervus vagus), dem längsten und komplexesten der zehn Hirnnerven, die das Gehirn mit dem Rest des Körpers verbinden. Seinen Namen erhielt er wegen seines großen Verbreitungsgebiets, er leitet sich ab vom lateinischen Wort *vagari*, was »umherschweifen« bedeutet. Der Vagusnerv verzweigt sich direkt vom Gehirn und breitet sich im ganzen zentralen Nervensystem aus. Auf diese Weise verbindet er das Gehirn mit dem Herzen, der Lunge und dem Unterleib, alles Bereiche, die sehr stressempfindlich sind. Darüber hinaus senden seine sogenannten afferenten Fasern sinnesbezogene Informationen, einschließlich Körperempfindungen, die mit Stress verbunden sind, an das Gehirn. Das Gehirn sendet Signale zurück und baut eine konstante Rückkopplungsschleife auf. Wenn Sie sich in einer Stresssituation befinden, steigt Ihre Herzfrequenz an, Sie atmen flach und unregelmäßig und spüren ein Spannungsgefühl in Magen und Darm.

Dieser Stresskreislauf wurde schon vor längerer Zeit erkannt, aber er musste auch in umgekehrter Richtung verstanden werden, als Kreislauf der Stressreduktion. Um herauszufinden, wie Meditation in physischer Hinsicht tatsächlich funktioniert, folgten die Forscher den Hinweisen, wie sie sich aus der Atmung ergeben. Die sogenannte yogische Atmung zum Beispiel besteht aus Übungen, die den Atem kontrollieren und ihn regelmäßiger, langsamer und tiefer machen. Es hat sich herausgestellt, dass die regelmäßige, entspannte Atmung durch den Vagusnerv mit seiner direkten Verbindung zu Gehirn, Herz und Lunge reguliert wird. Durch Stimulation dieses Nervs kann die Entspannungsreaktion ausgelöst werden. Diese Entdeckung war der Ursprung der sogenannten Vagusatmung, die inzwischen in zahlreichen Büchern beschrieben ist. Es handelt sich dabei um eine recht einfache Methode zur Stimulation des Vagusnervs.

VAGUSATMUNG

Eine wirksame Abhilfe in Stresssituationen

Schritt 1: Setzen Sie sich ruhig mit geschlossenen Augen hin.
Schritt 2: Atmen Sie circa vier Sekunden ein (innerlich langsam bis vier zählen).
Schritt 3: Atmen Sie vier Sekunden aus und halten Sie den Atem dann eine Sekunde an.
Schritt 4: Behalten Sie diesen Atemrhythmus fünf Minuten bei.

Diese einfache Atemübung hilft nicht nur bei der Stressbewältigung, sondern auch bei der Bewältigung von Wut und Ängsten. Medizinwissenschaftler erforschen derzeit außerdem den Einsatz der elektrischen Vagusnervstimulation bei der Behandlung verschiedener psychischer und physischer Krankheiten. In unserem Buch *Das heilende Selbst* haben mein Koautor Dr. Rudolph E. Tanzi von der Harvard Medical School und ich über die Möglichkeiten berichtet.

> Aus Sicht der konventionellen Medizin faszinierend ist, wie breit die möglichen Anwendungen der Vagusnervstimulation (VNS) anscheinend sind. Derzeit werden nicht weniger als 32 Erkrankungen erforscht, bei denen man sich positive Ergebnisse erhofft, angefangen von Alkoholabhängigkeit, unregelmäßigem Herzschlag (Vorhofflimmern) und Autismus über das ganze Arsenal körperlicher und psychischer Befindlichkeiten: Herzerkrankungen, Depression und Angstzustände, eine Vielzahl von Darmerkrankungen, Sucht und vielleicht sogar Gedächtnisverlust und Alzheimer.

Die Möglichkeiten der Vagusnervstimulation erschließen sich rasch. Für unser Thema besonders interessant ist, dass der meditative Zustand nachgewiesenermaßen etwas Natürliches und Müheloses ist. Schon nur die oberflächliche Ruhe, wie sie bei einer kurzen

Meditation erfahrbar ist, führt zu einer Entspannung über den Vagusnerv. Es gibt keine Trennung zwischen der körperlichen und der geistigen Seite der Entspannung. Wenn die oberflächliche Ruhe so leicht erreichbar ist, kann auch die tiefe Ruhe des Samadhi erlebt werden.

Der »umherschweifende« Nerv sendet nicht einfach nur Signale durch den ganzen Körper, sondern vermittelt Bewusstsein. Die Tatsache, dass ein einziger Hirnnerv ganzheitliche Wirkungen aufweist, zeigt, wie vollständig das Bewusstsein Geist und Körper durchdringt. Es gibt nicht nur eine Geist-Körper-Verbindung. Die Gesamtheit des Bewusstseins ist am Werk, und das ist der Grund, warum vollkommene Meditation funktioniert. Sie bringen nicht einfach eine Sache nach der anderen in Ordnung, sondern Sie verbinden sich wieder mit der Gesamtheit des Bewusstseins. Auf diese Weise beweisen Sie sich selbst, während sich die Meditation entfaltet, dass die Existenz für Sie sorgen kann.

Das Bewusstsein gibt vorbehaltlos von sich selbst. Als vor fast vier Milliarden Jahren das erste kleinste Körnchen Leben auf der Erde auftauchte, war es primitiver als eine Bakterie. Es hatte keine DNA. Es war nicht einmal ein einzelliges Lebewesen wie eine Amöbe. Doch so wie ein einziges befruchtetes Ei im Mutterleib die gesamte Struktur eines menschlichen Wesens in sich trägt, waren die ersten Anzeichen uranfänglichen Lebens Produkte des vollkommenen, unendlichen Bewusstseins. (Vielleicht sollten wir aufhören, den Ursprüngen des Lebens ein Datum zuzuordnen. Das folgende Zitat stammt von dem Physiknobelpreisträger Brian Josephson: »Materie ist lebendig und kann Entscheidungen treffen.« Das klingt wie die Äußerung eines Mystikers. Die Fähigkeit der Atome, sich anders als gemäß den Vorhersagen fester Naturgesetze zu verhalten, ist seit mehr als einem Jahrhundert, seit dem Aufkommen der Quantenphysik, ein regelrechtes Mysterium.)

Vollkommene Meditation

Lektion 2: Nicht »hier drin«, nicht »da draußen«

Wir meinen, es sei nur natürlich, geistige Erfahrungen »hier drin« von physischen Erfahrungen »da draußen« zu trennen. Der Einfachheit halber verwende ich diese Begriffe hier. Aber das Meer des Bewusstseins umfasst alles, ohne Grenzen und Beschränkungen. Weil Sie bewusst *sind*, sind Sie frei, Grenzen zu respektieren – erwacht zu sein, bedeutet nicht, den Rasen betreten zu dürfen, obwohl dies laut einem Schild untersagt ist –-, während Sie gleichzeitig wissen, dass die Grenzen künstlich sind. Die Grenzen ändern nichts an Ihrem essenziellen Wesen, das unbegrenzt ist.

Um Ihnen zu zeigen, wie leicht man die Grenze zwischen »hier drin« und »da draußen« überschreiten kann, finden Sie nachstehend eine Übung, die die Trennlinie sofort aufhebt:

- Streichen Sie mit den Fingern über etwas, das eine raue Beschaffenheit hat, wie zum Beispiel Schleifpapier. Schließen Sie dann die Augen und spüren Sie die gleiche raue Textur im Geiste.
- Tauchen Sie eine Hand in Eiswasser und stellen Sie sich danach das gleiche eisige Gefühl nur vor.
- Betrachten Sie eine rote Rose, schließen Sie dann die Augen und sehen Sie die Rose erneut, und zwar »hier drin«.

Es gibt keinen Unterschied, wo diese Erfahrungen angesiedelt sind. Sie sind nicht ausschließlich »da draußen« oder »hier drin«, sondern im Bewusstsein, das beides umfasst. Wenn Sie sich jetzt, während Sie dies lesen, die Beschaffenheit von Sandpapier, die Kälte von Eiswasser oder den Anblick einer Rose vorstellen, so sind diese geistigen Empfindungen nicht so intensiv wie die körperliche Empfindung. Aber überlegen Sie einmal, wie lebendig ein Traum sein kann. Die Dinge, die Sie im Traum sehen, sind genauso lebensecht wie in ihrer physischen Erscheinung. Dasselbe gilt für Geräusche, die Sie im

Traum hören. Ein kleiner Teil der Menschen kann sogar über das Sehen und Hören hinausgehen und im Traum riechen, schmecken und tasten. Es ist jedoch nicht notwendig, so weit zu gehen. Die in Träumen erzeugte Realität ist für Sie genauso real wie jede Erfahrung »da draußen«, denn Träume haben dieselbe Grundlage im Bewusstsein. (Sollte Sie das nicht überzeugen, denken Sie daran zurück, wie Sie einmal aus einem Alptraum erwacht sind. Wenn das keine wirkliche Erfahrung war, warum sind Sie dann voller Panik aufgewacht?)

Das Leben weiß immer, was zu tun ist, auch wenn wir daran zweifeln. Niemand musste Ihrem Herzen beibringen, wie es schlagen soll. Einfache Hautzellen führen genauso komplexe Prozesse durch, wie sie in einer Gehirnzelle ablaufen. Rote Blutkörperchen, die einzigen Zellen in Ihrem Körper, die keine DNA enthalten, werden so reguliert, dass sie wissen, wohin sie den Sauerstoff bringen und wann sie ihn abgeben sollen. Woher kommt dieses Wissen? Im Medizinstudium wird das Gehirn als Sitz des Bewusstseins bezeichnet, eine Annahme, die sich in der Gesellschaft als allgemeines Wissen verbreitet hat. Sie ist aber völlig falsch, eine irrige Vorstellung, die aus Hochmut entstanden ist.

Lassen wir den ganzen Irrglauben fallen, der das Bewusstsein auf den denkenden Verstand reduziert, und erweitern wir es stattdessen auf die ganze Natur. Ich möchte Ihnen im Folgenden ein bemerkenswertes Beispiel dafür geben, wie vollständig das Bewusstsein das Leben aufrechterhält. Vielleicht finden Sie, dass ich damit vom Thema Meditation abschweife, aber es ist so faszinierend, dass ich es Ihnen nicht vorenthalten will.

Ich werde ein Wunder der Natur beschreiben, das mit einem kleinen australischen Seevogel beginnt, dem Weißflügel-Sturmvogel (*Pterodroma leucoptera)*, auch Goulds-Sturmvogel genannt. Dieser Vogel ist relativ unscheinbar – etwa zehn Zentimeter lang, an der Körperoberseite braun und grau und an der Unterseite weiß –, aber sein Lebenszyklus ist so erstaunlich, dass er sich einer rationalen Erklärung entzieht.

Vor der Ostküste Australiens liegt die Insel Cabbage Tree Island, benannt nach einer Palmenart, die dort in dichten Wäldern wächst. Wenn ein wuscheliges graues Sturmvogelküken geboren wird, füttern die Eltern es, indem sie auf das Meer hinausfliegen und mit gefülltem Kropf zurückkehren, dessen Inhalt sie in das offene Maul des Kükens wieder auswürgen. Dies geht so etwa drei Monate lang, jeden Abend erhält der kleine Nestling Futter. Dann, eines Abends, bleiben die Elterntiere weg. Das Küken wartet, aber die Eltern, die Ernährer, kommen nicht mehr. Es beginnt zu hungern.

Doch anstatt vor Hunger zu sterben, tut der junge Vogel »instinktiv« etwas, um seiner Not zu entkommen. Sturmvögel nisten auf dem Boden in Felsspalten, die von umgefallenen Palmwedeln bedeckt sind. Der Kleine linst nun also aus der Spalte heraus und wagt sich dann an den Fuß einer nahe wachsenden Palme. Er ist noch nie zuvor geflogen, aber irgendwie ist ihm klar, dass Fliegen sein einziger Ausweg ist.

Wie Albatrosse und andere Seevögel, die an Land unbeholfen sind, kann ein Sturmvogel nicht abheben, wenn ihm nicht durch einen leichten Wind geholfen wird. Am Boden der dichten Palmenwälder von Cabbage Tree Island jedoch ist es praktisch windstill. Das Vogeljunge beschließt daher, auf die Spitze eines Baumes zu klettern, um sich von dort in die Luft zu stürzen. Niemand zeigt ihm den Weg, und es hat dieses Kunststück noch nie vorher vollbracht. Aber mithilfe seiner gebogenen Krallen und des hakenförmigen Schnabels arbeitet es sich langsam am Stamm hoch. Wenn es vor Erschöpfung pausieren muss, schlingt es seine Flügel um den Stamm, um sich ausruhen zu können. Vom Hunger geschwächt, hat das Junge nur die eine Chance, den Baum zu erklimmen. Wenn es herunterfällt, stirbt es.

Oben angekommen, sieht es sich weiteren Herausforderungen gegenüber. In der Krone eines Cabbage Tree wachsen scharfe, stachelige Dornen, an denen sich der junge Vogel verfangen kann. Wenn er daran vorbeigekommen ist, wirft er sich schließlich in die Luft, ein weiterer Moment, in dem es um Leben oder Tod geht. Der Wind muss den Vogel begünstigen, und der Kleine muss seine Flügel benutzen, anstatt einfach nach unten zu plumpsen, was tödlich wäre.

Wenn alles gut geht und es dem jungen Vogel gelingt, sich vom Wind forttragen zu lassen, beginnt der bemerkenswerteste Teil der Geschichte. In den nächsten fünf bis sechs Jahren sieht ein Sturmvogel nie wieder Land und verbringt sein Leben in der Luft auf hoher See. Seine Nahrung, meist kleine Fische, erbeutet er dicht unter der Meeresoberfläche. Sturmvögel schlafen nicht mehr als vierzig Minuten pro Nacht, und in dieser Zeit ist immer eine Gehirnhälfte wach, während die andere schläft. Auch in der Schlafphase hören sie nicht auf zu fliegen. Nach ein paar Jahren dann kehren sie von ihren Reisen durch die Tasmanische See wieder auf die Insel zurück, auf der sie geboren wurden – einer Insel, die in Relation in etwa so klein ist wie ein Punkt auf einem DIN-A4-Blatt. Dort paaren sie sich und der Kreislauf des Lebens beginnt von vorne.

Denken Sie über die Geheimnisse nach, die nur mit dieser einen Vogelart verbunden sind. Naturforscher können die Sturmvögel beobachten und ihr Verhalten beschreiben, aber letztendlich entzieht sich das Verhalten der Vögel rationalen Erklärungen. Die einzige mögliche Erklärung, die die Wissenschaft derzeit zu bieten hat, ist, dass Genetik oder Instinkt das Jungtier leitet. Genetik ist jedoch eine schwache Erklärung, da die DNA nur eine Funktion hat, nämlich die Produktion der wichtigsten Proteine und Enzyme, die eine Zelle strukturieren. Der Bauplan einer Zelle ist nicht lebendig. Wie sollte die DNA einem Sturmvogel auf seinem Jungfernflug kommunizieren, er solle nach unten schauen, bis er winzige Tintenfische und Fische direkt unter der Wasseroberfläche sieht, dann eintauchen, die Oberfläche abschöpfen und die Beute fangen, ein komplexes Manöver, das dem Sturmvogel nicht von seinen Eltern gezeigt worden ist?

Instinkt ist auch keine bessere Erklärung, denn es muss eine Grundlage dafür geben, wie jeder Schritt hin zum ersten Flug des Sturmvogels zeitlich festgelegt wird. Das einzige Signal, das dabei eine Rolle spielt, ist der Hunger, der das Küken aus seinem Loch im Felsen treibt. Wie kommt es jedoch auf das spezifische Verhalten, auf eine Palme zu klettern, ein Kunststück, für das es selbst mit den scharfen Krallen eher schlecht ausgerüstet ist? Auf den Begriff

Instinkt greifen wir im Grunde immer dann zurück, wenn wir unsere Unwissenheit vertuschen wollen, indem wir komplexe Verhaltensweisen im gesamten Tierreich als irgendwie »eingebaut« abtun. Wie genau das möglich ist, bleibt aber ein völliges Rätsel.

Alles, was ein Sturmvogelküken tut, weist bewusste Züge auf. Es hat eine Absicht. Es weiß, was es zu tun hat. Es handelt nach einem Zeitplan, und es braucht keine Anleitung, da es von Natur aus über das nötige Wissen verfügt. Wenn all diese Dinge nicht koordiniert werden, wird jeder einzelne Schritt auf dem Weg ins Erwachsenwerden nicht funktionieren. Die gesamte Verhaltenskette muss vorher festgelegt sein, um bei jedem Schritt fatale Folgen zu vermeiden. Das beginnt mit der Tatsache, dass ein Sturmvogelküken so lange Nahrung aufnimmt, bis es ein Drittel mehr wiegt als seine Eltern. So ist es auf das Ausbleiben von Nahrung vorbereitet, wenn die Eltern eines Nachts auf mysteriöse Weise nicht zurückkehren. Es kann sich dann zwei Wochen lang von seinem Körperfett ernähren. Was unbestreitbar scheint, ist, dass dieser Vogel nicht nur das eine oder andere weiß. Er weiß alles, was für seine Existenz notwendig ist.

Die einzige brauchbare Erklärung für das komplizierte Verhalten von Weißflügel-Sturmvögeln liegt jenseits von Instinkt und Genen allein im Bewusstsein. Das Bewusstsein drückt sich auf intelligente, geordnete, kreative Weise aus. Die Erkenntnis lautet, dass das Dasein für sich selbst sorgen kann und infolgedessen auch für uns.

Vollkommene Meditation

Lektion 3: Inneres Verstehen

Der Geist eines zweijährigen Kindes ist aktiv und neugierig, hungrig darauf, alles zu erfahren, was in seiner Umgebung geschieht. Von diesem Punkt aus wachsen wir auf, um alle möglichen Dinge kennenzulernen. Diese Dinge werden in unserem persönlichen Wissensfundus gesammelt, sei es, dass wir Französisch sprechen oder Rollschuh laufen lernen. Aber Wissen ist nicht dasselbe wie Verstehen, das an erster Stelle steht. Es gibt einen Zustand des inneren Verstehens, über das jeder Mensch verfügt. Es ist angeboren. Ohne kann man nicht bewusst sein. In der Meditation vertiefen wir unser inneres Verstehen, aber zuerst muss uns klar sein, was Verstehen ist.

Hier sind ein paar Beispiele für inneres Verstehen:

- Lassen Sie sich die folgenden drei Sätze vorlesen, möglichst, ohne sie vorher selbst gelesen zu haben:

  Eine Lerche saß auf der Lärche und sang. Er isst zu viel und deshalb ist er krank. Ein wahrer Kelte zittert nicht vor Kälte.

  Bei allen drei Sätzen wird Ihr stummes inneres Verstehen dafür sorgen, dass Ihnen die unterschiedliche Bedeutung der jeweils gleich klingenden Wörter (Homofone) sofort klar ist.
- Eine Frau wartet zwei Stunden lang in der Notaufnahme des Krankenhauses, ohne dass jemand Notiz von ihr nimmt. Schließlich reißt ihr der Geduldsfaden und sie begibt sich zur Schwesternstation. Sie beklagt sich: »Ich warte schon seit zwei Stunden. Wie viele Ärzte arbeiten hier überhaupt?« Die zuständige Krankenschwester blickt kurz auf und antwortet: »Etwa die Hälfte.« Warum ist das komisch? Weil man einen Witz erkennt, wenn man ihn hört. Es gibt kein mentales Bedürfnis, weiter darüber nachzudenken. Humor schlägt sofort zu, wie alles innere Verstehen.
- Blicken Sie sich im Zimmer um und nehmen Sie bewusst die Dinge darin wahr: Möbel, Teppiche, Bilder an der Wand, vielleicht auch eine andere Person. Sie erkennen, was dies alles ist. Dies ist eine Grundlage des inneren Verstehens. Erfahren Sie das Zimmer nun auf eine andere Art und Weise: Schauen Sie noch einmal hin und nehmen Sie nur die Farben von allem wahr. Woher wissen Sie, dass Farbe überhaupt existiert? Dies ist ein tieferes inneres Verstehen. Es ist in das menschliche Gewahrsein

integriert, und zwar in einem Maße, dass Sie bis zu zwei Millionen verschiedene Farbtöne unterscheiden können. Doch die Existenz von Farbe an sich kommt aus einem inneren Verstehen, das sich nicht in Worte fassen lässt – was auch nicht sein muss. Es ist Ihnen angeboren, das Konzept von Farbe zu verstehen, nicht erst, wenn Sie darüber lesen oder von jemand anderem unterrichtet werden.

Ihre Netzhaut wird auf physikalischer Ebene mit Photonen bombardiert, wodurch die Mechanik des Sehens entsteht. In der Folge laufen codierte chemische Informationen durch die Sehnerven, die vom Auge zum Gehirn führen. Diese Daten haben keine Farbe in sich, weil Photonen farblos sind, ebenso wie Nervensignale. Farbe ist ein Teil des Bewusstseins, und somit ist das Verstehen in der Existenz eingebettet. Ohne Verstehen könnten Sie nicht hier sein. Dies gilt nicht nur für Farbe, sondern für alle fünf Sinne.

Die *conditio humana* – die komplexen und widersprüchlichen Merkmale dessen, wer wir sind – wird seit Jahrhunderten beklagt. Es gibt aber eine gegensätzliche Auffassung, die eine Lösung anbietet. Sie sieht das vollkommene Bewusstsein als eine Realität an, die das menschliche Leben ebenso vollständig durchdringt wie alles in der Natur – mit einem wichtigen Unterschied. Wir können es kontrollieren. Das totale Bewusstsein ist keine Kraft außerhalb von uns, die uns wie ein Marionettenspieler an unsichtbaren Fäden hält. Dank des freien Willens hat der *Homo sapiens* die Fäden längst durchschnitten. Wir entfalten unser Potenzial nach unseren eigenen Wünschen. Wir haben Ansprüche und Sehnsüchte, wie sie kein anderes Lebewesen hat.

Niemand hat uns aus der natürlichen Ordnung hinausgeworfen. Wir haben sie aus eigenem Antrieb heraus verlassen. Wir bilden uns unsere eigene Meinung, und mit der Freiheit, nach etwas zu streben, kommt es zum Aufstieg und Fall von Zivilisationen. Das oberste Ziel überlebt jedoch auch jeden Untergang eines Imperiums. Es ist das Streben nach der Erfahrung des vollkommenen Bewusstseins und der damit einhergehenden Transformation. Ist es möglich, tatsächlich Zugang zu dem Bewusstsein zu erhalten, das den Kosmos und jeden noch so kleinsten Aspekt des Lebens beherrscht? Die Antwort lautet ja, und im nächsten Kapitel wird es nun darum gehen, was dieses »ja« wirklich bedeutet.

2

LEBEN IST MEDITATION

Meditation verschafft uns Zugang zu einem höheren Bewusstsein. Höheres Bewusstsein wird manchmal auch bezeichnet als reines Bewusstsein, kosmisches Bewusstsein oder Erleuchtung. (In all diesen Begriffen schwingt aber etwas mit, was nicht ganz stimmt und auf das ich gleich zu sprechen kommen werde. Namen können den Zauber stehlen, und es gibt so viel Magie im Bewusstsein, dass wir sie nie aus den Augen verlieren dürfen.)

Meditation hat seit Tausenden von Jahren den Ruf, eine mystische Praktik zu sein, weil das Portal zu höherem Bewusstsein dem Alltagsverstand scheinbar verschlossen bleibt. In diesem Buch schlage ich ein radikales Umdenken vor. Meditation ist nichts Außerweltliches, sondern etwas Natürliches. Genau genommen meditieren wir alle seit unserer Geburt. Jeder von uns hat schon das eine oder andere Mal einen Zustand erlebt, der mit den von Meditationslehrern gelehrten Techniken erreichbar ist. Das muss wahr sein, denn wenn Meditation nicht das widerspiegeln würde, zu was der Geist in der Lage ist, könnte sie nicht gelehrt werden. Sie könnte nicht einmal existieren. Höhere Mathematik ist nicht mystisch, denn jeder verwendet Zahlen. Exzellente Küche ist nicht überirdisch, denn (fast) jeder kann ein Ei kochen.

Wenn man das Wesen einer Sache begreifen kann, ist alles andere drumherum einfach nur unnötig kompliziertes Beiwerk. Das Wesen der Mathematik und des Kochens ändert sich nicht dadurch, dass man sie auf das Niveau einer Kunst erheben kann. Dasselbe gilt für das Bewusstsein. Sie und ich sind schon ein Leben lang dabei, den »Meditationsmodus«, wie wir ihn hier nennen werden, ein- und wieder auszuschalten. Allgemein kann jeder nach innen gerichtete Geisteszustand als Meditationsmodus bezeichnet werden. Im Laufe der Jahrhunderte haben diese Geisteszustände verschiedene Namen erhalten, auf die in dem Abschnitt »In den Meditationsmodus gehen« noch näher eingegangen wird:

Achtsamkeit
Selbstbefragung
Reflexion
Kontemplation
Konzentration
Gebet
Ruhiger Geist
Kontrolliertes Atmen
Glückseligkeit

So wie die höhere Mathematik oder die Haute Cuisine eine Kunst ist, gehören diese Methoden zur Kunst der Meditation. Aber im Wesentlichen dient der Meditationsmodus jedem Menschen einem grundlegenden und wichtigen Zweck. Ihr Geist geht aus dem Bedürfnis, im Gleichgewicht zu sein, in den Meditationsmodus über. Alle Meditationspraktiken entspringen diesem Bedürfnis, also müssen wir versuchen, es zu verstehen. Je tiefer unser Verständnis, desto fundierter wird die vollkommene Meditation sein.

IM GLEICHGEWICHT BLEIBEN

Gleichgewicht oder *Balance* ist einer jener Begriffe, die durch zu häufige Verwendung inzwischen schon abgenutzt sind. Wir werden mit Botschaften über eine ausgewogene Ernährung und Lebensweise förmlich überflutet, und die Werbung nutzt »Balance« für alle Arten von Produkten als Verkaufsargument, von Vitaminen und Frühstückszerealien bis hin zu Haarprodukten und Schuhen. Nichtsdestotrotz ist Gleichgewicht gerade auch aus der wissenschaftlich physiologischen Sicht unabdingbar für das Leben.

Nachdem Sie Ihren Körper aus dem Gleichgewicht gebracht haben, indem Sie durch den Park gejoggt sind oder Schnee von der Garagenausfahrt weggeschaufelt haben, kehren nach Beendigung der Aktivität Herzfrequenz, Blutdruck, der Sauerstoffverbrauch in den Muskeln sowie Verdauungs- und Immunsystem automatisch in die Homöostase, den körperlichen Gleichgewichtszustand zurück. Jede Körperfunktion weiß, wie sie die Homöostase wiedererlangt. Die Fähigkeit zur Aufrechterhaltung des Gleichgewichts im Körper ist uns angeboren.

In seinem unterhaltsamen und äußerst informativen Buch *Eine kurze Geschichte des menschlichen Körpers* beschreibt Bill Bryson, dass die Homöostase immer noch ein Rätsel ist. Das ganze Buch beruht sowieso auf der Prämisse, dass trotz fortgeschrittener medizinischer Forschung eigentlich fast alles am menschlichen Körper ein Geheimnis bleibt. Niemand weiß zum Beispiel, warum wir Schluckauf haben. Oder warum wir zu den wenigen Säugetieren gehören, die Vitamin C nicht selbst herstellen können. Warum wir so viele Allergien haben oder uns beim Essen verschlucken können. Unsere Einzigartigkeit umfasst noch einige andere Merkwürdigkeiten. So bewohnt der Mensch alle Arten von Klimazonen, vom Hochgebirge bis zu den Tropen, hält aber andererseits im Körperinneren nur eine relativ geringe Temperaturspanne aus. Eine nur um zwei Grad Celsius erhöhte Körperkerntemperatur geht schon mit leichtem Fieber einher. Sinkt die Normaltemperatur (36 bis 37 Grad Celsius) um ein Grad, friert man bereits und bei 33 Grad Celsius setzt Unterkühlung ein.

Der Körper unternimmt außergewöhnliche Anstrengungen, um die Normaltemperatur im Körperkern aufrechtzuerhalten. Bryson beschreibt ein bemerkenswertes Experiment, das dies veranschaulicht: Eine Versuchsperson lief auf einem Laufband einen Marathon, während die Raumtemperatur allmählich von minus 45 auf plus 55 Grad

Celsius anstieg (ungefähr die Unter- und Obergrenze des menschlichen Toleranzbereiches). Trotz dieser extrem starken Temperaturschwankung veränderte sich die Kerntemperatur des Körpers des Läufers während des gesamten Versuches noch nicht einmal um ein Grad. Die Tatsache, dass die beiden Prozesse, die den Körper abkühlen und erwärmen, nämlich Schwitzen und Frösteln, so grundlegend erscheinen, macht unser körperliches Gleichgewicht nicht weniger erstaunlich.

Etwas Ähnliches geschieht unsichtbar im Kopf. Es gibt auch einen Normalzustand für das geistige Gleichgewicht, und wenn wir aus dem Gleichgewicht geraten, weiß unser Geist, wie er wieder in die Mitte kommt. Wir gehen in den Meditationsmodus. Diese Tatsache lässt sich auf verschiedene Arten belegen, die auf den ersten Blick nichts mit Meditation zu tun haben. Ein Paradebeispiel sind die Emotionen. Genau wie beim Körper hat jeder Mensch eine Art Normalwert für seine Stimmungslage, einen Grad der Zufriedenheit, zu dem er nach einem emotionalen Ereignis zurückkehrt, ob es nun glücklich oder traurig war. Der emotionale Ausgangspunkt verschiedener Menschen kann sich beträchtlich unterscheiden, weshalb uns Menschen auffallen, die von Natur aus glücklich zu sein scheinen oder immer mürrisch wirken. Es gibt keine wissenschaftliche Erklärung für diese Ungleichheit. Auch besonders einschneidende Erlebnisse ändern nichts daran. Innerhalb von sechs Monaten ist die Erinnerung an das Ereignis zwar durchaus noch vorhanden, aber die Gemütslage wieder im früheren Normalbereich.

Dementsprechend übertreiben traurige Liebeslieder mit ihrer Aussage, dass ein Herz für immer gebrochen bleibt. Ein ganz großer Hit war zum Beispiel »Crazy«, komponiert von Willie Nelson und gesungen von Patsy Cline. Die erste Textzeile lautet »Crazy, I'm crazy for feeling so lonely« (Verrückt, ich bin verrückt, weil ich mich so einsam fühle). Aber wenn einmal ein halbes Jahr vergangen ist, wird auch diese Art von »Verrücktheit« nur noch eine Erinnerung sein.

Wenn die Emotionen an den Ausgangspunkt zurückkehren, was ist dann mit dem Geist und all unseren willkürlichen und manchmal wilden Gedanken? Die Vorstellung, dass der Geist sich selbst wieder ins Gleichgewicht bringt, ist neu. Manchmal ist unser Kopf so voll von dem, was da alles herumwirbelt. Wir machen selten eine Denkpause, um das im Hintergrund ständig vorhandene Gewahrsein zu bemerken. Dieser Hintergrund ist nicht passiv. Er holt uns zurück ins Gleichgewicht, so wie die Homöostase den Körper wieder ausbalanciert. Da das Bewusstsein eine Gesamtheit ist, bringt es nicht viel, zwischen körperlichem und geistigem Gleichgewicht zu unterscheiden – wenn Sie sich nach einem hitzigen Streit, einem plötzlichen Schreck oder einem Anfall von Sorge wieder beruhigen, kommen auch die Körperzellen aus dem von den Emotionen geschaffenen Ungleichgewicht wieder zur Ruhe.

All dies bestätigt die Auffassung, dass Meditation nicht funktionieren würde, wenn der Geist nicht bereits über einen Mechanismus zur Wiederherstellung des Gleichgewichts verfügte. Meditation bringt das Bewusstsein aus seinem Versteck im Hintergrund ins Blickfeld. Es ist nicht so, dass Meditation eine Entdeckung der alten östlichen Mystiker wäre. Sie vertieft und erweitert nur, was der Geist von ganz allein bereits tut, so wie eine lange, angenehme Massage den entspannten Zustand vertieft, in den der Körper in der Homöostase zurückkehrt.

Die Fähigkeit des Geistes, wieder zur Balance zu finden, ist erstaunlich wirkungsvoll. Blicken Sie zum Beispiel einmal dreißig Sekunden lang auf ein helles Licht im Raum oder auf Ihren Computerbildschirm und schließen Sie dann die Augen: Sie nehmen ein Nachbild des Auges wahr, das allmählich verblasst. Die Zeit, die es dauert, bis dieses Nachbild ganz verschwunden ist, kann mehr als ein paar Minuten betragen. Der Geist jedoch kann keine Nachbilder von Gedanken erzeugen, weil diese sonst den nächsten Gedanken verdecken würden. Denken Sie an die Tausenden von Gedanken, die Ihnen in einer Woche oder sogar an einem Tag durch den Kopf gehen, und wie Sie bereit sind, jeden einzelnen in flimmernden mentalen Momentaufnahmen zu empfangen. Denkvorgänge spielen sich buchstäblich in Lichtgeschwindigkeit ab – mit der Geschwindigkeit der elektrischen Signale Ihres Gehirns.

Vollkommene Meditation

Lektion 4: Nullpunkt

Der Geist drückt einen Reset-Knopf, sobald ein Gedanke registriert wird. Dies ist wie der Nullpunkt des Gewahrseins. Es ist fast so, als ob der Geist einen Gedanken auslöscht, damit ein neuer Gedanke seinen Platz einnehmen kann. Aber im Gegensatz zur Löschtaste auf einem Computer ist der Nullpunkt des Geistes lebendig, dynamisch und auf alles vorbereitet, was als Nächstes kommt. Im Idealfall ist der Nullpunkt lebhaft und wachsam. Sie erleben diesen Idealzustand, wenn Sie munter, wach, optimistisch und bereit für die nächste Erfahrung sind.

Es gibt jedoch Zeiten, in denen der Nullpunkt des Geistes sich nicht wirklich im Zustand der Ruhe befindet. Er kehrt stattdessen in einen Zustand zurück, der müde, stumpf, in Routinegedanken versunken und veränderungsresistent ist. Wir stehen jeden Tag wieder irgendwo zwischen dem Besten und dem Schlechtesten, das der Nullpunkt zu bieten hat. Wir fühlen uns nicht geistig träge und müde, aber wir sind auch nicht offen, neugierig und wach.

Um zu veranschaulichen, was ich meine, beschreibe ich nachstehend einige Möglichkeiten, wie Sie bewusst wahrnehmen können, wie es sich anfühlt, wenn der Nullpunkt des Geistes nicht ideal ist.

- Sorgen Sie für störende, ablenkende Geräusche in Ihrer Umgebung – Sie könnten zum Beispiel sehr laut Musik laufen lassen, die Ihnen nicht gefällt, oder Ihren Fernseher auf einen Kanal mit Rauschen einstellen. Setzen Sie sich dann mit geschlossenen Augen hin und versuchen Sie, Ihren Kopf klar zu bekommen, sich frei von allen Gedanken zu machen. Nehmen Sie wahr, wie schwer es ist, innerlich ruhig zu sein. Der Nullpunkt ist kaum zu erreichen, und wenn er doch erreicht ist, fühlt man sich immer noch gereizt.
- Suchen Sie sich jetzt eine ruhige Umgebung, in der Sie sich entspannt fühlen. Schließen Sie die Augen, nehmen Sie ein paar

tiefe Atemzüge und beruhigen Sie Ihren Geist. Beachten Sie, wie leicht Sie den Nullpunkt erreichen. Auch wenn Gedanken kommen und gehen, werden sie nicht durch ein gereiztes oder abgelenktes Gemüt beeinflusst.

- Experimentieren Sie damit, wie sich der Nullpunkt in verschiedenen Situationen anfühlt: im Wartezimmer des Arztes; wenn Sie Zeit mit einer Person verbringen, die Sie nervtötend finden; bei einem langweiligen Arbeitstreffen.

Beachten Sie, wie leicht der Nullpunkt verschoben wird. Das liegt an der dem Geist innewohnenden Empfindlichkeit. Ihr Geist ist darauf trainiert, aufmerksam zu sein und in jeder Situation eine Fülle von Informationen aufzunehmen. Diese Empfindlichkeit ist ein enormer Gewinn, aber gleichzeitig erschwert die Anhäufung von Informationen – vor allem, wenn sie unwillkommen sind – es dem Geist, mit Wachheit und Klarheit zum Nullpunkt zurückzukehren.

Ihr Geist möchte sich in jeder Minute mehrmals immer wieder neu einstellen, um Ihr Denken wach, Ihre Einstellung offen und Ihre Stimmung optimistisch zu halten. So sieht es die Natur vor, aber das moderne Leben arbeitet ständig gegen die Natur. Es ist schwieriger geworden, in einen ruhigen Geisteszustand zu kommen, und in einer Gesellschaft, die von unzähligen Ablenkungen und Zerstreuungen beherrscht wird, betrachten wir einen ruhigen Geist als eine seltene Erfahrung. Es ist ein merkwürdiges Phänomen, dass viele von uns heutzutage gerne in überfüllten, lauten Restaurants essen, weil sie sich ständige Stimulation wünschen.

Der Geist widersetzt sich ständiger Stimulierung. Sie würde uns auslaugen, so wie eine Vinyl-Schallplatte, die ununterbrochen abgespielt wird, irgendwann verschlissen ist. Das ist auch der Grund, warum wir manchmal Abstand nehmen, wenn wir uns in einer Situation befinden, in der um uns herum zu viel los ist. Außer in Fällen von innerer Bedrängnis oder äußeren Stressfaktoren kehren Ihre Gedanken ohne Ihr Zutun zum Nullpunkt zurück.

IN DEN MEDITATIONSMODUS GEHEN

Die Tradition des Meditierens ist entstanden, um vom Nullpunkt aus in einen Bereich jenseits der alltäglichen Gedanken vorzudringen. Deshalb ist der ruhige Geist kein Ziel an sich. Er ist eine Startrampe. In der Stille kann das Bewusstsein wachsen.

Alle wichtigen Meditationstechniken entsprechen verschiedenen natürlichen Prozessen, die Ihr Geist durchläuft, um zum Nullpunkt zurückzukehren. An und für sich erholen Sie sich von einer Art von Ungleichgewicht, das Sie vorübergehend aus der Balance gebracht hat. Bei der vollkommenen Meditation nutzen wir die natürlichen Prozesse des Geistes, um alle Ungleichgewichte gemeinsam anzugehen, nicht nur eines nach dem anderen. Das hilft zu erkennen, wie vollständig der natürliche Meditationsmodus des Geistes wirklich ist und wie oft man ihn einnimmt.

ACHTSAMKEIT ist die Art und Weise, wie sich Ihr Geist von *Ablenkungen* erholt. Sie werden in den gegenwärtigen Moment zurückgeholt. Die Gegenwart ist dort, wo jede Zelle in Ihrem Körper bereits lebt. Sie ist auch der Ort, an dem der Geist leben möchte, wenn Sie es ihm erlauben.

Beispiele:

- Ihr Smartphone klingelt während der Fahrt. Wenn Sie achtsam sind, antworten Sie nicht, und bleiben konzentriert im Hier und Jetzt.
- Sie sind beim Arzt und machen sich Sorgen über ein mögliches medizinisches Problem. Während des Gespräches mit dem Arzt bemerken Sie, dass Ihr Geist noch mit Ihren Sorgen beschäftigt ist. Wenn Sie achtsam sind, konzentrieren Sie sich auf das, was der Arzt sagt, und stellen sachdienliche Fragen.
- Sie haben ein Date, und der Abend entwickelt sich nicht ideal. Sie bemerken Eigenschaften an Ihrem Gegenüber, die Ihnen nicht sympathisch sind, und fragen sich gleichzeitig, wie Sie wohl auf die andere

Person wirken. Wenn Sie achtsam sind, verscheuchen Sie diese Gedanken und lassen sich ganz unvoreingenommen auf die andere Person ein.

SELBSTBEFRAGUNG ist die Art und Weise, wie sich Ihr Geist von *Gewohnheiten* erholt. Indem Sie sich fragen: »Warum tue ich das?«, richten Sie bewusste Aufmerksamkeit auf eine Situation, in der Sie gewöhnlich von Gewohnheit, Routine, zwanghaftem Verhalten, reflexartigen Reaktionen und stagnierenden Überzeugungen dominiert wurden. Selbstbefragung bedeutet, dass Sie wiederholtes Verhalten bemerken und es infrage stellen.

Beispiele:

- Es passiert immer wieder, dass Sie Ihren Ehepartner bitten, Ihnen bei der Hausarbeit zu helfen, und er diese Bitte ignoriert oder mit einer lahmen Ausrede wie »Entschuldigung, ich habe es einfach vergessen« beantwortet. Mithilfe der Selbstbefragung fragen Sie sich, warum Sie die Position eines Erwachsenen einnehmen, der mit einem Kind spricht.
- Sie kommen schnell in Versuchung, in einem Restaurant ein Dessert zu bestellen, auch wenn Sie schon satt sind oder aber eine Diät machen. Mithilfe der Selbstbefragung halten Sie vor dem Bestellen kurz inne und fragen sich, ob das Dessert wirklich gut für Sie wäre. Da Sie ja eigentlich bereits wissen, dass dem nicht so ist, warum wollen Sie dann zum wiederholten Male trotzdem eines bestellen?
- Sie beklagen sich ständig über Ihre Arbeit, und es gibt nur relativ kurze Phasen, in denen es richtig gut läuft. Mithilfe der Selbstbefragung überlegen Sie, warum Sie an einem Job festhalten, der Sie unglücklich macht, und ob Sie nicht etwas Besseres verdient haben.

REFLEXION ist die Art und Weise, wie sich Ihr Geist von *Gedankenlosigkeit* erholt. Sie betrachten Ihr Verhalten, sehen, was daran selbstzerstörerisch ist, und erkennen, was tatsächlich vor sich geht. Der Geist ist naturgemäß gedankenvoll, wenn er über sich selbst nachdenkt.

Beispiele:

- Es gibt jemanden bei der Arbeit, der Ihnen komplett gegen den Strich geht. Die Lage droht zu eskalieren, wobei Ihre Kollegen aber anscheinend keine Probleme mit dieser Person haben. Anstatt sich nun auf den Stress zu konzentrieren, den die Person bei Ihnen verursacht, denken Sie darüber nach, ob Sie nicht Ihren Kollegen Stress verursachen.
- Sie halten sich für einen fürsorglichen, aber wachsamen Elternteil. In letzter Zeit geht Ihre Tochter im Teenageralter zunehmend auf Distanz und macht ein Geheimnis daraus, was sie so tut. Sie denken darüber nach, ob Sie sich übertriebene Sorgen machen und sich Ihre Tochter nicht einfach wie ein normaler Teenager verhält, der sich von den Eltern abgrenzen will.
- Ihr Ehepartner zeigt kaum noch ein Bedürfnis nach Sexualität. Ihre Freundinnen mutmaßen, dass er eine Affäre hat, während Sie befürchten, nicht mehr so begehrenswert oder attraktiv zu sein wie früher. Sie denken darüber nach und kommen zu der Auffassung, dass das Verhalten Ihres Partners andere Gründe haben muss. Sie beschließen, Veränderungen in Ihrem Liebesleben anzustoßen, die für beide befriedigend sind. Wenn das nicht funktioniert, werden Sie darüber nachdenken, was Sie als Nächstes tun können.

KONTEMPLATION ist die Art und Weise, wie sich Ihr Geist von *Verwirrung* erholt. Wenn Sie sich zwischen mehreren Wahlmöglichkeiten entscheiden müssen, die alle ihre Vor- und Nachteile haben, reflektieren Sie die Situation, bis Sie einen gewissen Grad an Klarheit erreicht haben. Der Geist zieht immer Klarheit der Verwirrung vor.

Beispiele:

- Sie gehen nur noch unregelmäßig oder gar nicht mehr in die Kirche. Ihr Sohn jedoch hat sich mit einer tiefgläubigen Christin verlobt, die Sie immer wieder auf das Thema Glauben anspricht. Sie haben mit Religion schon lange nicht mehr viel am Hut, wollen aber den Frieden in der Familie wahren. Sie überlegen sich also, wie Sie das Ihrer künftigen Schwiegertochter vermitteln können, ohne dass es hohe Wellen schlägt.

- Sie haben einen neuen Chef, der Ihnen durch seine Ansprüche und sein Verhalten das Leben schwer macht. Halten Sie das weiter aus, versuchen Sie mit dem Chef zu sprechen oder sehen Sie sich nach einer neuen Stelle um? Sie überlegen und wägen die Optionen ab.
- Das Problem der Waffengewalt im Land bewegt Sie tief. Jeder sagt Ihnen, dass die Waffen-Lobby sehr mächtig ist und eine Verschärfung der Waffengesetze verhindern wird. Sie reflektieren darüber, ob es Sinn macht, Ihrem Gewissen zu folgen und sich für neue Gesetze einzusetzen oder ob die Erfolgschancen so gering sind, dass solche Bemühungen wohl sinnlos sind.

KONZENTRATION ist die Art und Weise, wie sich Ihr Geist von *Sinnlosigkeit* erholt. Es ist sinnlos, bei der Arbeit nachlässig zu sein, unbesonnene Äußerungen zu treffen oder anderen Menschen gleichgültig oder launenhaft zu begegnen. Solche Verhaltensweisen spiegeln die grundlegende Überzeugung wider, dass die meisten Dinge ohnehin sinnlos sind, warum sich also Mühe geben? Indem sich der Geist konzentriert, vertieft er sich so stark in etwas, dass es einen Sinn ergibt. Das befriedigt den natürlichen Drang des Geistes, das Leben bedeutsam zu finden.

Beispiele:

- Eine Ihrer langjährigen Freundschaften ist an einem toten Punkt angekommen, Sie finden die Freundin inzwischen eher langweilig. Anstatt sich damit abzufinden, konzentrieren Sie sich darauf, was Sie tun können, um Ihre Beziehung neu zu beleben.
- Sie beherrschen Ihre Arbeit aus dem Effeff und sind so routiniert darin, dass Sie nichts mehr richtig fordert. Bevor Sie die schwierige Entscheidung treffen, Ihren Arbeitgeber zu wechseln, konzentrieren Sie sich darauf, wie Sie Ihre derzeitige Aufgabe sinnvoller und herausfordernder gestalten könnten.

- Wenn Sie morgens aufstehen, gehen Sie nicht voller Vorfreude in den Tag, sondern empfinden eher Überdruss. Anstatt Ihrem Alter, Ihrem Ehepartner, Ihrem Job oder dem Leben an sich die Schuld dafür zu geben, fragen Sie sich, woran es Ihnen im Leben mangelt und wie Sie diesen Mangel beheben können.

GEBET ist die Art und Weise, wie sich Ihr Geist von *Hilflosigkeit* erholt. Indem Sie mit einer höheren Macht Kontakt aufnehmen, erkennen Sie das Bedürfnis nach Verbindung an. Als Mensch fühlen wir uns oftmals isoliert, allein, klein und verloren, alles Merkmale von Hilflosigkeit. Seit Jahrhunderten rufen die Menschen Gott oder die Götter an, um sich mit einer höheren Macht zu verbinden. Der Geist will sich nicht ohnmächtig fühlen.

Beispiele:

- Sie haben einen persönlichen Verlust erlitten und fühlen sich deprimiert und einsam. Um den Schmerz zu lindern, bitten Sie im Gebet, dass Ihr Leid durch Gnade oder durch einen liebenden Gott gelindert wird.
- Sie werden irgendwo auf der Welt Zeuge einer Naturkatastrophe, die unsägliches Elend über sehr viele Menschen bringt. Geld zu spenden scheint Ihnen nicht genug zu sein, deshalb beten Sie, dass Ihnen ein besserer Weg aufgezeigt wird, wie Sie helfen können.
- Ein Mitglied Ihrer Familie ist drogensüchtig geworden. Alle Versuche zu helfen sind gescheitert. Nach jedem Entzug wird die Person früher oder später wieder rückfällig. Sie beten um Hilfe und dass sich eine höhere Macht einschaltet, um die Situation zu ändern.

RUHIGER GEIST ist die Art und Weise, wie sich Ihr Geist von *Überlastung* erholt. Der Geist verarbeitet ständig das tägliche Leben und seine Herausforderungen, aber wenn die geistige Aktivität belastend wird, besteht die Gefahr, dass sich Erschöpfung, Angst und Rastlosigkeit einstellen. Es liegt in der Natur des Geistes, ruhig zu sein, wenn keine Aktivität notwendig ist. In der Ruhe und Stille liegen die einfache Zufriedenheit des Daseins und ein immer wieder neuer Appetit auf die nächste Situation, die eine Reaktion erfordert.

Beispiele:

- Bei der Arbeit gehen Sie auf jemanden los, weil er sich Ihrer Meinung nach unverantwortlich verhalten hat. Die Person ist verärgert, und danach sind Sie es auch. Bevor Sie sich entschuldigen, ziehen Sie sich an einen ruhigen Ort zurück, wo Sie innehalten und Ihre Gedanken neu ordnen können.
- Ihre Familie hat sich daran gewöhnt, dass Sie die Hauptlast tragen, und Sie sind stolz darauf, wie gut Sie alles schaffen. Alles, was Sie tun, geschieht aus Liebe. Aber allmählich macht sich eine wachsende Müdigkeit bei Ihnen breit. Bevor Sie mit den anderen darüber diskutieren, wie auch sie vermehrt einen Beitrag leisten können, nehmen Sie sich Zeit, sich zu entspannen und zur Ruhe zu kommen. Dann sind Sie bereit, die Dinge zu besprechen, ohne sich innerlich gestresst zu fühlen.
- Nach einem anstrengenden Arbeitstag trinken Sie gewöhnlich ein Glas Bier oder Wein. In letzter Zeit hat Ihr Alkoholkonsum aber noch zugenommen. Sie erkennen, dass Sie sich besser entspannen können, wenn Sie meditieren, oder sich zumindest eine Viertelstunde lang ausruhen, bevor Sie sich entscheiden, ob Sie wirklich einen Drink brauchen.

KONTROLLIERTES ATMEN ist die Art und Weise, wie sich Ihr Geist von *Stress* erholt. *Stress* ist ein Sammelbegriff für einen unausgeglichenen Zustand von Geist und Körper unter Druck. Die Atmung wird unter Stress schnell und unregelmäßig. Durch ein paar tiefe Atemzüge, tiefes Seufzen oder einfach Schlafen (ein natürlicher Zustand regelmäßiger, entspannter Atmung) kommen Geist und Körper wieder ins Gleichgewicht.

Beispiele:

- Alle Beispiele laufen auf dasselbe hinaus. Wenn Sie sich gestresst fühlen, achten Sie darauf, wie Sie atmen. Indem Sie bewusst einige Minuten lang regelmäßig tief einatmen, wird dem Druck mit einer Entspannungsreaktion begegnet, die den Kopf frei macht und den Körper von der Anspannung befreit.

GLÜCKSELIGKEIT ist die Art und Weise, wie sich Ihr Geist vom *Leiden* erholt. Der Geist zieht selbstredend das Wohlbefinden dem Leiden vor, egal wie sehr unser Verstand uns sagt, dass bestimmte Formen des Leidens gut für uns sind. Glückseligkeit, Freude oder Ekstase sind Zustände vollkommenen Glücks. Sie scheinen wie aus dem Nichts aufzutauchen und wir alle haben sie schon erlebt, und der Geist möchte so oft wie möglich darin schwelgen. Glückseligkeit ist ein natürlicher Zustand, während Leiden eine unnatürliche Deformation ist, eine Art anhaltende schlechte Schwingung, die die guten Schwingungen des Geistes zerstört.

Beispiele:

- Alle Glückseligkeit ist Glück jenseits von Worten, daher unterscheidet sie sich vom Glücksgefühl, das sich beschreiben lässt. Um den Unterschied zu erkennen, suchen Sie in Ihrer Erinnerung nach einem Moment, in dem Sie plötzlich Freude empfanden, ohne wirklich zu wissen, warum. Je verblüffender das Gefühl war, desto näher waren Sie an der Glückseligkeit.
- Wenn sie sich an keinen solchen Moment der Seligkeit erinnern können, sind verwandte Gefühle wie Staunen und Ehrfurcht vielleicht leichter zu begreifen. Betrachten Sie sich selbst in einer Landschaft, die Sie mit dem Staunen über die Wunder der Natur erfüllt – ein solches Gefühl kommt der Glückseligkeit sehr nahe.
- Glückseligkeit kann auch mit Tränen der Rührung verbunden sein. Erinnern Sie sich daran, wie Sie sich gefühlt haben, als Sie ein neugeborenes Baby im Arm hielten oder einem Kind beim unschuldigen Spie-

len zusahen oder jemandem, der sich über sein Leiden erhebt. Wenn diese Erlebnisse uns überwältigen, wenn das Gefühl, das sie hervorrufen, begeisternd ist, dann sind wir nahe an der Glückseligkeit.

Vollkommene Meditation

Lektion 5: Die Mitte finden

Ihr Geist weiß bereits, wie Meditieren geht. Alles, was Sie tun müssen, ist, dies zu erkennen und zu nutzen. Egal, welche Meditationspraxis Sie ausüben, der Prozess beinhaltet immer eine Zentrierung. Zentriert zu sein bedeutet, es sich im Körper gemütlich zu machen, sich in der eigenen Haut wohlzufühlen, ohne Anforderungen oder Erwartungen. Dies ist der Ausgangspunkt für alles andere, was bei der vollkommenen Meditation geschehen kann. Wenn Sie aber andererseits nicht zentriert sind, wird Ihre Meditation wirkungslos sein. Ablenkung ist der Kobold der Meditation, der uns ärgerlicherweise von dem abbringt, was am wichtigsten ist.

Zentrierung ist ein natürlicher Prozess, der auch außerhalb der Meditation stattfindet. Sie fühlen sich zentriert, wann immer Sie ernst und aufrichtig sind. Sie können Ihrer eigenen Wahrheit nur Ausdruck verleihen, wenn Sie zentriert sind. Auch eine von Herzen kommende Emotion entspringt der Zentriertheit.

Nun erfahren Sie, wie Sie Ihre Mitte jederzeit finden können:

- Suchen Sie sich einen ruhigen Platz, schließen Sie die Augen und lenken Sie Ihre Aufmerksamkeit sanft zum Zentrum Ihrer Brust, dem Bereich Ihres Herzens. Atmen Sie bewusst ein und aus und tun Sie sonst nichts. Sie werden spüren, dass Sie zentriert und ruhig sind.
- Tun Sie weiterhin nichts; Ihre Gedanken werden wieder umherschweifen. Nehmen Sie dies wahr und lenken Sie Ihre Aufmerksamkeit wieder auf Ihr Zentrum.

Wiederholen Sie die Übung, so oft sie wollen. Ihr Ziel ist es einfach, Ihre Mitte wahrzunehmen. Dieses Gefühl ist die Schwelle zum reinen Gewahrsein, dem stabilen Bewusstseinszustand.

Um das Gelernte anzuwenden, machen Sie im Alltag immer dann eine Pause, wenn Ihnen eines der folgenden Dinge bei Ihnen auffällt:

Gefühl der Zerrissenheit
Gefühl der Zerstreutheit
Wirre oder rasende Gedanken
Zweifel bei der Entscheidungsfindung
Gefühl, unter Druck zu stehen
Sorgen über Zeit, Geld oder Ihre Gesundheit
Ärger oder Ungeduld
Gefühl der Langeweile

Nichts davon ist ungewöhnlich. Wehren Sie sich nicht dagegen, sondern halten Sie kurz inne, um sich zu zentrieren. Lassen Sie es zu, dass das Gewahrsein Sie wieder ruhig und ausgeglichen fühlen lässt, und an einen Ort zurückführt, an dem Sie nicht länger auf äußere Ereignisse reagieren. Erzwingen Sie nichts. Wenn Ihre Aufmerksamkeit umherwandert, bringen Sie sie behutsam zum Zentrum Ihrer Brust zurück.

BEWUSSTSEIN IST »ALLES ODER ALLES«

Manche Dinge im Leben sind Alles-oder-Nichts-Unterfangen, wie zum Beispiel schwanger zu sein, aber die meisten sind es nicht. Man kann in der Mitte leben, wo »Das passt schon« zu finden ist. Nur das Bewusstsein ist »alles oder alles«, ein Ausdruck, der erklärt werden muss.

Wenn etwas vollkommen ist, kann es nicht aufgeteilt werden. Es gibt nur das Ganze. Das Bewusstsein ist immer und ausnahmslos in jeder Faser des Lebens präsent. Weil man einen freien Willen hat, kann man das Bewusstsein verdrängen, was wir immer dann tun, wenn wir ignorieren, was gut für uns ist, und uns stattdessen entscheiden, das zu tun, was schlecht für uns ist. Gewohnheiten schieben das Bewusstsein zur Seite. Regeln schieben das Bewusstsein zur Seite. Alles, was das Leben mechanisch macht, schiebt das Bewusstsein zur Seite, und doch bleibt das Bewusstsein unbeeinflusst.

Das erwachte Leben ist völlig bewusst, was es zur natürlichsten Art zu leben macht. Dennoch fällt es den Menschen sehr schwer, dieses Konzept zu akzeptieren. Sie leben zum Beispiel gerne nach Regeln, und wenn die Regeln sehr streng sind, wie zum Beispiel die, wie sie für orthodoxe Brahmanen im Hinduismus oder orthodoxe Juden gelten, passiert es schnell, dass man sich überlegen fühlt, weil man so vielen Vorschriften folgt, an die sich andere Menschen gar nicht halten könnten.

Vollkommene Meditation öffnet den Weg zum erwachten Leben, aber zuerst muss man dieses Leben wollen. In jeder Situation die ganze Zeit gewärtig zu sein, klingt seltsam und nicht unbedingt gut. Was, wenn Sie ständig Ihres Gewichts oder der Unzulänglichkeiten Ihres Partners gewahr werden oder dessen, wie wenig Sie im Vergleich zu einem Fachbuchautor tatsächlich über ein Thema wissen? Erwachtes Leben sieht jedoch nicht so aus. Ich kann nicht oft genug wiederholen, dass das vollkommene Gewahrsein die beste Art zu leben ist, weil das Bewusstsein bereits vollkommen ist.

Der Körper ist, wie immer, der perfekte Prüfstein für die Realität. Ihr Körper bringt sich durch die Homöostase nicht nur selbst wieder ins Gleichgewicht – er heilt sich auch selbst, und zwar ständig, und nicht nur dann, wenn Sie sich krank fühlen oder sich verletzen. Tausende Male am Tag werden aus der Rolle fallende Zellen, auch solche, die krebsartig sein könnten, zerstört, und wenn Zellen aufgrund ihrer fortgeschrittenen Lebensdauer ihre Funktionsfähigkeit einbüßen, sterben sie freiwillig ab. Der Körper ist immer wachsam, und diese Tatsache impliziert ein permanentes Gewahrsein.

Wie so viele andere Prozesse im Körper ist die Heilung äußerst kompliziert, und sie zu beschreiben, füllt Lehrbücher, ohne dass das Thema jemals erschöpfend behandelt werden kann. Für unsere Zwecke ist es wichtig zu erkennen, dass das Bewusstsein hinter den Körpervorgängen steht, bis hinunter auf die zelluläre Ebene. Die Intelligenz einer Zelle sagt ihr, was sie tun soll. Ihre Atome und Moleküle würden ohne Bewusstsein irgendwie zufällig herumschweben, wie interstellare Staubteilchen. Ich möchte das an einem Beispiel aus dem Immunsystem aufzeigen, das stellvertretend für all die Vorgänge im Körper stehen soll.

Im Blut jedes Menschen befinden sich sogenannte Phagozyten, weiße Blutkörperchen, die eingedrungene Fremdstoffe, besonders Bakterien, aufnehmen, auflösen und unschädlich machen. Eine andere Art von weißen Blutkörperchen sind die Lymphozyten, deren Aufgabe darin besteht, unerwünschte Eindringlinge zu erkennen. Ihr Gedächtnis – was ist ein Krankheitserreger und was nicht – reicht dabei nicht nur bis zum Lebensbeginn des jeweiligen Menschen zurück, sondern Tausende, wenn nicht gar Millionen von Jahren.

Ein weißes Blutkörperchen steht insofern stellvertretend für den ganzen Körper, als dass es eine sichtbare und eine unsichtbare Komponente hat. Es ist faszinierend, durch ein Mikroskop zu beobachten, wie eine Killer-T-Zelle, eine Art von Lymphozyt, eine unerwünschte Bakterie oder ein Virus einhüllt und dann durch förmliches Verschlingen unschädlich macht. Es ist die unsichtbare Intelligenz der Lymphozyten, die das gesamte Immunsystem funktionsfähig macht. Wir sind auf das nahezu perfekte Gedächtnis des Immunsystems angewiesen. Ihre Fähigkeit, ein Gesicht zu erkennen, gleicht der Fähigkeit Ihrer Lymphozyten, die Viren zu erkennen, die Masern und Mumps verursachen. Indem sich die Lymphozyten daran erinnern, dass Sie als Kind Masern und Mumps hatten, sind Sie davor geschützt, diese Krankheiten jemals wieder zu bekommen.

Dabei können zwei Dinge schieflaufen: Entweder wird ein harmloser Eindringling fälschlicherweise als Feind erkannt, wodurch Allergien entstehen. Oder Immunzellen beginnen, körpereigene Zellen anzugreifen, und verursachen dadurch eine Autoimmunkrankheit (von denen es etwa fünfzig gibt, darunter Lupus und rheumatoide Arthritis).

Allergien und Autoimmunerkrankungen haben in den letzten Jahrzehnten stark zugenommen, insbesondere in den entwickelten Ländern, und niemand kann erklären, warum. Die Ratlosigkeit der Mediziner rührt daher, dass sie ausschließlich die physischen Aspekte des Immunsystems untersuchen. Es gibt nur minimale Kenntnisse über seine unsichtbare Intelligenz. Das ist so, als ob wir versuchen würden, Einsteins Arbeit zu verstehen, indem wir untersuchen, wie viel Kreide er für seine Tafelanschriebe verwendet hat. In Wirklichkeit müssen wir uns natürlich mit der Bedeutung dessen befassen, was er mit seiner Kreide geschrieben hat. Bei einem weißen Blutkörperchen, dessen Intelligenz verborgen ist, können wir das jedoch nicht. Ihre Intelligenz erkennt man nur, wenn man beobachtet, woran die Zelle sich erinnern kann.

Wenn man die Sache genauer betrachtet, ist das Rätsel des Gedächtnisses im Immunsystem dasselbe wie das Rätsel des Gedächtnisses, Punkt. Im Gehirn ist das Gedächtnis über mehrere Regionen verteilt, darunter der Hippocampus, ein Teil des Gehirns, der für die Überführung von Gedächtnisinhalten aus dem Kurzzeit- in das Langzeitgedächtnis wichtig ist (er wurde nach dem lateinischen Wort für Seepferdchen benannt, dessen Form er ähnelt). Bei einem bekannten chirurgischen Fehlgriff in den Fünfzigerjahren wurde einem an Epilepsie leidenden Mann der Hippocampus operativ entfernt, in der Hoffnung, dass ihn dies heilen würde. Zwar litt er danach tatsächlich weit weniger an epileptischen Anfällen, verlor dafür jedoch vollständig seine Gedächtnisfunktion, was ihn bis zu seinem Tod mehrere Jahrzehnte später zu einem einzigartigen Studienobjekt machte. Ein völliges Fehlen des Gedächtnisses macht jede Erfahrung neu, aber auch bedeutungslos. Der Mann hatte zum Beispiel keine Beziehungen zu anderen Menschen mehr. Sein Arzt musste sich ihm jedes Mal vorstellen, wenn er den Raum betrat, auch wenn er kaum eine Minute abwesend gewesen war.

Die Kenntnis des Orts des Gedächtnisses mag für die Zwecke der Hirnkartierung hilfreich sein, aber die Struktur des Hippocampus sagt in etwa so viel über das Gedächtnis aus, als ob Sie wüssten, wo sich Ihr Smartphone befindet, aber nicht, wie es zu bedienen ist. Da die sichtbare oder physische Seite des Gedächtnisses für uns so wenig zum Verständnis beiträgt, müssen wir uns seiner unsichtbaren Seite zuwenden. Was wissen wir über das Gedächtnis? Wir verfügen über Unmengen an Wissen darüber, aber es ist alles subjektiv.

Wir wissen, dass Erinnerungen abgerufen werden können, aber auch von selbst entstehen.

Wir wissen, dass Erinnerungen, wenn sie lebhaft genug sind, die starken Emotionen der ursprünglichen Umstände zurückbringen, die die Erinnerung geschaffen haben.

Wir wissen, dass manche Erinnerungen wahr sind, andere aber falsch. Der Verstand produziert sogar völlig falsche Erinnerungen an die Vergangenheit oder verschmilzt mehrere Vorfälle miteinander.

Dieses Wissen erlangen wir einfach durch die Nutzung des Gedächtnisses, aber anders als das Gedächtnis eines Computers, das mechanisch als Ziffern von 1 und 0 gespeichert wird, hat das menschliche Gedächtnis irgendwie ein Eigenleben. Es ist oft so, dass Erinnerungen uns beherrschen und nicht umgekehrt. Damit meine ich, dass Erinnerungen uns dazu zwingen, schmerzhafte Erfahrungen wieder zu erleben, die wir lieber vergessen würden. Sie erinnern uns an unsere früheren Misserfolge und Unzulänglichkeiten. Sie halten alten Groll und Kränkungen wach, die wir nicht vergeben können. Uns fehlt eine Methode, unerwünschte Erinnerungen zu löschen, was einer der Gründe dafür ist, dass Menschen es für notwendig erachten, etwas zu verdrängen – eine willentliche Art des Vergessens.

Tatsache ist, dass fast alles, was der Körper tut, vom Hintergrundbewusstsein kontrolliert wird, das stets präsent, intelligent und wachsam ist. Wir wissen einige Dinge aus persönlicher Erfahrung, die die Wissenschaft vor ein Rätsel stellen. Die Erinnerung ist ein eklatantes Beispiel dafür, ebenso wie die Heilungsprozesse im Körper. In allen Teilbereichen der Medizin gibt es immer noch Vorgänge, die voller Rätsel stecken. Auf meinem eigenen Gebiet der Endokrinologie dachte man beispielsweise bis 1995, Hormone würden nur von den endokrinen Drüsen wie Schilddrüse, Bauchspeicheldrüse und Nebennieren ausgeschüttet. Dann entdeckte man, dass Fettzellen ein Hormon namens Leptin absondern, das das Sättigungsgefühl steuert. Als ob dies nicht schon überraschend genug gewesen wäre, stellte sich dann noch heraus, dass endokrine Hormone überall im Körper ausgeschüttet werden. Sogar die Knochen zum Beispiel scheiden ein spezielles Hormon aus, und auch in der Haut befinden sich sehr viele hormonbildende Zellen.

Eine weitere Überraschung war die Erkenntnis, dass jedes Hormon mehr als eine Funktion hat, und diese Funktionen oft in keiner Beziehung zueinander stehen. Testosteron zum Beispiel ist nicht einfach das männliche Geschlechtshormon. Es existiert auch bei Frauen, und zu seinen Funktionen gehören neben dem Sexualtrieb die Verstärkung der Knochenneubildung, die Produktion roter Blutkörperchen sowie Fettverteilung und Muskelaufbau. Kurz gesagt, das Verständnis unserer Hormone, wie auch der Heilungsreaktion, erfordert ein umfassendes Wissen über alles, was der Körper tut und tun muss.

DENKEN UND MEDITIEREN SIND UNTERSCHIEDLICHE DINGE

Meine Kurzbeschreibung von Bewusstsein lautet, dass es überall und alles ist. Doch unsere Gedanken, das offensichtlichste Beispiel für Bewusstsein, sind nicht immer bewusst. So haben Sie Ihr Immunsystem nicht durch Denken entstehen lassen, und Sie heilen keine Schnittwunde, indem Sie darüber nachdenken. Der Versuch, Bewusstsein durch Nachdenken zu verstehen, ist der schlechteste Weg. Nur die direkte Erfahrung des Bewusstseins führt zum Verstehen. Deshalb sind Meditation und Denken bei Weitem nicht das Gleiche.

Das Denken kann so falsch sein, dass es die natürliche Wiederherstellung des Gleichgewichts blockiert, für die der Geist bestimmt ist. Lassen Sie mich dies anhand eines Erfahrungsberichts veranschaulichen, den ich auf einer persönlichen Webseite von Joey Lott gefunden habe, einem Mann ohne medizinische Ausbildung, der durch jahrelanges Ausprobieren entdeckte, was er »das Heilmittel gegen Angst« nennt:

Die ersten zweiunddreißig Jahre meines Lebens lebte ich in Angst. Sie steigerte sich bis zu dem Punkt, an dem ich sozusagen durchgehend in Panik war … viele Jahre lang. Ich fühlte mich, als würde ein elektrischer Strom durch meinen Körper fließen und meine Nerven elektrifizieren. Es schien mir unmöglich, jemals Ruhe zu finden.

Es besteht kein Konsens darüber, was chronische Angstzustände verursacht. Eine natürliche Reaktion – Furcht angesichts Gefahr – koppelt sich ab und ist nicht mehr an eine tatsächliche Bedrohung gebunden. Bei Joey Lott waren die Symptome komplex und übergreifend.

Seit ich elf war, kämpfte ich mit Zwangsneurosen und Anorexie. Aus Scham versteckte ich mich und mied andere Menschen. Ich hungerte und trieb exzessiv Sport. Außerdem wusch ich mir Dutzende Male am Tag die Hände und versuchte, unerwünschte Gedanken und Bilder zu verdrängen. Ab und zu versuchte ich bewusst, etwas in Gesellschaft zu tun, nur um dann schnell wieder in die relative Sicherheit meines Zuhauses zurückzukehren. Aber selbst mein Zuhause war nicht sicher. Ich lag nachts wach und stellte mir panisch alle möglichen Dinge vor, die passieren könnten.

In seiner Frustration suchte Lott professionelle Hilfe und probierte eine ganze Reihe von Praktiken zur Förderung der Selbstheilung aus, von denen sich aber keine als wirksam erwies.

Nachdem ich jahrelang ohne Erfolg Psychotherapie, Meditation, Yoga, Affirmationen, Atemarbeit und Gebete ausprobiert, Hunderte von Selbsthilfebüchern gelesen und unzählige Workshops besucht hatte, verließ mich die Hoffnung. Ich dachte, dass mir nichts mehr helfen konnte und ich auf ganzer Linie gescheitert war.

Die Behandlung, die er dann schließlich doch noch für sich entdeckte, ist eine Form des »Nichtstuns«. Diese spezielle Erfahrung des Nichtstuns war entscheidend für Joeys Heilung. Er erkannte, dass seine Angst im Denken selbst verwurzelt war, in dem ständigen Versuch des Geistes, die Angst auf selbstzerstörerische Weise anzugreifen. Das Heilverfahren, so Joey,

> ist völlig kontraintuitiv, denn es geht dabei *nicht* darum, unerwünschte Symptome loszuwerden. Es geht nicht darum, Ängste *loszuwerden*. Es geht nicht darum, Ängste zu besiegen oder sich von Ängsten zu befreien.

Vielmehr geht es darum, herauszufinden, was Angst ist, und sie zu begrüßen.

Die Methode, die Lott im Sinn hat, ist, dass man aufhört, der Angst in irgendeiner Weise Widerstand zu leisten. Lott meint, dass der Widerstand – in Kombination mit den Versuchen, die Angst loszuwerden – die eigentliche Ursache der Angst ist. Anstatt sich in so viel geistige Aktivität zu verstricken, beschloss Lott, das Ganze zu umgehen:

> Das wesentliche Heilmittel gegen Angst ist … die direkte Begegnung mit der Erfahrung. Nicht der Versuch, sie loszuwerden, zu beruhigen, zu verändern, zu reparieren, zu lösen oder irgendetwas anderes.
> Wie geht man bei solchen direkten Begegnungen vor?
> Indem man ganz einfach nichts tut.

Worte können einem leicht in die Quere kommen, und nur wenige, die an Ängsten leiden, ob in leichter, mittlerer oder schwerer Form, würden Nichtstun als Heilungsmethode akzeptieren. Ich denke, was in Lotts Fall geschehen ist, ist auf die Fähigkeit des Geistes zurückzuführen, sich selbst zu heilen und wieder ins Gleichgewicht zu bringen. Lott fand einen Weg, diesen Prozess sich entfalten zu lassen, und für ihn bestand das Geheimnis darin, sich seiner Angst direkt zu stellen. Andere Menschen empfinden eine solche Konfrontation als so beängstigend, dass sie nicht mal darüber nachdenken möchten. Es lässt sich aber als allgemeines Prinzip festhalten, dass wir die Heilung fördern, indem wir sie einfach geschehen lassen und uns ihr nicht in den Weg stellen. Wenn wir in einer Wunde herumpulen, wird sie nur noch schlimmer. Die Weigerung, sich bei einer Grippe auszuruhen, kann die Symptome verlängern.

Lott ist gewissenhaft und legt dar, dass die verschiedenen Methoden, die er ausprobiert hat, wie Achtsamkeit und Meditation, bei Ängsten durchaus helfen können. Mit der Inbrunst von jemandem, der sich selbst geheilt hat, ist er aber der Überzeugung, für sich ein anderes Heilmittel gefunden zu haben. Unnötig zu sagen, dass dies kein anerkanntes medizinisches Modell ist, und als Arzt muss ich hinzufügen, dass ich diese Heilungsmethode eigentlich nicht befürworte. Lott stellte aber bei sich selbst und anderen Menschen, mit denen er später in Kontakt kam, fest, dass es möglich ist, »nichts zu tun«, das heißt, einfach gewahr zu sein, was passiert. Bei ihm hat es funktioniert.

Lott gibt zu, dass diese Methode möglicherweise erst erlernt werden muss. Der Geist ist daran gewöhnt, den Gedanken Aufmerksamkeit zu schenken, und es ist so gut wie unmöglich, *nicht* darauf zu achten. Die Angst wächst aber, je mehr man darüber nachdenkt. Um diesen Teufelskreis zu durchbrechen, kann man damit beginnen, Symptomen weniger Beachtung zuteilwerden zu lassen, statt darüber zu grübeln. Wenn Sie sich daran gewöhnen, sich mit einer Erfahrung nicht zu beschäftigen, wie schmerzhaft oder ablenkend sie auch sein mag, wird Ihre Aufmerksamkeit mit der Zeit stattdessen auf das Selbstgewahrsein gelenkt. Irgendwann kehrt der Geist in einen Zustand normaler Ausgeglichenheit zurück, von dem Heilung ausgeht.

Hier gibt es eine wichtige Lektion über den Unterschied zwischen Denken und Meditieren zu lernen. Meditieren bringt den Geist ins Gleichgewicht und in Einklang mit Heilung. Dem vollkommenen Bewusstsein ist es erlaubt, seine Arbeit zu verrichten, ohne dass dabei Sorgen, Zweifel, Selbstmitleid, Hoffnungslosigkeit und Hilflosigkeit dazwischenfunken. Selbst wenn wir diesen Beeinträchtigungen nicht nachgeben, knabbern sie an den Rändern jedes chronischen Zustandes. Ein solcher »Zustand« kann dabei eine Erkrankung sein, aber auch eine schlechte Beziehung oder ein langweiliger Job sind Zustände, die uns aus dem Gleichgewicht bringen. Je länger der Zustand anhält, desto schlimmer wird er.

Lott erlangte Zugang zu einer verborgenen Fähigkeit in seinem eigenen Gewahrsein. Das ist es, was Meditation bewirkt. Nicht die punktuellen Meditationen, die Lott nicht helfen konnten, sondern ein Prozess, der im täglichen Leben zur zweiten Natur wird. Wahre Meditation ist einfach eine Erinnerung des Geistes an seine Rolle als Heiler. Wir erinnern uns an etwas Entscheidendes, das nie wieder vergessen werden sollte.

Vollkommene Meditation

Lektion 6: Erweitertes Gewahrsein

Durch eine einfache Übung in Selbstgewahrsein können Sie mit den heilenden Fähigkeiten des Geistes experimentieren.

1. Suchen Sie sich einen ruhigen Ort, an dem Sie fünf bis zehn Minuten lang nicht gestört werden.
2. Schließen Sie die Augen. Lassen Sie Ihre Aufmerksamkeit frei zu einer Stelle am Körper wandern, die Ihnen Beschwerden bereitet. Wenn Sie stattdessen an einem seelischen Schmerz leiden – irgendeine Sorge oder ein Gefühl, das Sie ständig belastet – vergegenwärtigen Sie sich diesen Schmerz.
3. Konzentrieren Sie sich einige Sekunden lang auf die körperlichen Beschwerden oder den schmerzhaften Gedanken und wenden Sie dann Ihre Aufmerksamkeit davon ab. Konzentrieren Sie sich stattdessen auf die Umrisse Ihres Körpers. Spüren Sie die Luft um Sie herum, die Temperatur auf Ihrer Haut und die Empfindung Ihres ganzen Körpers.

4. Kehren Sie zu Ihrem körperlichen oder seelischen Schmerz zurück und dehnen Sie dann Ihr Gewahrsein wieder aus, weg vom Schmerz hin zum ganzen Körper. Wiederholen Sie dies mehrmals.
5. Jetzt erweitern Sie Ihr Gewahrsein noch mehr. Spüren Sie den Schmerz und dehnen Sie dann Ihr Gewahrsein auf den Raum um Sie herum aus. Lauschen Sie den Geräuschen, wenn es welche gibt, und visualisieren Sie, wie Ihr Gewahrsein sich wie ein Ballon ausdehnt und das Zimmer ausfüllt.
6. Erweitern Sie schließlich Ihr Gewahrsein überallhin. Spüren Sie Ihren körperlichen oder seelischen Schmerz und dann, wie Ihr Gewahrsein die Wände des Zimmers und dann des Gebäudes durchdringt und sich stetig weiter ausbreitet, bis es allumfassend ist.
7. Setzen Sie sich einen Moment lang still hin und öffnen Sie dann die Augen.

Bei den meisten Menschen werden die körperlichen oder psychischen Schmerzen, die sie zu Anfang der Meditation empfunden haben, am Ende nachgelassen haben, in vielen Fällen sogar sehr stark. Selbst extreme, anhaltende Schmerzen körperlicher und seelischer Natur können mithilfe der Meditation verschwinden. Durch eine solche Sitzung lässt sich natürlich keine dauerhafte Heilung erreichen, aber sie lehrt, Beschwerden weniger Beachtung zu schenken.

Jede Art von Schmerz erfordert Aufmerksamkeit. Es liegt an Ihnen, ob Sie passiv nachgeben. Wenn Sie das tun, werden Sie den Schmerz verschlimmern. Das ist so, als wenn Sie mit der Zunge ständig über einen wunden Zahn oder ein Fieberbläschen fahren.

Um aus dieser automatischen Reaktion herauszukommen, können Sie Ihr Gewahrsein gezielt dorthin lenken, wo Sie es haben wollen. Genau das lernen Sie mit dieser Übung. Das ist ein perfektes Beispiel dafür, wie Sie sich aus einer festgefahrenen Reaktion befreien können, indem Sie einfach die Kontrolle über Ihr Gewahrsein übernehmen.

3

LASSEN SIE SICH VON IHREM KÖRPER LEITEN

Es gibt ein entscheidendes Missverständnis, das aufgeklärt werden muss. Die Vorstellung nämlich, dass Meditation »nur im Kopf« stattfindet. Die Menschen wollen mit Meditation praktische Resultate erzielen, was ja auch verständlich ist. Meditation kann Ihr Leben zum Besseren wenden, indem sie Ihnen hilft, weniger ängstlich zu sein und sich besser konzentrieren zu können. Sie lässt uns den Geist im Ruhezustand erleben. Der letzte Schrei derzeit ist außerdem der aufmerksame Zustand, der als Achtsamkeit bezeichnet wird. Aber der Geist ist nicht vom Körper getrennt, der immer beteiligt ist. Wenn Sie zum Beispiel die anhaltenden Auswirkungen alter, unerwünschter Erinnerungen loswerden möchten, darf das Gehirn die Erinnerungen nicht mehr abrufen.

All Ihre Empfindungen, einschließlich derer, die mit Liebe, Frieden und sogar der Gegenwart Gottes verbunden sind, nehmen den Weg durch das zentrale Nervensystem. So außergewöhnlich jede spirituelle Erfahrung auch sein mag, de facto handelt es sich immer um eine physische Reaktion im Nervensystem. Wenn man Meditation nur als etwas Geistiges betrachtet, verkennt man, wie vollkommene Meditation wirklich *funktioniert.*

Die Geist-Körper-Verbindung führt körperliche und geistige Aktivität zusammen. Der Geist reagiert im selben Moment auf den Körper, in dem der Körper auf den Geist reagiert. Diese Tatsache, die heute offensichtlich scheint, wurde früher hartnäckig geleugnet. Nur wenige westliche Ärzte wollten an die Geist-Körper-Verbindung »glauben«, als von dieser immer mehr die Rede war. Sie bestanden darauf – und einige tun es heute noch –, dass nur die physische Seite von Bedeutung sei. Ich erinnere mich an meine Frustration, als leitende Ärzte an der Klinik in Boston über die Vorstellung spotteten, dass der Körper durch Meditation beeinflusst werden könnte. Bei einem Gespräch mit einem Professor der Harvard Medical School, der die Verbindung zwischen Körper und Geist rigoros ablehnte, platzte mir der Satz heraus: »Um Himmels willen, was glauben Sie, wie Sie Ihre Zehen bewegen?« Aber er rückte keinen Millimeter von seiner Ansicht ab.

Solche Negierungen scheinen wie Schnee von vorgestern zu sein, und doch bestehen sie in der weitverbreiteten Vorstellung fort, dass das, was wir als das Selbst, das Individuum, betrachten, einfach eine Schöpfung der Hirnaktivität ist. Dies ist der neue Brennpunkt der Diskussion. Der Durchschnittsmensch mag eine solche Kontroverse als irrelevant für sein eigenes Leben abtun, aber das ist sie nicht. Jenseits der Geist-Körper-Verbindung verlangen grundlegende Fragen nach Antworten.

Erschafft das Gehirn den Geist? Wenn ja, sind wir dann nur Roboter, die dem Gehirn gehorchen?

Ist das Streben nach einem erweiterten oder höheren Gewahrsein eine Fantasie? Wenn Sie kein Selbst haben, abgesehen von der Gehirnaktivität, wie sie als Haufen eng gezogener Schnörkel auf einem EEG ersichtlich ist, ist die Wahrscheinlichkeit, dass Sie ein höheres Selbst haben, gleich null. Warum sollten Sie sich also überhaupt die Mühe machen, zu meditieren, zu beten oder freundlich zu Ihrem Nachbarn zu sein? Sie würden sich dann ja nur einer Illusion hingeben.

Aber kann der Geist sich wirklich über das Gehirn hinwegsetzen? Die Redewendung, dass Geist über Materie triumphiert, stößt bei der »nur Gehirn«-Fraktion auf Ablehnung und sogar auf Spott, obwohl es reichlich wissenschaftliche Erkenntnisse gibt, die darauf hindeuten, dass Sie Ihr Gehirn besser unter Kontrolle haben als Ihnen klar ist. Wenn Sie so viele Rechnungen angehäuft haben, dass Sie anfangen, sich um Ihre Finanzen zu sorgen, verändert sich Ihre Gehirnchemie. Ihr banges Gefühl löst diese Veränderungen aus. Es ergibt keinen Sinn zu sagen, dass Sie sich Sorgen machen, weil Ihr Gehirn Sie beunruhigt hat – vielmehr hat Ihr Geist den Prozess eingeleitet, als Sie sich Ihre Kreditkartenabrechnung ansahen.

Dennoch sind viele von uns davon überzeugt, dass wir ausschließlich in einer sinnlich wahrnehmbaren Welt leben. An vielen Fronten, unter anderem in der Wissenschaft, der Philosophie und den Massenmedien, scheint die »nur Gehirn«-Position an Boden gewonnen zu haben. Nur wenige Menschen unterstützen voll und ganz die Möglichkeit, dass das Bewusstsein unabhängig vom Gehirn sein könnte. Noch geringer ist die Akzeptanz der Auffassung, wie sie in diesem Buch vertreten wird, nämlich dass das Bewusstsein das Gehirn erschafft. Wie soll ein nicht-physisches Etwas in der Lage sein, Neuronen zu bilden? Das Rätsel ist gelöst, wenn man erkennt, dass wir nicht in Geist und Körper aufgeteilt sind. Wir sind eins: der geistige Körper, der die beiden vereint.

Vollkommene Meditation

Lektion 7: Der geistige Körper

Die Hirnaktivität kann mit einer funktionellen MRT oder einem CT-Scan sichtbar gemacht werden, Gedanken jedoch nicht. Gehirn und Geist sind untrennbar miteinander verbunden. Es geht nicht darum, was zuerst da war. Der geistige Körper ist eins, und weil er als Einheit funktioniert, hat er schon immer als Einheit existiert.

Wenn Sie einen Beweis wollen, können Sie den folgenden kleinen Test machen:

- Schließen Sie die Augen und stellen Sie sich eine leuchtend gelbe Zitrone mit einem Küchenmesser daneben vor.

- Halten Sie die Augen weiter geschlossen und sehen Sie vor sich, wie das Messer die Zitrone in zwei Hälften schneidet und dabei Tropfen von Zitronensaft herausspritzen. Irgendwann in dieser Visualisierung werden Sie merken, wie der Speichelfluss in Ihrem Mund angeregt wird (mir geht es schon so, während ich diese Übung aufschreibe).

Das »Wasser-im-Mund-Zusammenlaufen« ist ein klassisches Beispiel für die Verbindung zwischen Körper und Geist. Das Gehirn kennt allerdings den Unterschied zwischen einer imaginären und einer realen Zitrone nicht und aktiviert in beiden Fällen die Speicheldrüsen. Ihr Geist jedoch kennt den Unterschied, weil Sie nicht Ihr Gehirn sind.

Sie *benutzen* Ihr Gehirn, und zwar im vollen Vertrauen darauf, dass Gehirn und Geist augenblicklich aufeinander reagieren. Es ist dabei unmöglich auszumachen, wo das eine aufhört und das andere beginnt.

HEILUNG DER TRENNUNG

Im Nachhinein erscheint es merkwürdig, dass die sogenannte Geist-Körper-Verbindung erst von jemandem »entdeckt« werden musste, denn ohne sie ist ja gar kein Menschsein möglich. Das ist so, als würde man »entdecken«, dass Fuji-Äpfel rot und süß sind. Die Erfahrung dieser Apfelsorte schließt diese Eigenschaften mit ein. Ohne sie wäre der Apfel kein Apfel.

Es gab jedoch einen praktischen Grund dafür, die Geist-Körper-Verbindung entdecken zu müssen, der mit einer *Dissoziation* genannten psychologischen Störung zu tun hat. Dissoziation wird im weitesten Sinne definiert als ein breites Spektrum von Erfahrungen von leichter Loslösung von der unmittelbaren Umgebung (wie die

Nichtwahrnehmung von Schmerzen bei einem Marathonläufer) bis hin zu einer schwerwiegenderen Loslösung von körperlichen und emotionalen Erfahrungen (bei Traumaerfahrungen sind dissoziative Phänomene häufig). Kurz gesagt ist Dissoziation die Abspaltung von Wahrnehmungen.

Ärzte und Therapeuten behandeln Dissoziationen am äußersten Ende des Spektrums, an dem Geist und Körper stark voneinander getrennt sind. Anorexie zum Beispiel ist eine fatale Trennung zwischen einer obsessiven geistigen Beschäftigung mit dem eigenen Körpergewicht und der Wahrnehmung der physischen Anzeichen des abgemagerten Körpers, der dringend Nahrung braucht. Eine Magersüchtige könnte sich selbst im Spiegel betrachten und eine junge Frau sehen, die stark fettleibig ist, obwohl sie in Wirklichkeit nur noch vierzig Kilo wiegt und langsam an Unterernährung stirbt.

Dissoziation zeigt sich zum Beispiel auch, wenn eine Person unter Schock gerät und keine Schmerzen verspürt. Jemand, der gerade in einer kalten Winternacht einen schweren Autounfall hatte, könnte vor Schock zittern, ohne dass er geistig auch nur im Geringsten erkennt, dass ihm kalt ist. Es braucht einen Außenstehenden, der ihm eine Decke umlegt, weil er selbst zu sehr unter Schock steht, um es selbst zu tun.

Die Dissoziation stellt ein Rätsel dar, das weit über ihre medizinischen Implikationen hinausgeht. Schmerz kann betäubt werden, indem man sich bewusst davon loslöst, das genaue Gegenteil eines Schocks. Dies geschieht im inneren Zustand der Ablösung. Warum sind Anorexie und Bulimie Krankheiten, Schock ein Zustand akuter Taubheit und Ablösung ein spirituelles Ziel? Wir müssen tiefer in den geistigen Körper hineinblicken, um diese Unterschiede zu verstehen.

Beginnen wir mit der außergewöhnlichen Erfahrung des südafrikanischen Schriftstellers und Lehrers Michael Brown. Brown war ein Musikjournalist, der plötzlich eine sehr ungewöhnliche neurologische Störung entwickelte, den sogenannten Cluster-Kopfschmerz (auch Horton-Syndrom genannt), der bei Menschen unter fünfzig Jahren selten diagnostiziert wird. »Die Erkrankung«, schreibt Brown, »die 1987 begann, manifestierte sich als tägliches mehrfaches Auftreten von qualvollen Schmerzen.« Die Ursache waren schwere Entzündungen der Arterien im Gehirn. Browns Fall war ein extremes Beispiel, und fast zehn Jahre lang fand er keine Linderung. Er versuchte es mit verschreibungspflichtigen Medikamenten, ging zu einheimischen afrikanischen Medizinmännern und konsultierte alle möglichen Heiler. Seine verzweifelte Lage veranlasste einen der führenden Neurochirurgen des Landes zu der Aussage, dass Brown entweder eine lebenslange Sucht nach Schmerzmitteln entwickeln oder seine Schmerzen durch Selbstmord beenden würde.

»1994«, schreibt Brown, »war ich nach Jahren endloser, nirgendwo hinführender Mühen mit der Möglichkeit konfrontiert, dass nichts und niemand ›da draußen‹ mein Leiden lindern könnte. Zu diesem Zeitpunkt hatte ich die Wahl: entweder *aus-* oder *einchecken.*«

Die Wahl der zweiten Option erwies sich als entscheidend. Brown experimentierte mit verschiedenen selbstverursachten psychischen Zuständen. Er entdeckte, dass seine Schmerzen nachließen, wenn er sich in eine, wie er es nennt, »hohe persönliche Energiefrequenz« bringen konnte. Er hatte von sich aus eine Geist-Körper-Verbindung hergestellt. »Dies war das erste Flüstern dessen, was ich heute als Gewahrsein des gegenwärtigen Augenblicks bezeichne.«

Ein dramatischer Durchbruch folgte 1996 in der Wüste von Arizona. Brown nahm an einer Schwitzhüttenzeremonie teil, unter der Leitung eines Medizinmannes der Yaqui-Indianer. Solche Zeremonien beinhalten intensive Hitze, Schwitzen, Gesänge und Trommeln. Gewöhnliche Gewahrseinszustände werden für einige Stunden unter extremen Druck gesetzt. Als Brown am Ende auf Händen und Knien wieder aus der Schwitzhütte kroch, erlebte er eine tiefgreifende innere Veränderung.

»Als ich dort in der kühlen Nachtluft stand, vibrierte alles in und um mich herum vor Leben, als wäre ich gerade erst geboren worden … Ich stand in ehrfürchtiger Stille neben dem knisternden Feuer. Ich blieb noch bis spät in die Nacht und fühlte das warme Blut durch meine Adern fließen, spürte die frische Luft meine Lunge massieren und hörte auf den wohligen Rhythmus meines Herzschlags.« Er bezeichnet dies als seine erste Erfahrung von Präsenz oder *Sein*, von

»Auftauchen« im eigenen Leben. Brown beschreibt diese Erfahrung wie folgt: »Ich fühlte mich physisch präsent, mental klar, emotional ausgeglichen und mit den Schwingungen ›in Übereinstimmung‹.«

Wie in seinem Buch *»Die Kraft gelebter Gegenwart«* beschrieben, führte dieser Durchbruch dazu, dass Brown die Kontrolle über seine neurologische Erkrankung erlangte. Seine Erfahrungen in der Wüste von Arizona unterstreichen, dass die Präsenz im eigenen Leben – mit anderen Worten, das Gewahrsein im gegenwärtigen Augenblick – erfordert, dass auch der Körper präsent ist. Was ist diese mystische Präsenz, auf die Brown gestoßen ist? Er nimmt dazu fast schon eine religiöse Haltung ein, aber ich glaube, die Antwort ist einfach: Wenn man gegenwärtig ist, kommt es zu einer Begegnung mit der Präsenz.

Nicht jede Person, die sich in eine Schwitzhütte begibt (oder eine andere intensive spirituelle Praxis ausprobiert), wird eine solche Erfahrung vollkommener Präsenz machen. Wir driften in das Gewahrsein hinein und aus dem Gewahrsein heraus, und wenn wir das tun, schafft das die Unberechenbarkeit der Präsenz. Mit anderen Worten, wir befinden uns normalerweise in einem Zustand der Dissoziation oder der Trennung. Manchmal braucht es einen starken Ruck, um dies deutlich zu machen. Es gibt sowohl in östlichen als auch in westlichen Kulturen die Tradition, den Körper unter starken Stress zu setzen, was dann ein plötzliches »Umschalten« in das volle Gewahrsein zur Folge haben kann. Soldaten erleben dies auf dem Schlachtfeld, wenn sich ein Zustand der Angst und Furcht in die Wahrnehmung des vollkommenen Gewahrseins verwandelt. Solche Wahrnehmungen sind zum Beispiel:

Ein Gefühl der körperlichen Leichtigkeit oder sogar Schwerelosigkeit
Intensivere Wahrnehmung von Farben und Klängen
Erhöhtes Gewahrsein von Atmung und Herzschlag
Eine prickelnde Energie im Körper
Totale Entspannung
Euphorie

Bei Soldaten, Extremsportlern oder Opfern von Traumata zeigt sich, dass das Gewahrsein plötzlich in einen höheren Bewusstseinszustand umschalten kann. Dies führt jedoch nicht zu der Schlussfolgerung, dass wir unseren Körper mit Stress bestrafen, in den Krieg ziehen oder extreme körperliche Bedingungen anstreben sollten. Menschen, die ein Leben mit viel Stress gewohnt sind, könnten sich in einen vorübergehenden Zustand veränderten Bewusstseins versetzen, aber es ist viel wahrscheinlicher, dass sie zu Adrenalin-Junkies und nicht zu Yogis werden. Ein erhöhtes Gewahrsein fühlt sich nicht angespannt, aufgeregt und körperlich anstrengend an – das sind vielmehr alles Kennzeichen eines Adrenalinrausches. Nachdem man in einem höheren Bewusstseinszustand war, fühlt man sich entspannt und glückselig.

Nachdem Michael Brown eine dramatische Bewusstseinsverschiebung erlebt hatte, versuchte er, seinen veränderten Zustand zu beherrschen, um ihn nach Belieben wiederholen zu können. Eine seiner Schlüsselpraktiken im »Präsenz-Prozess« (Presence Process), wie er sein Programm nennt, ist eine erweiterte Praxis der kontrollierten Atmung, die verschiedene detaillierte Schritte umfasst und ein hohes Maß an Disziplin erfordert. Yogis praktizieren schon seit vielen Jahrhunderten etwas in dieser Art. Ich bezweifle jedoch, dass die erforderliche anhaltende Disziplin im Alltag durchführbar ist.

Brown kam aber auch zu derselben Schlussfolgerung, wie ich sie in dem vorliegenden Buch aufzeige: Präsenz stellt sich ganz natürlich und ohne Anstrengung ein. Man kann sie nicht erzwingen. Man kann ihr jedoch den Weg bereiten, was wir mit der vollkommenen Meditation tun. Ich glaube, es wird immer wahr sein, dass sogenannte Gipfelerlebnisse nach ihrem eigenen Zeitplan auftreten. Sie können versuchen, sie zu finden, aber es ist viel wahrscheinlicher, dass sie Sie finden werden. Dies ist keine ärgerliche List der Natur.

Das Bewusstsein kennt uns besser als wir uns selbst. Präsenz, oder ein Gipfelerlebnis, verwandelt einen Menschen, wenn die Zeit für eine Transformation gekommen ist. Die gute Nachricht ist, dass es im Leben eines jeden Menschen eine Zeit für wertvolle Erfahrungen wie Euphorie und Glückseligkeit gibt.

Bei der vollkommenen Meditation geht es darum, den Zeiger auf der Skala vorwärts zu bewegen und dabei jeden Tag stetig Fortschritte zu machen. Dies mag nicht so spektakulär sein wie ein plötzlicher Ausbruch des Erwachens oder so aufregend wie ein Fallschirmsprung aus einem Flugzeug. Aber es ist etwas Dauerndes, weil Ihr ganzes Sein – Körper, Geist, Emotionen, Gedanken, Wünsche und Beziehungen – Teil einer natürlichen Entwicklung wird. Zustände der Trennung, die wir als normal akzeptiert haben, werden wieder mit der Harmonie des geistigen Körpers verknüpft, so wie es sein sollte.

Vollkommene Meditation

Lektion 8: Wie Sie sich im Leben zurechtfinden

Es gibt zwei grundlegende Wege, auf denen wir durchs Leben schreiten: das Denken und das Fühlen. Rationales Denken wird im Zeitalter von Wissenschaft und Technik hoch geschätzt, aber im täglichen Leben mischen sich alle möglichen Arten von Gefühlen ein. Die Menschen gehen davon aus, dass sie ihr Leben rational handhaben, doch bei jedem gibt es eine Mischung aus Denken und Fühlen. Diese Mischung ist verwirrend und muss geklärt werden, wenn man bewusst und mit vollem Gewahrsein durchs Leben gehen will.

Den Weg durchs Leben zu denken, spricht Rationalisten an, aber sie machen sich selbst etwas vor. Gefühl ist ein Teil jeder Erfahrung und Entscheidung im Leben. Nachstehend einige Beispiele dafür, wie das funktioniert.

- Denken Sie an ein Lebensmittel, das Sie überhaupt nicht mögen (US-Präsident Bush senior machte einst Schlagzeilen, als er erwähnte, Brokkoli zu hassen). Stellen Sie sich nun vor, wie Sie einen Bissen von diesem ungeliebten Essen in den Mund nehmen. Vielleicht sind es Schnecken, eine rohe Auster oder eine

Kohlspeise? Versuchen Sie im Geiste es als gut schmeckend zu genießen, so als ob es Ihre Lieblingsspeise wäre. Es wird Ihnen nicht gelingen, denn der Geschmack ist mit Ihrem Gefühl verknüpft.

- Versetzen Sie sich in die Lage eines Obdachlosen, der auf der Straße lebt. Visualisieren Sie die Situation – Sie haben ganz bestimmt schon einmal so einen Menschen gesehen. Stellen Sie sich nun vor, ein Fremder kommt auf Sie zu und überreicht Ihnen einen 500-Euro-Schein. Sie danken ihm ausgiebig, aber dann plötzlich schnappt sich der Fremde den Schein wieder und lacht Sie höhnisch aus. Können Sie sich diese Situation ohne jegliche Emotionen vorstellen? Dies ist ein drastisches Beispiel dafür, dass alles, was wir sehen, mit einer Interpretation auf der Gefühlsebene einhergeht.
- Stellen Sie sich vor, Sie sind auf einer Bergwanderung und haben das Zeitgefühl verloren. Es ist jetzt bereits dunkel, die Temperatur sinkt spürbar, und Sie müssen schnellstens zurück in die Hütte. Sie erreichen eine steile Böschung und stolpern fast über die Kante. Sie erinnern sich vage daran, dass es dort nur etwa einen Meter nach unten geht. Wenn Sie sich aber verirrt haben und sich in Wirklichkeit an einer anderen Stelle befinden, könnte es sein, dass Sie an einem bis zu dreißig Meter tiefen Abgrund stehen. Es gibt kein Zurück mehr. Können Sie ohne Angstgefühle mit der Situation fertig werden? Nur wenige Menschen könnten das.

Der springende Punkt dieser Beobachtungen ist, dass wir alle auf unserem Weg durchs Leben weit mehr *fühlen*, als uns bewusst ist. Wir gehen davon aus, dass wir bei allen Entscheidungen logisch denken. In Wirklichkeit aber überwiegt das Fühlen. Die Menschen der Antike glaubten, dass das Herz der Sitz der Intelligenz sei, und damit lagen sie eigentlich ganz richtig. *Das Fühlen hat seine eigene tiefe Intelligenz.*

Es ist einschränkend und oft schädlich, diese Tatsache zu übersehen. Es gibt Menschen, die sagen, das Fühlen würde bei ihnen zu sehr dominieren. Sie würden ihre Entscheidungen immer mit dem Herzen treffen, und als Folge würde ihnen deshalb immer wieder das Herz gebrochen. Doch sehr oft geht Liebe auch verloren, wenn man zu viel nachdenkt und den Gefühlen nicht genug vertraut und genügend Aufmerksamkeit schenkt. Ich denke, Herzlichkeit ist ebenso gegenwärtig wie Achtsamkeit.

Zu lernen, wie man seinen Weg durch das Leben fühlt, bietet letztendlich die beste Hoffnung auf Glück und Erfolg. *Fühlen findet im gesamten geistigen Körper statt,* was uns einen praktischen Grund gibt, Körper und Geist zu vereinen, anstatt zu versuchen, sie voneinander getrennt zu halten.

DIE WEISHEIT DES KÖRPERS

In vielerlei Hinsicht sollte der Körper, nicht der Geist, das Maß dessen sein, was Meditation erreichen kann. Mit *Körper* meine ich nicht speziell das Gehirn, obwohl dessen Funktionen sich auf jede Zelle im Körper auswirken, was bedeutet, dass alles, was wir dem Gehirn zuschreiben, überall vorhanden sein sollte. Und so ist es auch. Ihr Immunsystem zum Beispiel funktioniert mit einer vollständigen Erinnerung an jede Krankheit, die Sie und Ihre Vorfahren jemals hatten. Dieses Gedächtnis tritt immer dann in Aktion, wenn Bakterien, Viren und Pilze in den Blutkreislauf eindringen. So wie Ihnen ein Gesicht bekannt oder unbekannt vorkommt, so können Immunzellen Bekanntes und Unbekanntes unterscheiden. Sobald sie bekannte Krankheitserreger erkennen, greifen sie sie an. Wenn der Eindringling eine neue genetische Identität angenommen hat, was bei schnell mutierenden Erkältungsviren häufig vorkommt, lernt Ihr Immunsystem rasch alles über diese neue Identität und entwickelt spezielle

Antikörper, um sie zu bekämpfen (COVID-19 ist ebenfalls ein Neuankömmling, den Immunzellen erst kennenlernen müssen).

Gerade habe ich in wenigen Sätzen *vier Aspekte des Bewusstseins* umrissen, *die nicht nur zum Gehirn, sondern zu jeder Zelle gehören: Gedächtnis, Erkennen, Lernen und Kreativität.* Würden wir uns nicht von der Vorstellung, dass Meditation »nur im Kopf stattfindet«, in die Irre führen lassen, wäre es offensichtlich, dass das Bewusstsein eine allumfassende Eigenschaft ist, die dem Leben selbst innewohnt. Aber die Geschichte hat einen anderen, tiefer liegenden Kern. An sich sind die Qualitäten des Bewusstseins sehr allgemein. Die weißen Gedächtniszellen teilen ihre Erinnerungen mit Herz-, Leber- und Gehirnzellen. Dies ist eine feste Eigenschaft oder Qualität des Bewusstseins. Das Leben ist jedoch ständig in Bewegung und verändert sich, deshalb muss das Gedächtnis mitlaufen und sich ständig an den nächsten eindringenden Krankheitserreger anpassen, aber auch an die nächste Stelle, an der eine Wunde geheilt werden muss, an die nächste abtrünnige Zelle, die präkanzerös sein könnte, an den Namen der nächsten Person, an den Sie sich erinnern müssen, und so weiter. Die Aufgaben des Gedächtnisses sind end- und grenzenlos.

So funktioniert Ganzheitlichkeit. Indem sich das Bewusstsein an die unendlich vielen Erfahrungen des Lebens anpasst, muss es unbegrenzt sein, um sich gleichsam immer auf den neuesten Stand bringen zu können. In der Wirklichkeit weist das Bewusstsein den Weg, und die wichtigste Führungsrolle kommt dem Körper zu. Sie können sich im Tiefschlaf oder im Koma befinden, und Ihre Zellen werden immer noch über volles Bewusstsein und Gewahrsein verfügen. Dieses Gewahrsein hat seine eigene Weisheit. Bestimmte Prinzipien des Körpers haben sich seit Millionen von Jahren, seit dem Auftauchen der ersten vielzelligen Organismen auf der Erde, bewährt, und diese Prinzipien bestimmen jetzt unser Dasein als geistiger Körper.

WEISHEIT IN AKTION

Der Körper ist von seiner eigenen Weisheit erfüllt und setzt die grundlegendsten Prinzipien des Bewusstseins in die Tat um. Wir erhalten sichtbare Beweise dafür, beginnend auf der Ebene der Zellen:

Die Zellen kooperieren miteinander zum übergeordneten Wohl.
Die Organe verstehen und akzeptieren, wie andere, ganz unterschiedliche Organe arbeiten.
Heilung ist eine Reaktion, die die gesamte Gemeinschaft der Zellen in Anspruch nimmt.
Konflikte wurden zugunsten einer friedlichen Koexistenz gebannt.
Die äußere Welt wird ständig wahrgenommen, und es erfolgen entsprechende Anpassungen.
Auf neue Erfahrungen wird kreativ reagiert.

Die Tatsache, dass diese Grundsätze automatisch gelten, bedeutet nicht, dass sie sich Ihnen nicht ankündigen. Vielmehr tasten Sie sich im Leben langsam voran, indem Sie Botschaften über Ihr eigenes Verhalten erhalten, so wie es Ihr Körper empfindet. Dies sind nonverbale Botschaften, die in chemischer Form übermittelt werden. Sie lassen sich grob in zwei Kategorien einteilen: Warnsignale und Anzeichen von Wohlbefinden.

WARNSIGNALE: Schmerzen, körperliches Unwohlsein, Muskelverspannungen, Kopfschmerzen, Rückenschmerzen und -steifheit, Übelkeit, Schlaflosigkeit, Lethargie, Müdigkeit.

Viele Menschen gehen bei Auftreten solcher Symptome zum Arzt, um sie als Krankheiten behandeln zu lassen. Genauso wichtig wäre es aber, sie als wichtige Mitteilungen zu beachten. Jedes körperliche Warnsignal hat psychologische Verflechtungen. Übelkeit kann von falscher Ernährung, aber auch von Nervosität herrühren, die von leichten Schmetterlingen im Bauch bis zu lähmendem Lampenfieber reichen kann. Lethargie und Müdigkeit sind Zeichen von Stress. Der Stress kann körperlich sein, und beispielsweise von schwerer körperlicher Arbeit verursacht werden, oder mentale Gründe, wie Termindruck bei der Arbeit, haben. Wenn Sie erkennen, was der Körper Ihnen zu sagen versucht, können Sie sich eher früher als später auf den Weg der Heilung begeben.

ANZEICHEN VON WOHLBEFINDEN: Leichtigkeit, Energie, guter Muskeltonus, Beweglichkeit, gesunder Schlaf, gute Verdauung, Ausbleiben von Erkältungen und Grippe, strahlende Augen, Tatendrang.

Diese Zeichen sind das Gegenteil von Warnsignalen. In einer Konsumgesellschaft wird mit Produkten hausieren gegangen, die angeblich mehr Energie und Vitalität verleihen, aber in Wirklichkeit ist Wohlbefinden der normale Ruhezustand Ihres Körpers. Die Signale, die Sie empfangen, sind wie das leise Brummen eines perfekt getunten Automotors, nur dass diese Analogie die lebendige Natur des Wohlseins außer Acht lässt. Auch hier gibt es eine psychologische Komponente. Wohlbefinden bringt ein Gefühl von Optimismus, Zufriedenheit, Sicherheit, Stabilität und Offenheit für neue Erfahrungen mit sich.

Wenn man einmal das ganze Ausmaß der Weisheit des Körpers verstanden hat, ist es schwer, nicht vor Scham zu erröten angesichts unseres persönlichen und gesellschaftlichen Versagens, dem zu entsprechen. Die friedliche Koexistenz, die ja nur einen kleinen Teil der Weisheit des Körpers ausmacht, ist in der Menschheitsgeschichte nur sporadisch erreicht worden. Leider herrschen statt des gegenseitigen Verständnisses, das die verschiedenen Organe füreinander haben, auf gesellschaftlicher Ebene Vorurteile, Misstrauen und Hass vor.

Was ist schiefgelaufen? Wenn der geistige Körper ein nahtloses Ganzes ist, und wenn der Körper so weise ist, warum leiden viele von uns unter Schlaflosigkeit, Angstzuständen, Verdauungsproblemen und stressbedingten Störungen? Wo liegt die Diskrepanz? Stress ist sicherlich eine der Hauptursachen dafür. Eine psychologische Studie aus Yale aus dem Jahr 2019 ergab, dass sich der Stress der Studenten in der vorangegangenen Dekade verdoppelt hatte. Sucht man nach der Ursache für diesen dramatischen Anstieg, kann man auf den zunehmenden Mangel an Ruhe und ablenkungsfreier Zeit hinweisen.

Smartphones zum Beispiel versetzen unser Hirn in einen permanenten Alarmzustand, so als würden wir die Haustüre ständig offenlassen. Durch die Reizüberflutung befindet sich unser vegetatives Nervensystem im Dauerstress. Studenten haben darüber hinaus noch andere Probleme, wie die erdrückende Last der College-Schulden. Der Gesamtbetrag dieser in den USA angehäuften Schulden betrug am Ende des Jahres 2018 sage und schreibe 1,47 Billionen Dollar. Solche Schulden erhöhen den Druck, hervorragende Noten zu erzielen, um hinterher sicher eine gut bezahlte Stelle zu bekommen. Und das, obwohl viele Studenten zur Finanzierung des Studiums nebenher noch eine Teilzeitbeschäftigung ausüben müssen. Diese Makrostressoren, wie sie von Dr. Rangan Chatterjee, einem auf Stress spezialisierten englischen Arzt, genannt werden, sind im Gesamtbild aber eigentlich weniger wichtig als die Mikrostressoren.

Die College-Verschuldung und der Leistungsdruck haben sich in den letzten zehn Jahren nicht vervielfacht. Wohl aber die fortwährende Ablenkung durch Videospiele sowie durch SMS, E-Mails und soziale Medien, die zu einem festen Bestandteil des Lebens geworden ist. Der natürliche Ablauf für den geistigen Körper besteht darin, mit Stress fertig zu werden und dann so schnell wie möglich wieder ins Gleichgewicht zu kommen. Je mehr Mikrostressoren (auch wenn sie ein Smartphone-Süchtiger erst mal kaum als solche wahrnimmt) sich aber ansammeln, so Dr. Chatterjee, desto näher kommen wir der Schwelle, an der wir unser Leben nicht mehr erfolgreich bewältigen.

Es geht gleich los, wenn man morgens aufwacht und als Erstes die eingegangenen Nachrichten checkt. Hat man Pech, sind vielleicht schon drei dabei, die mit der Arbeit zu tun haben. Der geistige Körper geht in Alarmbereitschaft, und wenn beim Frühstück mit der Familie und auf dem Weg zur Arbeit noch ein paar Mikrostressoren hinzukommen, dann sind Sie in der Minute, in der Sie im Büro ankommen, bereits nahe an Ihrer Stressgrenze. Das Ergebnis sind Ungeduld, Gereiztheit, Zerstreutheit und die Wahrscheinlichkeit, im Laufe des Tages wegen irgendetwas völlig Belanglosem in die Luft zu gehen.

Meditation versucht die oben beschriebene Diskrepanz zu reparieren, die Kluft zu überwinden. Es ist kein Geheimnis, wer die Reparaturarbeiten leitet – der Körper navigiert uns auf natürliche Weise an den frühen Warnsignalen einerseits und Anzeichen von Wohlbefinden andererseits entlang. Die Signale zu beachten ist von zentraler Bedeutung, um ein bewusstes Leben zu führen. Wenn Sie in den Meditationsmodus wechseln, kehrt Ihr Geist in einen Zustand des Gleichgewichts zurück, der den Gleichgewichtszustand des Körpers widerspiegelt.

Meditation an sich reicht jedoch wegen des geteilten Selbst nicht aus, um die Kluft zu heilen. Das Vorhandensein von schlechten Gewohnheiten, alten Konditionierungen, negativen Emotionen, festen Überzeugungen und all den anderen Altlasten, die wir in unserer Psyche mit uns herumtragen, weist auf eine viel tiefere Entfremdung hin. Wir führen Krieg gegeneinander und gegen uns selbst. Wir wissen nicht, was gut für uns ist, und wenn wir es wissen, gibt es keine Garantie dafür, dass wir entsprechend handeln werden. Der Zustand des Nichtwahrhabenwollens mag in einigen Fällen effektiv sein, aber letztendlich bahnen sich Müdigkeit, Frustration, Depression, Angst, Selbstverleugnung und Selbstverurteilung auf die eine oder andere Weise ihren Weg.

Wir müssen erkennen, dass nur das Bewusstsein die Diskrepanz vollständig lösen kann, und es muss das vollkommene Bewusstsein sein, denn Geist und Körper haben gemeinsam gelitten und müssen gemeinsam heilen. Wohlbefinden ist ein Zustand der Ganzheit, und Ihr Leben kann nicht ganz sein, solange es der geistige Körper nicht ist. Das vollkommene Bewusstsein zu erreichen mag Ihnen an diesem Punkt des Buches unmöglich erscheinen, aber bitte lassen Sie sich davon nicht einschüchtern und lesen Sie weiter. Sie werden sehen, dass vollkommenes Bewusstsein nicht nur möglich, sondern ein natürlicher Zustand ist.

Wenn Ihr Körper zusammen mit Ihrem Geist meditiert, werden Sie zu etwas Gesamtem. Eine der ersten Untersuchungen über Meditation aus den Siebzigerjahren zeigte, dass die Alphawellenaktivität im Gehirn während einer Meditation zunimmt. Alphawellen sind ein Frequenzbereich der Hirnaktivität und organisieren sich synchron. Sie können durch ein EEG (Elektroenzephalogramm) nachgewiesen werden und wurden vom Erfinder des EEG, dem deutschen Neurologen Hans Berger, entdeckt.

Ozeanwellen sind ungeordnet, steigen und fallen nach dem Zufallsprinzip. Das Gehirn aber verwandelt seine elektrische Aktivität nicht in chaotisches Rauschen. Als die Hirnwellenaktivität entdeckt wurde – andere EEG-Messungen zeigten Beta-, Gamma-, Theta- und Deltawellen, von denen jede ein Signal in ihrer eigenen Frequenz sendet, wie bei separaten Radiosendern –, ergab sich daraus ein wahrer Fundus an Informationen. Für einen Hirnforscher sind Alphawellen »neuronale Schwingungen im Frequenzbereich von acht bis zwölf Hertz, die durch die synchrone und kohärente elektrische Aktivität der Thalamus-Schrittmacherzellen beim Menschen entstehen«.

Diese Informationen sagen jedoch nichts über die Geheimnisse der Alphawellen aus. Warum hat sich unser Gehirn so entwickelt, dass es Alphawellen erzeugt? Sie müssen einem Zweck dienen, sonst würden sie zu der Kategorie der evolutionären Veränderungen gehören, die irgendwann in der Vorgeschichte verschwunden sind, weil sie aus darwinistischer Sicht nutzlos waren. Alphawellen sind physisch nützlich in Bezug auf das, was sie über den geistigen Körper anzeigen: dass er sich entspannt.

Alphawellen sind hauptsächlich bei geschlossenen Augen feststellbar, im Zustand der leichten Entspannung oder entspannten Wachheit eines Menschen (eine zweite Art von Alphawellen tritt während der REM-Phase auf, also im Traum oder Schlaf). Dieses Phänomen an sich scheint nichts Besonderes zu sein; alle Lebewesen brauchen Ruhe und Schlaf. Es gibt aber menschliche Gewahrseinszustände jenseits der Entspannung, die (soweit wir wissen) nur wir besitzen und in denen Alphawellen dominieren. Dazu gehören:

Reibungslos fließende Gedanken
Wachsam sein im Augenblick
Meditation
Kreative Tätigkeiten
Stabile Stimmung, verminderte Depression

Warum nehmen die Alphawellen während dieser sehr menschlichen Aktivitäten zu? Das ist ungewiss. Der visuelle Cortex ruht sich aus, wenn Sie Ihre Augen schließen. Ist das ein Auftakt zum Beginn einer kreativen Tätigkeit? Das ist nur eine Vermutung, denn verwackelte Linien auf einem EEG reichen noch lange nicht aus, um auch nur annähernd anzudeuten, worauf sich eine Person vorbereitet. Aber jeder, der als kreatives Hobby Bilder malt, kann bezeugen, dass es entspannend wirkt.

Im Gegensatz zur Schläfrigkeit ist der entspannte Zustand, der durch Alphawellen angezeigt wird, recht wachsam. Einige Forscher bezeichnen Alphawellen als »Motor, der die Kraft der Gegenwart antreibt«. Es ist kein Widerspruch, wach und entspannt zugleich zu sein. Meditation führt diesen Zustand ebenfalls herbei. Nur Menschen sind der Kraft der Gegenwart gewahr, und wir haben Jahrhunderte damit verbracht, darüber nachzudenken, wie wir sie nutzen können.

Der Versuch, die unendliche Vielfalt menschlicher Aktivitäten dem Gehirn zuzuschreiben, wird sich immer als frustrierend erweisen. Wenn Sie etwas Neues und Kreatives tun, gehorcht der gesamte geistige Körper Ihrer Absicht. Kreativität als Phänomen des Gehirns wäre wie ein Radio, das eine neue Beethoven-Sinfonie komponiert. Neuronen können keine Schöpfer sein: Kreativität erfordert einen Geist, der sich in einen besonderen Zustand begibt, welcher durch erhöhte Aktivität der Alphawellen physiologisch angezeigt wird. Stellen Sie sich zum Beispiel vor, wie Leonardo da Vinci eines Morgens beschloss, das Porträt einer schwer fassbaren und schönen jungen Frau zu malen, die dereinst als Mona Lisa weltberühmt werden sollte. Sobald er seine Palette in die Hand nahm, grübelte er über Farbe, Gestaltung, Form und die künstlerische Technik nach.

Wäre Leonardo heute noch am Leben, könnten wir auf einem EEG die Alphawellen erkennen, die auftreten, wenn er in eine kreative Stimmung gerät. Wenn die Neurowissenschaften eines Tages eine vollständige Karte sämtlicher Schaltkreise im Gehirn erstellen, können wir vielleicht nachvollziehen, Nervenzelle für Nervenzelle, was geschehen ist, als die *Mona Lisa* entstand. Auch dann bleibt es jedoch schwer zu begreifen, dass eine solche Karte in keiner Weise etwas über das Kunstwerk *Mona Lisa* aussagen würde, denn bei der Entstehung eines stümperhaften Gemäldes eines völlig unbegabten Amateurmalers wären die gemessenen Hirnaktivitäten in etwa gleich. Die Kunst steckt nicht in Alphawellen, sondern im Bewusstsein, das zufällig Alphawellen hervorruft. Dasselbe geschieht bei unzähligen anderen Aktivitäten, die kreativ bis entspannend sein können.

Vollkommene Meditation

Lektion 9: »Ich bin«

Der geistige Körper ist ein schönes Konzept, das so lange ein Konzept bleibt, bis man es in die eigene Erfahrung übersetzt. Das ist eine heikle Angelegenheit. Wir sind es gewohnt, verschiedene Wege für geistige und körperliche Erfahrungen zu beschreiten. Wenn Ihre Handflächen kalt und schweißig sind, geschieht dies auf einem anderen Weg als die Entstehung des Gedankens »Heute Abend habe ich mein erstes Date«, und doch gehören die beiden offensichtlich zusammen, wenn ein erstes Date Sie extrem nervös macht.

Wie können wir die beiden Wege zu einem einzigen vereinen? Nachstehend finden Sie eine Methode, die Körper und Geist durch ein einfaches Manöver verbindet, das darin besteht, überhaupt keinen Weg einzuschlagen, weder körperlich noch geistig. Sie erleben dabei den geistigen Körper, ohne dass die Worte *Körper* oder *Geist* ins Spiel kommen. Stattdessen gibt es einfach »Ich bin«, die Erfahrung Ihres Selbstgefühls. Sie müssen sich nicht zwicken, um zu wissen, dass Sie wach sind. Und ebenso wenig müssen Sie sich selbst daran erinnern, dass Ihr Selbstgefühl immer präsent ist.

So funktioniert das Ganze in der Praxis:

- Blicken Sie sich im Zimmer um, um zu sehen, was Ihnen ins Auge fällt. Berühren Sie den Gaumen mit der Zunge, um seine Beschaffenheit zu spüren und eventuell auch noch etwas zu schmecken. Riechen Sie alles, was Ihre Nase zufällig wahrnimmt.
- Schließen Sie nun die Augen und wiederholen Sie den gleichen Vorgang, indem Sie sich Gesehenes, Strukturen, Geschmacksnoten und Gerüche nur vorstellen.

Die ganze Zeit über sind Sie in diesen Empfindungen verstrickt, die nicht voneinander getrennt sind. Sie vermischen sich zu einer einzigen Empfindung, der Gesamterfahrung des Hier und Jetzt. »Ich bin« ist die Empfindung, mit der Sie sich im Moment identifizieren, wobei Sie manchmal einen Anblick oder einen Gedanken herausgreifen oder sich einfach nur mit der ganzen Empfindung vermischen (ein gutes Beispiel wäre die Erfahrung, an einem Strand in der Sonne zu liegen – dabei nehmen Sie die Brise und das Geräusch der Wellen zusammen wahr).

Während sich das Empfindungsvermögen in diese und jene Richtung bewegt, passt »Ich bin« auf. Sie sind bereit für die nächste Empfindung oder den nächsten Gedanken. Bei genauer Betrachtung werden Sie jedoch erkennen, dass »Ich bin« nicht wirklich ein Chamäleon ist. Es nimmt die Farbe eines Blattes an, den Duft einer Rose, die Textur eines Sandpapiers und so weiter. Aber all dies geschieht in einem offenen Raum, dem Raum des Bewusstseins.

Das Bewusstsein ist der Raum, in dem sich alles abspielt. Bilder, Geräusche, Texturen, Geschmäcker und Gerüche durchdringen den Raum, aber der Raum selbst bleibt unverändert, so wie sich ein Flughafen nicht verändert, wenn ihn täglich Tausende von Menschen durchqueren.

Wenn Sie begreifen, dass »Ich bin« ganz ist, frei von den Gedanken »Ich bin mein Körper« oder »Ich bin mein Geist«, findet eine große Veränderung statt. Sie stellen fest, dass Sie ganz problemlos in diesem unbegrenzten Raum leben können. Er ist sogar der natürliche Ort, an dem Sie sein sollten. Ein gutes Beispiel ist das Körperbild. Wenn Sie denken »Ich bin mein Körper«, wird das Bild, das Sie im Spiegel sehen, wahrscheinlich nicht ideal sein. Sie werden ein Urteil über dieses Bild abgeben, und davon ausgehend fassen Sie vielleicht Vorsätze wie ins Fitnessstudio zu gehen, weniger zu essen, sich nach Anti-Aging-Produkten umzusehen und so weiter.

Aber wenn Sie sich nicht auf ein Bild im Spiegel konzentrieren, das in Ihrem Kopf mit Bildern kollidiert, wie Sie aussehen sollten, dann hat die Realität nichts mehr mit Bildern irgendwelcher Art zu tun. Schließen Sie Ihre Augen, und Sie empfinden entweder Warnsignale oder Anzeichen von Wohlbefinden. Nichts anderes spielt wirklich eine Rolle. Bilder kommen und gehen, wie alle vorübergehenden Empfindungen. Aber im offenen Raum des »Ich bin« sind diese flüchtigen Erfahrungen nur vorübergehende Szenerien. Ihr wirkliches Ich ist ein Passagier, der die vorbeiziehende Landschaft betrachtet. Ihre Aufmerksamkeit schweift in der Landschaft umher, ohne dass Ihr Gewahrsein umherschweift. Ihr Gewahrsein bleibt dort, wo es immer war, im »Ich bin«, ohne zu urteilen. Dieses Nicht-Urteilen, diese Gleichmut, ist sehr befreiend, weshalb sie eines der Hauptziele der vollkommenen Meditation ist.

WER HAT DAS SAGEN?

Ihr Gehirn hat keine Vorlieben oder Abneigungen hinsichtlich irgendeines Geisteszustandes. Es passt sich gehorsam den entsprechenden Anforderungen an. Die Diskrepanz zwischen Geist und Körper hat jedoch eine starke und dauerhafte Wirkung auf das Gehirn. Die Sorge um Geld kann dazu führen, dass Sie ein Engegefühl in der Brust verspüren und den Appetit verlieren. Sind die Sorgen vorbei, kehren diese Teile des geistigen Körpers wieder in ihren normalen Zustand zurück. Bei Menschen, die sich permanent Sorgen machen, passen sich nun aber mit der Zeit die Bahnen im Gehirn entsprechend an. Wenn diese aus Gewohnheit entstandenen Bahnen nicht irgendwann wieder verändert werden, wird das Gehirn zum »Mitverschwörer« der Sorgen. Das Gleiche würde für jeden Geisteszustand gelten, der lange genug andauert, um einen starken Einfluss auf die Gehirnfunktion zu haben, wie zum Beispiel Depressionen.

Glücklicherweise ist das Gehirn selbsttransformierend. Traurigkeit löst sich normalerweise von selbst wieder auf, auch ohne dass Sie aktiv etwas unternehmen, um Ihre Stimmung zu heben. Im Gehirn gehen Veränderungen vor, wenn Ihre Stimmung sich wieder aufhellt (oder umgekehrt sich verschlechtert). Wie geht das? Es gibt hier einige Rätsel, die nur das Bewusstsein lösen kann.

Das Gehirn ist nicht wie ein Auto, das nur läuft, wenn man die Zündung einschaltet. Es unterliegt vielmehr zwei Steuerungsmechanismen und gehorcht sowohl bewussten als auch unbewussten Impulsen. Niemand hat bisher wirklich erklären können, wie dies geschieht. Unbewusste Prozesse laufen ohne Anweisungen immer weiter. Sie sind Ihres Blutdrucks, der Herzfrequenz, der Verdauung, der Aktivität Ihres Immunsystems, des Gleichgewichts der endokrinen Hormone und so weiter nicht gewahr. Im Schlaf verlieren Sie das Gewahrsein, dass Sie überhaupt einen Körper haben. Wenn Sie wach sind, haben Sie Gedanken, ohne möglicherweise irgendetwas über neuronale Abläufe zu wissen. Ein Mensch, der über keinerlei angelernte Kenntnisse über den menschlichen Organismus verfügt, wird überhaupt nicht wissen, dass er überhaupt ein Gehirn hat. Er hat es ja noch nie gesehen.

Es ist normal für das Gehirn, je nach Aufgabe entweder unabhängig oder gemäß Ihren Anweisungen zu arbeiten. Diese zweifache Steuerung erscheint noch mysteriöser, wenn wir danach fragen, wie das Nervensystem den Unterschied zwischen bewusster und unbewusster Aktivität erkennen kann. Die Nerven zum Beispiel, die mit der Atmung verbunden sind, erledigen ihre Arbeit automatisch und mit dem richtigen Gefühl für die Situation, in der Sie sich befinden. Die Atmung gibt verräterische Hinweise auf Kampf, Stress, Anspannung, sexuelles Verlangen und Müdigkeit – ebenso wie auf externe Faktoren wie die Höhe, die Menge an Sauerstoff, Schadstoffe und Allergene in der Luft usw. Gleichzeitig können Sie mit einer bestimmten Absicht eingreifen, zum Beispiel mit der Entscheidung, tief durchzuatmen. Sie können absichtlich seufzen oder gähnen, auch wenn dies normalerweise unwillkürlich geschieht. Wenn Sie im Begriff sind zu niesen und versuchen, das Niesen zu stoppen, kämpfen die beiden Hälften des Atemmechanismus, die freiwillige und unfreiwillige, gegeneinander, und irgendwann gewinnt das Niesen, egal wie sehr Sie versuchen, den Niesreiz zu unterdrücken.

Ich glaube nicht, dass das Gehirn selbst entscheidet, ob es automatisch arbeitet oder nicht. Eine solche Erklärung würde Ihr Gehirn bewusster machen, als Sie es sind. Das wäre, als ob ein selbstfahrendes Auto nicht nur seiner Software gehorcht, sondern auch den Fahrer kontrolliert und ihn daran hindert, Entscheidungen zu treffen. Oder stellen Sie sich vor, Sie wollen einer Freundin zuwinken, während sie mit einem Zug abfährt, aber Ihr Gehirn entscheidet selbstständig: »Nö, mit Abschieden will ich nichts zu tun haben« und hindert Sie daran, den Arm zu heben. Das geschieht aber nicht, niemals.

Der Grund, warum dieser Punkt nicht für jeden offensichtlich ist, liegt darin, dass der geistige Körper so übergangslos ist, dass man selbst nicht immer sagen kann, wer die Kontrolle hat. Alle möglichen Dinge – plötzliche Wut, Aufregung, sexuelle Begierde, Panikattacken, Phobien, schlechte Gewohnheiten, Süchte, zwanghaftes Verhalten und Denken, Depressionen, Angstzustände – überkommen einen Menschen, als hätten sie einen eigenen Willen. Betrachten wir zum Beispiel eines der psychologischsten Sonette Shakespeares, in dem die Frage, wer das Sagen hat, eine Hauptrolle spielt.

Im Sonett 129 geht es darum, dass das sexuelle Verlangen die Oberhand gewinnt und dann losgelassen wird, sobald der Orgasmus erreicht ist. In der Übersetzung von Stefan George lauten die ersten 8 Verszeilen:

Verbrauch von geist in schändlicher verzehr
Ist lust in tat • und bis zur tat • ist lust
Meineidig • mörderisch • blutig • voll unehr •
Wild • tierisch • grausam • roh • des lugs bewusst.
Genossen wo gleich drauf verachtung trifft •
Sinnlos erjagt und gleich nach dem empfang
Sinnlos gehasst wie ein verschlucktes gift
Eigens gelegt dass toll wird wer es schlang.

In acht intensiven Gedichtzeilen erfassen wir das Extreme der Doppelsteuerung des Gehirns. Ein fleischlicher Impuls »Sinnlos erjagt« [auf Englisch »past reason« – wörtlich »jenseits der Vernunft«] übernimmt das Kommando. Die Lust ist so mächtig, dass Shakespeare sie so beschreibt, wie man einen grausamen Diktator in einem totalitären Staat beschreiben würde (meineidig, mörderisch, blutig usw.). Wenn die Lust ihren »kopflosen« Lauf genommen hat, gibt es ein Nachspiel. Die Rationalität kehrt zurück, man fühlt sich beschämt und reumütig, und nun sieht die Lust im Rückblick aus wie ein Köder, der in eine Falle gelegt wurde, um einen hinein zu locken.

Warum war Shakespeare so versessen darauf, sexuelle Begierde mit Scham zu verbinden? Vielleicht war es ein persönliches Geständnis des verheirateten Shakespeare, dessen Frau in Stratford zurückblieb, während er monatelang in London unterwegs war. Gesteht ein Betrüger seine Tändeleien öffentlich in einem Gedicht oder sagt er nur, dass er in Versuchung geführt wurde? Scham könnte auch religiöse Überzeugungen, dass Sex Sünde sei, widerspiegeln, obwohl die Engländer des Elisabethanischen Zeitalters, vor allem die in Theaterkreisen, ein ziemlich wilder Haufen mit lockerem Lebenswandel waren. Puritanische Prediger stellten Schauspieler gerne auf eine Ebene mit Taschendieben und Huren. Im Licht freiwilliger und unfreiwilliger Handlungen betrachtet, geht es im Sonett 129 mehr um die conditio humana als nur darum, dass der Sexualtrieb die Macht übernimmt, als ob er einen eigenen Willen hätte.

Das Rätsel, wer das Sagen hat, wird durch ein faszinierendes Experiment bekräftigt, bei dem es um »Aha!«-Erlebnisse ging, Heureka-

Momente des kreativen Durchbruchs, in denen einem schlagartig und oft unerwartet ein Licht aufgeht. Professor Joydeep Bhattacharya und seine Kollegen von der Goldsmiths University of London baten eine Gruppe von Freiwilligen, innerhalb von 60 bis 90 Sekunden ein Worträtsel zu lösen. Wenn sie die Lösung nach 90 Sekunden nicht gefunden hatten, erhielten sie einen Tipp. Nur relativ wenige Probanden lösten das Rätsel, und interessanterweise ließ sich anhand ihrer Gehirnwellen, gemessen durch ein EEG, jeweils voraussagen, wer in welche Gruppe fallen würde. Offenbar begünstigte ein bestimmtes Hirnstrommuster den Lösungsprozess.

Bei denjenigen, die eine plötzliche Erkenntnis hatten, um das Rätsel zu lösen, zeigte sich eine Spitze in hochfrequenten Gammawellen, und zwar immer im rechten Temporallappen, dessen Hauptaufgabe unter anderem Objekterkennung, verbale Erinnerungen, Lesen und Sprache sind. Die Spitze in den Gammastrahlen zeigte sich etwa acht Sekunden, bevor dem Proband die Antwort einfiel. Die Forscher kommentierten, dass diese Spitze in den Gammastrahlen die gleiche Aktivität ist, die auch bei transformatorischem Denken auftritt – der Übergang vom Alltagsdenken in die Erfahrung eines »Aha!«-Moments.

Im Zuge dieses Experiments wurde darüber spekuliert, woher gute Ideen kommen. Ein Kommentator vermutete deren Ursprung in einem »Netz von Zellen, die die benachbarten möglichen Verbindungen erkunden, die sie im Geist eines Menschen herstellen können«. Diese Schlussfolgerung scheint nur dann auf die richtige Spur zu führen, wenn man glaubt, dass Gehirnzellen in der Lage sind, sich umzusehen, die richtigen Verbindungen zu finden und von sich aus »Aha« zu sagen, bevor sie dem Geist ein »Aha!« übermitteln.

Zwischen den Schaltkreisen im Innenleben eines Computers und dem, was Sie auf dem Bildschirm sehen, der Ihnen Wörter, Fotos, Videos und so weiter anzeigt, besteht eine Diskrepanz. Wenn Sie sich einen Fallschirmspringer auf YouTube anschauen, passiert das Video dann in den Schaltkreisen Ihres Computers oder Smartphones? Ganz sicher nicht. In den Schaltkreisen erfolgt lediglich eine digitale Verarbeitung. Das Video findet in Ihrem Gewahrsein statt.

Ebenso erlebt der Fallschirmspringer in dem Video nicht den Rausch des freien Falls in seinem Gehirn. Das Gehirn ist ein organischer Schaltkreis, der verschiedene chemische Ionen und elektrische Signale verarbeitet. Der Fallschirmsprung geschieht im Gewahrsein. Die Schaltkreise des Gehirns können diese Erfahrung genauso wenig machen wie ein Computer, der mit dem Fallschirm aus einem Flugzeug gestoßen wird. Ohne ein Selbst gibt es keinen Erfahrenden. Nebenbei gesagt möchte ich die Neurowissenschaften nicht verunglimpfen – um zum Beispiel Heilmittel für zerebrale Leiden wie Epilepsie, Parkinson und Alzheimer zu finden, ist ein Verständnis der Hirnaktivität unbedingt notwendig.

Ich möchte aber darauf hinweisen, dass Menschen schon seit Tausenden von Jahren keine Gefangenen ihrer Schaltkreise mehr sind. Irgendwann fand in der Menschheitsgeschichte ein Evolutionssprung statt, als der *Homo sapiens* die Kluft vom neuronalen Schaltkreis im Gehirn zum Gewahrsein überbrückte. Der hochentwickeltste Hochgeschwindigkeitscomputer kann einen solchen Sprung nicht vollziehen, aus dem einfachen Grund, dass ein Computer, wie das Gehirn, keine Erfahrungen hat.

Wer hat also das Sagen? Die einzige tragfähige Antwort ist, dass niemand das Sagen hat. Der geistige Körper arbeitet einfach in dem einen oder anderen Modus, manchmal freiwillig, manchmal automatisch. Es muss niemand das Sagen haben, nicht einmal Sie. Auch Sie sind Teil der Ganzheit. Wenn es eine Antwort darauf geben muss, dann können wir konstatieren, dass das Bewusstsein für sich selbst verantwortlich ist. Es gibt nichts jenseits des Bewusstseins, das das Sagen haben könnte. (Damit trete ich auf religiöse Zehen, ich weiß, aber Gott die Verantwortung zu übertragen, fügt einfach eine weitere Ebene des Bewusstseins hinzu. Es geht nicht über das Bewusstsein hinaus, weil das nicht möglich ist.)

Eine Visualisierung könnte helfen. Denken Sie an den Ozean. Er kann stürmisch oder ruhig sein. Warme und kalte Strömungen fließen durch ihn. Unter der Oberfläche lebt die unzählige Vielfalt der Meerestiere. Jede Kreatur durchläuft ihren Lebenszyklus. Einige sind Raubtiere, andere sind Beutetiere. Wer ist für den Ozean verantwortlich? Es kann nur der Ozean selbst sein. Er ist ein sich selbst erhaltendes Ökosystem. In ähnlicher Weise ist das Bewusstsein ein Ökosystem, das für alles verantwortlich ist, was im geistigen Körper geschieht.

Vollkommene Meditation

Lektion 10: Unbegrenztheit

Für einen Fisch, der in einem Korallenriff schwimmt, gibt es keine Grenze zum Ozean. Als Ökosystem schuf und erhält der Ozean alles Leben darin. Bewusstsein ist das allumfassende Ökosystem. Es hat wirklich keine Grenzen, denn im Gegensatz zu einem fliegenden Fisch, der aus dem Ozean springen kann, um wahrzunehmen (wenn er ein menschliches Gehirn hätte), dass es ein nicht wassergebundenes Ökosystem gibt, kann niemand aus dem Bewusstsein springen. Eine solche Bewegung ist unvorstellbar.

Wir sind mit dieser Unbegrenztheit verbunden. Alles, was das Bewusstsein in seiner Gesamtheit betrifft, gilt auch für uns. Die Meditation bringt uns dem unbegrenzten Geist, der der Gesamtgeist ist, immer näher und näher. Wenn der Gesamtgeist erlebt wird, fallen die Grenzen weg. Man erkennt, wie unnötig es für den Geist ist, sich selbst so viele Grenzen aufzuerlegen. Wenn man erwacht, wird einem klar, wie sinnlos Begrenzungen sind.

Auf der Reise zum unbeschränkten Geist wird das Ziel nicht auf einmal erreicht – das Ganze ist ein Prozess. Aber es hilft, eine Vision des Ziels zu haben. Hier sind ein paar einfache Möglichkeiten, sich für einen oder zwei Momente mit dem Unbegrenzten zu verbinden.

- Legen Sie sich an einem sonnigen, wolkenlosen Tag auf den Rücken, sodass Ihr Sichtfeld mit dem klaren blauen Himmel gefüllt ist. Tauchen Sie in das Gefühl dieses Blaus ein und machen Sie es zu Ihrem Hauptempfinden. Blicken Sie nun über das Blaue hinaus. Es gibt kein Rezept dafür, versuchen Sie es einfach. Für einen kurzen Moment können Sie spüren, dass der Himmel sozusagen die Grenze des Unendlichen ist.

- Schließen Sie die Augen und stellen Sie sich vor, Sie seien eine NASA-Sonde, die mit einer enormen Geschwindigkeit, Hunderte von Kilometern pro Sekunde, in den Weltraum fliegt. Sehen Sie die Sterne vorbeiziehen und entfernte Galaxien näherkommen. Beschleunigen Sie immer mehr, und lassen Sie dann die Sterne und Galaxien verschwinden. Jetzt gibt es nur noch die schwarze Leere, aber kein Gefühl von Geschwindigkeit. Sie schweben in einem unbegrenzten Raum, ohne eine andere Erfahrung außer seiner Unbegrenztheit.
- Hören Sie sich ein Musikstück an, das Sie lieben, und nehmen Sie seine anmutige Schönheit wahr. Stellen Sie die Musik ab, aber verweilen Sie in der Anmut der Musik. Die Quelle der Musik ist verschwunden, aber die Anmut existiert auch für sich. So fühlt sich grenzenlose Glückseligkeit an – sie braucht keinen Grund, sie ist einfach da.

Wenn das Bewusstsein für sich selbst verantwortlich ist, kann es alles tun. Aber unsere persönliche Erfahrung ist ganz anders. Wir können nicht alles tun. Oft beschleicht uns das Gefühl, dass unsere Taten so dürftig, so unzureichend sind, dass sie kaum eine Rolle spielen. Das muss sich ändern. Andernfalls bleiben uns nur Macht- und Möglichkeitsfantasien, die sich nicht in die Realität umsetzen lassen. Wo ist die vollkommene Macht des Bewusstseins, wo es wirklich zählt, hier und jetzt? Das ist die Frage, die wir als Nächstes ausloten werden.

4

DAS SYNDROM DES FESTSTECKENS

Vollkommene Meditation schafft Vertrauen, dass das Bewusstsein sich um Ihr Leben kümmern wird. Aber wenn Vertrauen das Ziel ist, was ist dann mit der Existenz des Bösen? Jahrhundertelang wurde das menschliche Drama als Kampf zwischen Gut und Böse dargestellt und damit jede Theorie untergraben, dass der Mensch von Natur aus gut ist. Gleichzeitig hat die Existenz des Bösen die Vorstellung eines rein gütigen Gotts untergraben. Kein Gott, der es wert wäre, angebetet zu werden, so wird ein Atheist behaupten, würde die Schrecken von Krieg und Völkermord zulassen, die in unserer kollektiven Geschichte tiefe Wunden geschlagen haben. Wunden, die bis heute noch nicht verheilt sind.

Dass wir immer noch mit den schlimmsten Aspekten menschlichen Verhaltens zu kämpfen haben, macht uns ratlos. Es gibt reichlich Beweise dafür, dass auf jeder Ebene unserer Existenz, von häuslicher Gewalt bis zum Bürgerkrieg, von Kleinkriminalität bis zu Massenmord, aus dem Bösen nichts Gutes entsteht. Warum also geben wir es nicht auf, zu unserem eigenen Wohl? Diese Frage richtet unseren Blick auf die ganze Problematik des »Feststeckens«. Damit ist die hartnäckige Beständigkeit des Negativen gemeint, das sich trotz unserer besten Bemühungen und höchsten Ideale weiterhin durchsetzt. Die Wurzeln bösen Verhaltens liegen in uns allen. Wir allein sind die Quelle von Krieg, Verbrechen und Gewalt. Vielleicht leben wir die dunkle Seite der menschlichen Natur in der Regel nicht aus, aber wenn wir uns in einer explosiven Situation befinden, hat jeder von uns eine Belastungsgrenze, jenseits derer Vernunft und Güte irrationalen Verhaltensweisen weichen, die von Wut, Groll, Neid, Rache, Intoleranz, Angst und sogar dem Kitzel der Gewalt befeuert werden.

Wenn es wahr ist, dass wir selbst die Quelle des Bösen sind, dann lautet die praktische Lösung, dass wir uns davon befreien müssen. Erfahrungen kommen und gehen; Gedanken entstehen und verschwinden schnell; Emotionen halten länger an, verblassen aber irgendwann auch wieder. Wut und Angst, die beiden mächtigsten negativen Emotionen, werden kein böses Verhalten schüren, wenn sie im gleichen Rhythmus wie normale Erfahrungen anschwellen und sich wieder beruhigen. Der Fluss des Bewusstseins kümmert sich darum, bis wir uns einmischen. Wir sind die Ursache und gleichzeitig das Opfer dessen, was ich das »Syndrom des Feststeckens« nenne. Dieses Syndrom war schon immer die Falle des Bösen – dass der Geist genau der Aktivität frönt, die ihm am meisten wehtut.

Wenn das Ziel darin besteht, sich zu befreien, kann man fast alles zum Thema des theoretischen Bösen beiseitelassen. Es ist lediglich eine Theorie, dass Gott und Satan miteinander im Krieg stehen oder dass ein unsichtbarer Archetyp des Krieges Einfluss auf uns nimmt. Ebenso theoretisch sind alle psychologischen Erklärungen über das Unbewusste, in dem angeblich unsere schlimmsten Impulse verborgen liegen oder der »Schatten« wie ein böswilliger Diktator herrscht. Zahllose Menschen glauben an solche Vorstellungen, aber keine hat bisher zu einer Lösung geführt. Legen wir alle Erklärungen des Bösen beiseite und konzentrieren wir uns stattdessen darauf, freizukommen. Das Höchste, was Sie tun können, ist, sich von schlechtem Verhalten zu befreien. Wenn Wut und Angst bei Ihnen zu vorbeiziehenden Schatten werden, die sich so schnell wieder auflösen, wie sie entstanden sind, haben Sie etwas Großes erreicht. Sie haben sich Ihres Anteils am Bösen in der Welt entledigt.

DIE GEWOHNHEIT DES BÖSEN

Das Böse zeichnet sich vor allem dadurch aus, dass es zur Gewohnheit wird. Es wiederholt sich immer und immer wieder, bis es zu einer automatischen Reaktion wird. In dieser Hinsicht ist das Böse ziemlich banal. Es hat keine besondere Macht, uns zu verführen, sondern gehört eher in den lästigen Bereich anderer schlechter Gewohnheiten. Fast alle von uns zeigen täglich selbstzerstörerische, irrationale Verhaltensweisen, die so weit gehen, dass sie zur Routine und zur Gewohnheit werden. Anstatt alles zu tun, was wir können, um uns zum Besseren zu verändern, klammern wir uns unbewusst an genau die Verhaltensweisen, die uns auf Schritt und Tritt blockieren. Sigmund Freud, der Begründer der Psychoanalyse, untersuchte diese Art von »pathologischem«, selbstzerstörerischem Verhalten in seinem 1901 erschienenen Buch *Zur Psychopathologie des Alltagslebens*, ein Titel, der für unseren Blick auf das Böse in Bezug auf das Feststecken relevant zu sein scheint.

Die Psychopathologie des Alltagslebens nimmt viele Formen an. Böses, Leiden und Verletzungen überschneiden sich und halten sich nicht an die sauber getrennten Kategorien, die wir für sie geschaffen haben. Dennoch gibt es verschiedene Arten von Erfahrungen, die zur Alltagspsychopathologie gehören, wie zum Beispiel

Angstzustände und Depressionen
Zwanghaftes Verhalten, zwanghafte Gedanken
Selbstverurteilung
Schuld
Schande
Geschädigtes Selbstwertgefühl
Mangel an Impulskontrolle
Leugnen oder Vermeiden des Falschen
Unterdrücken oder Verdrängen unerwünschter Impulse

Kein vernünftiger Mensch glaubt, dass eine dieser Erfahrungen psychisch gesund ist. Sie alle erzeugen enormen Kummer und können sehr einschränkend wirken und andere Probleme verursachen. Gleichzeitig wird keiner dieser Zustände dadurch besser, indem man ihn hasst, sich selbst die Schuld gibt, anderen die Schuld zuschiebt oder sich nicht mehr damit befasst. Wenn man ein schlechtes Gewissen hat, verschlimmern sich die meisten dieser Probleme sogar, und gute Ratschläge von anderen verbessern die Situation kaum.

Was wir als böse bezeichnen, ist nicht ein einziger Impuls oder ein einziges Verhalten. Es ist eine Mischung aus dunklen Zutaten, von denen keine kosmisch böse oder gar von Natur aus böse ist. Die monströsen Massenmörder in der Geschichte haben ihre alltäglichen Impulse in einem katastrophalen Ausmaß verstärkt. Zu solchen alltäglichen »negativen« Impulsen gehören:

Auf andere losgehen
Schuld auf andere schieben
Das Bedürfnis, jemandem Gemeinheiten heimzuzahlen
Zuerst angreifen als eine Form der Selbstverteidigung
Das Gefühl der Ohnmacht, das zu Rachefantasien führt
Das Gefühl der Hoffnungslosigkeit, das zu der Einstellung »Nach-mir-die-Sintflut« führt

Nehmen wir eine alltägliche Situation wie Mobbing in der Schule. Es gibt keinen Tyrannen ohne ein Opfer. Niemand meldet sich freiwillig als Opfer, aber Kinder und Jugendliche haben ein begrenztes Repertoire an Möglichkeiten, mit solchen Situationen umzugehen. Dabei ist es fast egal, welche Rolle sie spielen. Tyrannen und ihre Opfer handeln aus den gleichen Impulsen heraus. Beide geben jemand anderem die Schuld, nutzen Angriff und Verteidigung als ihre einzigen Optionen, fühlen sich hilflos oder lassen jemand anderen sich hilflos fühlen. Die Monster der Menschheitsgeschichte machen es im Grunde genauso; sie setzen einfach ihre Psychopathologie (»Geistesstörung«) im großen Stil um, weil die Millionen von Menschen, die sie unterdrücken, an ihrer Stelle das Gleiche tun würden.

Ich meine damit nicht, dass wir alle potenzielle Massenmörder sind, sondern vielmehr, dass wir in den gleichen Mustern von Angriff und Abwehr gefangen sind, verletzen oder verletzt werden, nach Rache streben und darüber fantasieren. Wenn Ihre Situation Sie zu Extremen der Wut, des Grolls, der Ohnmacht und der Hoffnungslosigkeit treibt, sind Sie reif, das auszuleben, was wir als böse bezeichnen, oder sein Opfer zu werden. Beide Rollen sind eine Form der Erstarrung, des Feststeckens.

Der Ausweg besteht darin, mehr Optionen in Ihrem Verhalten zu entwickeln, was Sie erreichen können, indem Sie bewusster werden. Die meisten Menschen begegnen schwierigen Situationen durch eine von vier grundlegenden Verhaltensweisen:

Sich selbst verteidigen
Zurückschlagen
Sich mit der Situation abfinden
Verdrängen

Wenn Sie in diesem begrenzten Spektrum von Verhaltensweisen feststecken, werden Sie viele Situationen erleben, insbesondere in persönlichen Beziehungen und bei der Arbeit, die nicht zu produktiven Ergebnissen führen. In der vollkommenen Meditation kann das Erzielen eines wünschenswerten Ergebnisses dem Bewusstsein überlassen werden.

Das ist keine Strategie, die viele Menschen anwenden, obwohl es im Zeitalter des Glaubens ganz ähnlich praktiziert wurde, indem die Dinge Gott einfach überlassen wurden. Das Problem dabei war, dass Gott wie ein übermenschliches Wesen behandelt wurde, das im Himmel lebt. Diese Trennung zwischen dem Menschlichen und dem Göttlichen ließ die Gläubigen in hilfloser Passivität verharren und auf Gottes Entscheidung warten. Langfristig konnte eine solche Position nicht aufrechterhalten werden, und die menschliche Natur übernahm wieder die Oberhand. Das Zeitalter des Glaubens war nicht immun gegen Gewalt und Krieg, und die sieben Todsünden wurden allüberall begangen.

Das vollkommene Bewusstsein ist nicht von Ihnen getrennt. Es ist Ihre Quelle und Ihr wahres Selbst. Wenn sich das Gewahrsein erweitert, entdecken Sie neue Quellen, die ein breiteres Spektrum von Verhaltensweisen in schwierigen Situationen ermöglichen. Es gibt Zeiten, in denen eine Konfrontation schwer zu vermeiden ist; sie in ein Nullsummenspiel zu verwandeln, bei dem jemand verlieren muss, damit ein anderer gewinnen kann, ist selten das richtige Vorgehen. Die Saat der Feindseligkeit wird ausgestreut, und nagende Ressentiments führen zum Syndrom des Feststeckens, das das Böse begünstigt.

Die Alternative zu einem Nullsummenspiel ist in der Regel ein Kompromiss, der eine Eskalation der Konfrontation verhindert. In jeder schwierigen Situation, ob es sich nun um eine innenpolitische Spaltung oder um zwei Länder handelt, die sich am Rande eines bewaffneten Konflikts befinden, eröffnet das Bewusstsein die Möglichkeit für einen friedlichen Ausgang. Geben Sie dem Frieden eine Chance, indem Sie folgende Verhaltensweisen beherzigen:

Sie suchen aktiv nach einer Lösung bei Menschen, die wirklich helfen können.
Sie handeln nicht aus einem Impuls heraus, sondern warten, bis Sie zentriert sind.
Sie übernehmen die Verantwortung für Ihre Gefühle, ohne um sich zu schlagen oder jemand anderem die Schuld zu geben.
Sie vertrauen darauf, dass eine Lösung immer möglich ist.
Sie streben im Meditationsmodus nach Erkenntnis.
Sie verlassen Stresssituationen, anstatt sie auszuhalten.
Sie werden nicht zur Ursache von Stress.
Sie respektieren andere als gleichwertig.
Sie schätzen Ihr eigenes Glück und rationalisieren Leiden nicht, als ob es eine Tugend wäre.

Es gibt nichts Magisches an dieser erweiterten Palette von Verhaltensweisen, sie waren schon immer verfügbar. Einige katastrophale Kriege wären vermieden und unzählige Scheidungen abgewendet worden, wenn dieses Verhalten an den Tag gelegt worden wäre. Es zeugt vom Dämmerschlaf der Menschen, dass so wenige von uns wissen, wie man Konflikte verhindern kann, indem man sie frühzeitig entschärft.

Das Bewusstsein entfaltet diese Reaktionen auf natürliche Weise im Prozess des Erwachens. Sie entstehen bei vielen Menschen, die sich noch nie groß mit dem Thema Bewusstsein oder mit Meditation beschäftigt haben, einfach im Laufe des Erwachsenwerdens. Der Prozess kann jedoch erheblich beschleunigt werden, wenn man sich bewusst für ein erwachtes Verhalten entscheidet. Der beste Weg, im Jetzt zu leben, ist, so zu leben, als ob man erwacht wäre.

Wir können nicht erwarten, dass ein erweitertes Bewusstsein bei Mobbing an der Schule etwas bewirkt. Kinder und Jugendliche befinden sich noch in einem unreifen und oft verwirrenden Stadium ihrer psychosozialen Entwicklung. Wir machen sie nicht in vollem Umfang für ihr Verhalten verantwortlich. Wenn die Wunden der Kindheit jedoch fortbestehen, ist auch der reife Erwachsene noch verwundet. Der größte Teil der Psychopathologie im Alltagsleben geht von dem verletzten Kind im Inneren aus. (Die weitverbreitete Vorstellung vom inneren Kind als irgendwie unschuldig und engelsgleich ignoriert die psychologische Realität, dass jedes Kind neben der Unschuld auch die negativen Impulse in sich trägt, die letztendlich zum Feststecken führen.)

Wenn Sie erwacht sind, werden Sie von der Psychopathologie im Alltagsleben weniger behelligt, einfach dadurch, dass Sie Ihre Ego-Persönlichkeit nicht mehr verteidigen müssen. »Ich« ist das Problem und kann deshalb nie die Lösung sein. Es braucht nicht viel Selbstgewahrsein, um zu erkennen, dass das Ego unsicher, egoistisch, fordernd und von Impulsen getrieben ist, die es nur schwer kontrollieren kann. Schwieriger zu erkennen jedoch ist etwas viel Grundlegenderes. »Ich« ist klebrig. Eine Stubenfliege landet auf einem Blatt Papier und fliegt fast augenblicklich wieder weg, es sei denn, sie hat das Pech, auf Fliegenpapier zu landen. Genauso bleiben Erfahrungen nicht an uns haften, es sei denn, wir sind klebrig. Andererseits kann man nicht erwarten, dass sich das Ego von seiner eigenen Klebrigkeit befreit. Was immer nötig ist, um sich zu befreien, »Ich« wird es nicht schaffen.

Vollkommene Meditation

Lektion 11: Gewohnheiten

Vollkommene Meditation ersetzt unbewusste Reaktionen durch bewusste. Das lässt sich auf sehr nützliche Weise anwenden, um Gewohnheiten zu verändern. Gewohnheiten sind eine wiederkehrende Falle. Der Impuls hinter einer Gewohnheit wiederholt sich ständig. Wenn der Impuls aufkommt, kämpfen die meisten Menschen kurz dagegen an und geben dann aber nach. Die Gewohnheit hat gewonnen, und sie wird auch beim nächsten Mal gewinnen, es sei denn, Sie können den Kreislauf durchbrechen.

Es gilt immer das gleiche Modell, unabhängig von der Art der Gewohnheit. Übermäßig viel zu essen oder sich zu viele Sorgen zu machen scheinen oberflächlich betrachtet ganz verschiedene Dinge zu sein, aber beide sind wiederkehrend und beide haben ihre Wurzeln im Unbewussten (das heißt es gibt keine offensichtliche Ursache auf der Ebene des Denkens, und der Versuch, sich aus der Gewohnheit herauszudenken, löst das Problem nicht). Je erwachter Sie sind, desto leichter ist es, das Schlüsselelement anzugehen, das eine Gewohnheit am Laufen hält, nämlich die Wiederholung. Lassen Sie uns dieses Thema im Hinblick darauf behandeln, wie der Geist in sich wiederholende Muster verfällt, denn das ist der Kern des Problems.

Das Bewusstsein vollbringt alles in Stille, aber im Geist herrscht Lärm. Viel davon hat wenig mit nützlichen oder rationalen Gedanken zu tun. Es gibt zum Beispiel keinen vernünftigen Grund dafür, dass sich eine Melodie in Ihrem Kopf festsetzt, nachdem Sie das Radio schon längst wieder abgeschaltet haben. Die Psychopathologie des Alltags ist voll von weiteren, teilweise weniger harmlosen Beispielen. Manche Menschen machen sich immerzu Sorgen und sind nicht in der Lage, dem Teufelskreis von Befürchtungen zu entkommen, auch wenn diese gar keine reale Möglichkeit haben, wahr zu werden. Am klinischen Ende des Spektrums führt eine Zwangsstörung zum Beispiel zu Kontrollzwängen (ob der Herd ausgeschaltet, die Tür wirklich abgeschlossen ist) oder Zählzwängen (der Betroffene muss ständig irgendetwas in seiner Umwelt abzählen, wie die Platten auf dem Bürgersteig oder die Stufen einer Treppe).

Was all diese Zustände gemeinsam haben, ist die Wiederholung. Lässt man die klinischen Etiketten weg, so stellt sich heraus, dass wohl jeder Mensch mit wiederkehrenden Gedanken, Erinnerungen und Impulsen zu kämpfen hat. Alte, abgenutzte Erinnerungen an Schuld und Scham, Erniedrigung und Niederlage, Kränkungen und verlorene Auseinandersetzungen umkreisen den Verstand wie auf einem giftigen Karussell, an dem wir festhängen. Niemand weiß genau, warum der Geist immer wieder zu Gedanken zurückkehrt, die nichts Gutes bringen – solche Erinnerungen sind nutzlos und unwillkommen. Sie dienen nur dazu, zu ärgern und zu quälen. Etwas, das man lieber vergessen würde, weigert sich, vergessen zu werden.

Schlechte Gewohnheiten passen ebenfalls in dieses Schema. Nur wenige Menschen suchen professionelle Hilfe bei sich wiederholenden Gedanken oder schlechten Gewohnheiten, aber gleichzeitig fühlen wir uns hilflos und ausgeliefert. Hier sind Beispiele aus dem täglichen Leben:

- Sie haben sich fest vorgenommen, nicht mehr zwischen den Mahlzeiten zu essen, doch abends beim Fernsehen ist der Impuls, Knabberzeug zu holen, dann doch wieder zu stark.
- Sie haben sich wegen einer Kleinigkeit geärgert, wie zum Beispiel, dass sich jemand in der Warteschlange am Postschalter vorgedrängt hat. Sie wissen, dass Sie souverän genug sein sollten, um den Vorfall zu vergessen, aber spielen ihn doch immer wieder gedanklich durch.
- Sie kaufen einen alltäglichen Haushaltsgegenstand oder ein Kleidungsstück, und als Sie nach Hause kommen, sehen Sie online, dass ein anderer Verkäufer den gleichen Artikel zum halben Preis anbietet. Der Unterschied ist für Sie nicht bedeutsam, aber

Sie ärgern sich trotzdem über sich selbst, vor dem Kauf keine Preise verglichen zu haben.

- Sie sind im Urlaub und freuen sich auf ein Abendessen in einem berühmten Restaurant, das Sie schon immer einmal besuchen wollten. Sie haben extra schon vor der Anreise einen Tisch reserviert. Als Sie am Restaurant ankommen, wird Ihnen jedoch mitgeteilt, dass es keine Reservierung unter Ihrem Namen gibt und das Restaurant leider ausgebucht ist. Noch lange nach der Rückkehr aus dem Urlaub überlegen Sie sich immer wieder, was bei der Reservierung wohl schiefgegangen ist, und ärgern sich über die verpasste Gelegenheit.

Obwohl es sinnlos ist, stellt der Geist den Wiederholungsmodus nicht ein.

Wenn Sie lernen können, solche sich wiederholenden Gedanken und Impulse ganz loszuwerden, werden diese nicht mehr zurückkehren. Sie werden das Gefühl gewinnen, mehr Kontrolle zu haben, und der Bildschirm Ihres Geistes wird frei von Störungen sein.

Hier hilft ein wenig tieferes Verständnis. Die repetitiven Gedanken und Impulse sind Fragmente des Egos, und weil »Ich« klebrig ist, sind auch seine Fragmente klebrig. Die Ego-Persönlichkeit ist vollständig aus vergangenen Erfahrungen aufgebaut, sodass sie gar nicht anders kann, als sie immer wieder erneut zu durchleben, aus welchem Grund auch immer.

Sie müssen den Grund nicht herausfinden. Sie sind mehr als Ihr Ego. Wenn es auf seinem Standpunkt beharrt, steht es Ihnen frei, eine andere Perspektive anzubieten, eine, die bewusster ist. Dies ist relativ leicht möglich. Versuchen Sie es mit den folgenden Methoden:

- Wenn Sie eine harmlose Wiederholung wie eine Melodie, die Ihnen durch den Kopf geht, stört, halten Sie inne und zählen Sie in Dreierschritten von Hundert zurück (100, 97, ...). Diese einfache

Konzentrationsaufgabe bringt den Geist zurück in den gegenwärtigen Moment.

- Wenn ein Gedanke negativ ist und Sie an etwas erinnert, mit dem Sie sich nicht befassen wollen, sagen Sie ihm: »Ich brauche dich jetzt nicht.« Das ist eine Art Verhandlung mit einem Ego-Fragment; Sie kämpfen nicht dagegen an und geben auch nicht nach. Halten Sie sich jeweils nicht zu lange mit dieser Maßnahme auf, aber wenn der Gedanke zurückkommt, wiederholen Sie sanft: »Ich brauche dich jetzt nicht.«
- Wenn ein wiederkehrender Gedanke besonders aufdringlich ist, wie zum Beispiel der Impuls, sich eine Tüte Chips aus dem Schrank zu holen, sammeln Sie sich, atmen Sie ein paar Mal tief durch und gehen Sie in den Meditationsmodus.
- Wenn der wiederkehrende Gedanke eine Sorge ist, nehmen Sie einen Stift und Papier und schreiben Sie auf, wie Sie sich fühlen. Schreiben Sie möglichst ohne Pause, es geht nicht darum, sich schön auszudrücken, schreiben Sie auf, was Ihnen gerade einfällt. Sorgen sind irrational, und indem Sie sie zu Wort kommen lassen, wie kindisch oder quengelig sie auch sind, entschärfen Sie die emotionale Energie, die die Sorge nährt.
- Wann immer Sie das Gefühl haben, dass Ihr Geist voller Lärm ist, verlassen Sie den Denkmodus. Scheinbar willkürlicher mentaler Lärm ist oft in Verbindung mit Schlaflosigkeit zu beobachten. Der Motor des Geistes läuft weiter, auch wenn man keinen Grund hat, noch über etwas nachzudenken. Die in einem früheren Kapitel erwähnte Vagusatmung ist hier ein sehr nützliches Gegenmittel. Eine andere Möglichkeit, aus dem Denkmodus herauszukommen, ist die Visualisierung eines Farbflecks. Halten Sie Ihre Aufmerksamkeit auf die Farbe gerichtet, und wenn Gedanken Sie ablenken, kehren Sie einfach wieder zur Farbe zurück.

Keine dieser Methoden soll aufwendig sein. Im alltäglichen Leben verblassen die wiederkehrenden Gedanken irgendwann. Wenn Sie bereits wissen, wie Sie sich zentrieren können, kennen Sie den Unterschied zwischen Wachsein und Schlafen. Gewohnheiten und sich wiederholende Gedanken bleiben nicht haften, wenn Sie erwacht sind.

Dennoch lohnt es sich zu wissen, dass lästige Gedanken, Erinnerungen, Impulse und Gewohnheiten Ego-Fragmente sind. Sie bleiben bei uns, weil »Ich« klebrig ist. Sie haben lange mit »Ich« gelebt, und jeden Tag haben Sie im Großen und im Kleinen seine Sichtweise übernommen. Der Wechsel zu einem anderen Standpunkt erfordert es, so oft in den Meditationsmodus zu gehen, dass er zur neuen Perspektive des Geistes wird. Jede kleine Seinserfahrung im Meditationsmodus – zentriert, entspannt und im Gleichgewicht zu sein – lehrt das Gehirn, dort zu verweilen, und mit der Zeit wird es dauerhaft dortbleiben.

ABSICHT UND WIDERSTAND

Das Erwachen schenkt uns eine umfassendere Perspektive als die der isolierten Ego-Persönlichkeit. Wenn Sie wach sind, ist Ihr Gewahrsein nicht von den Dingen getrübt, die täglich auf das »Ich« einwirken. Im Einklang mit der unendlichen Kraft des Bewusstseins werden Wünsche reibungslos erfüllt, so als ob der Weg vorher geebnet worden wäre. Ihre Absicht erreicht das gewünschte Ziel in einer geraden Linie, wie im folgenden Diagramm dargestellt.

Absicht → Durchführung

Eine bewusste Absicht zu haben, ist die Art und Weise, wie das Bewusstsein etwas zu einem erfolgreichen Ausgang bringt, ohne Fehltritte auf dem Weg. Bei einfachen Vorhaben – den Arm heben, Auto fahren, telefonieren – ist der Weg zum Erfolg so automatisch, dass wir nur selten darüber nachdenken. Doch eine Störung auf dem Weg kann den gesamten Prozess blockieren. Ich kenne eine Frau, die sich eines Abends nach einem Restaurantbesuch mit dem Auto auf den Heimweg machte. Nach einem Glas Wein und einem guten Essen fühlte sie sich entspannt. Auch ihr Mann war dabei und hatte sich auf die Rückbank gesetzt. Sie fuhr auf der Landstraße bis zu einer T-Kreuzung, an der sie links abbog. Zwar hatte sie an der Kreuzung kurz angehalten, aber nur flüchtig nach rechts geschaut. Einen Augenblick später krachte ein Sattelzug in das Auto, und sie entkam dem Tod nur ganz knapp.

Nach diesem Unfall traute sich nicht mehr ans Steuer eines Autos und überließ das Fahren ganz ihrem Mann, der bei dem Aufprall glücklicherweise nur leichte Halsverletzungen erlitten hatte. Doch das Trauma hinterließ auch bei ihm seine Spuren. Er hatte kaum noch Appetit und verlor innerhalb weniger Monate zehn Kilo Körpergewicht. Ich schreibe dieses Buch drei Jahre nach dem beschriebenen Unfall, und noch immer ist die Frau psychisch nicht in der Lage, sich hinter das Lenkrad eines Autos zu setzen, nicht einmal auf einer fast kaum befahrenen kleinen Straße in ihrem Wohnviertel. Derselbe Verstand, der das Autofahren gelernt hat – eine Fähigkeit, die einige Psychologen als die komplexeste erachten, die die meisten Menschen im Alltag beherrschen – ist jetzt wie gelähmt. Es spielt keine Rolle, dass die Frau fahren will. Ihr Wunsch ist blockiert worden.

Es gibt unzählige Wege, auf denen ein unerwünschtes Ergebnis eintritt, aber ein allgemeines Muster lässt sich wie folgt skizzieren:

Absicht → ← Widerstand

Jede Situation, in der Sie durch innere oder äußere Einflüsse blockiert sind, passt in dieses Diagramm. Sie wollen etwas tun (Absicht), stoßen aber auf Widerstand. Halten Sie einen Moment inne und überlegen Sie, was Ihnen besonders schwerfällt, an sich zu ändern. Für den einen Menschen mag es das Gewicht und das Körperbild sein, für den anderen der Mangel an Liebe, für wieder einen anderen das Gefühl der Frustration in einer Beziehung. Wenn Sie so ein Beispiel für das Feststecken bei sich gefunden haben, werden die folgenden Punkte mit großer Wahrscheinlichkeit zutreffen.

Sie haben dieses Problem schon seit geraumer Zeit.
Sie haben oft darüber nachgedacht.
Sie haben keine Fortschritte bei der Lösung des Problems gemacht, oder die Fortschritte waren nur vorübergehend.
Niemand hat Ihnen wirklich nützliche Ratschläge zu diesem Thema gegeben.
In Ihren schlimmsten Momenten fühlen Sie sich hilflos, hoffnungslos oder beides.
Sie probieren es immer wieder mit Problemlösungen, die schon beim ersten Mal nicht funktioniert haben.
Am Ende finden Sie sich einfach mit dem Problem ab.

Das ist kurz und bündig wie der Widerstand die Oberhand gewinnt. Jeder ist mit Einschränkungen belastet, die durch Widerstände entstehen. »Ich« ist Teil dieses Prozesses, denn das Ego ist geprägt von Enttäuschungen in der Vergangenheit, wann immer Dinge nicht nach Wunsch liefen. Die ganze Frage des Feststeckens hängt von einer einfachen Tatsache ab: Erfahrungen kommen und gehen, aber manche hinterlassen einen bleibenden Eindruck. Diese Eindrücke fallen in ein Spektrum von sehr oberflächlich bis sehr tief. Der erste Eindruck, den man von einer anderen Person bekommt, kann zu dauerhafter Feindseligkeit oder lebenslanger Liebe führen, aber in der Regel liegt es irgendwo dazwischen. Ihre Erziehung hat Sie nachhaltig geprägt, obwohl Sie damals keine Ahnung hatten, dass dies so sein würde. Tiefe Eindrücke verweilen; oberflächliche verflüchtigen sich schnell wieder – der Film, der Sie zum Weinen brachte, bleibt Ihnen vielleicht ein paar Stunden oder länger im Gedächtnis haften, aber nur wenige Filme bleiben Ihnen in nachhaltiger Erinnerung. Es gibt keine Möglichkeit, die guten und schlechten Eindrücke zu quantifizieren, die in den frühen Erfahrungen eines Kindes entstanden sind. Ohne Zweifel sind wir von diesen Erfahrungen geprägt. Gleichzeitig kompensieren wir aber auch die schlechten Erfahrungen und machen mit unserem Leben weiter.

Dieses Reaktionsmuster negiert nicht die Tatsache, dass die gegenwärtigen Lösungen, um sich zu befreien, im Allgemeinen wirkungslos sind. Die Weitergabe von Informationen allein reicht nicht aus. Das zeigt sich zum Beispiel an der Tatsache, dass fast ein Viertel der amerikanischen Erwachsenen immer noch raucht – mehr als fünfzig Jahre nachdem der Zusammenhang zwischen Rauchen und Lungenkrebs von der Gesundheitsbehörde einwandfrei bestätigt wurde. Und Nährwertkennzeichnungen auf verpackten Lebensmitteln haben fast nichts dazu beigetragen, die Adipositas-Epidemie im Land aufzuhalten. Die traditionelle Psychotherapie hat bei den häufigsten Formen psychischer Leiden eine ebenso schlechte Erfolgsbilanz. Der Multimilliarden-Dollar-Markt für Antidepressiva und Beruhigungsmittel zeugt vom Scheitern der Schulmedizin, wobei diese Medikamente lediglich bei einem bestimmten Prozentsatz der Patienten die Symptome verbessern. Bis heute hat die medizinische Wissenschaft noch keine wirklichen Heilmittel für Depressionen und Angststörungen gefunden.

Je mehr wir auf Widerstand stoßen, desto eher definieren wir uns selbst auf einschränkende Weise. »Ich bin deprimiert« oder »Ich habe Angst« wird zum Teil des Selbstbildes eines Menschen, wenn der Zustand lange genug anhält. Manchmal geben wir uns selbst die Schuld für enttäuschende Ergebnisse; ein anderes Mal schieben wir die Schuld auf die äußeren Umstände. Wir scheinen unweigerlich unsere Erwartungen zu senken, wenn unsere Träume nicht in Erfüllung gehen.

Eine der Hauptursachen für Unzufriedenheit sind gesenkte Erwartungen. Aus der Sicht des Bewusstseins sollten die Erwartungen uneingeschränkt sein. Indem wir uns befreien, verbessern sich die Aussichten auf höhere Erwartungen stetig. Und doch muss täglich die Erfahrung, auf Widerstand zu stoßen, bewältigt werden, bevor höhere Erwartungen Wirklichkeit werden können.

Vollkommene Meditation

Lektion 12: Widerstand

Wenn das Leben Ihnen Widerstand leistet, müssen Sie etwas tun. Stellen Sie sich vor, Sie sind auf Reisen und stellen am Flughafen fest, dass Ihr Flug Verspätung hat. Es ist sehr wichtig für Sie, dass Sie den Anschlussflug bekommen, was durch die Verspätung nun aber zweifelhaft erscheint. Das Leben durchkreuzt Ihre Pläne, was tun Sie also? Die meisten Menschen entscheiden sich in der beschriebenen Situation für eine der folgenden Möglichkeiten:

Einfach sitzen und warten und innerlich brodeln.
Herumlaufen oder ein Buch lesen, um sich von der Situation abzulenken.
Sich am Check-in-Schalter beschweren.
Verhandeln, um einen anderen Flug nehmen zu können.
Den Termin auf den nächsten Tag verlegen und nach Hause gehen.

Wer sehr reich ist, kann sich kurzfristig ein Privatflugzeug organisieren. Und wenn alle Flüge aufgrund der Wetterbedingungen ausfallen, gibt es noch die Option, mit dem Zug zu fahren. Die Bandbreite der Reaktionsmöglichkeiten ist so groß, dass wir uns manchmal kaum entscheiden können. Wir sind dann unruhig und innerlich zerrissen. Ein verspäteter Flug ist ein einfaches Problem. Aber in anderen Situationen, etwa am Arbeitsplatz oder in persönlichen Beziehungen, kann es schon komplizierter werden.

Feststecken ist das Ergebnis, wenn der *Widerstand siegt*. Vorwärtsbewegung ist das Ergebnis, wenn Ihre Absicht siegt. Es liegt an Ihnen, wie es ausgeht.

Wenn der Widerstand siegt, liegt das daran, dass Sie sich gewöhnlich für eine oder mehrere der folgenden Reaktionen entscheiden, sobald Sie auf Widerstand stoßen:

Sie geben der Wut, Verbitterung oder Angst nach.
Sie verlieren die Übersicht über Ihre Optionen.
Sie greifen auf frühere Reaktionen zurück, die wahrscheinlich nicht funktionieren werden.
Sie schwanken, weil Sie Zweifel haben.
Sie suchen einen Schuldigen.
Sie geben auf, weil »es« zu stark ist, um dagegen anzukämpfen.
Sie werden zum Opfer.
Sie bahnen sich rücksichtslos den Weg durch das Hindernis hindurch.
Sie lassen die Sache auf sich beruhen, ohne eine Lösung gefunden zu haben.
Sie bitten jemand anderen, das Problem für Sie zu lösen.

Die obige Auflistung ist die Anatomie der Frustration. Keine der Reaktionen holt Sie aus dem Zustand des Feststeckens heraus. Selbst wenn sich die Taktik kurzfristig als erfolgreich erweist, werden Sie, wenn Sie das nächste Mal auf Widerstand stoßen, erneut in einen Zustand innerer Unruhe geraten und in irgendeiner Form um sich schlagen, um den Widerstand zu überwinden. Manche Menschen entscheiden sich jedes Mal für die gleiche Reaktion. Sie geben zum Beispiel immer nach und tun nichts oder versuchen prinzipiell, mit Gewalt ans Ziel zu kommen. Solche Menschen stecken fest, und dieses Problem wollen wir zu lösen versuchen.

Wenn dagegen *Sie* den Widerstand *besiegen*, haben Sie sich für eine oder mehrere der folgenden Optionen entschieden:

Sie geben der Wut, Verbitterung oder Angst nicht nach.
Sie können Ihre möglichen Optionen klar erkennen.
Sie greifen nicht auf frühere Reaktionen zurück, die wahrscheinlich nicht funktionieren.
Sie treffen im Zweifelsfall keine Entscheidungen.
Sie geben niemandem die Schuld, auch nicht sich selbst.

Sie kämpfen nicht mit sich selbst oder anderen.

Sie vertrauen auf ein gutes Ergebnis.

Sie bahnen sich nicht rücksichtslos den Weg durch das Hindernis hindurch.

Sie bleiben offen für unerwartete Lösungen.

Wie Sie sehen können, sind eine ganze Reihe von Faktoren im Spiel, wenn Sie in Ihrem Leben auf Widerstand stoßen, aber die meisten Menschen begreifen die Komplexität der Dinge nicht wirklich und reagieren immer mit dem gleichen Reflex auf Widerstand. Viele eheliche Auseinandersetzungen zum Beispiel wiederholen sich immer wieder nach demselben Muster. Aber es wäre sinnlos zu versuchen, jeden Punkt auf der Liste der Dinge anzugehen, die zusammenwirken, wenn der Widerstand siegt.

Das Fazit ist klarer: Entweder der Widerstand gewinnt oder Sie gewinnen. Das ist keine übermäßige Vereinfachung, sondern geht zurück auf die Grundannahme, dass, wenn wir im Gleichgewicht sind, der geistige Körper mit dem vollkommenen Bewusstsein in Einklang gebracht wird. Nur ein vollkommenes Bewusstsein kann alle verschiedenen Elemente, die im Spiel sind, kontrollieren. Dies gilt für das Leben einer Zelle ebenso wie für unser Leben als Mensch.

5

BEFREIEN SIE SICH

Das Loslösen findet ganz im Bewusstsein statt, denn dort spielen sich alle Erfahrungen ab. Die vollkommene Meditation macht sich diese Tatsache in perfekter Weise zunutze. Wenn Sie etwas nicht vergessen oder jemandem etwas nicht verzeihen können, gibt es kein körperliches Heilmittel. Nur das Bewusstsein kann das Bewusstsein verändern. Gedächtnislöschende Medikamente gibt es nicht, und wenn es sie gäbe, ist es schwer vorstellbar, wie ein solches Medikament gezielt schlechte Erinnerungen ausmerzen und die guten intakt lassen könnte.

Es gibt physische Spuren wie Fingerabdrücke an einem Tatort oder Fußabdrücke im Schnee. Aber auch das Bewusstsein hinterlässt Spuren. Die Suche nach Antworten in den Gedächtniszentren des Gehirns ist hier wenig Erfolg versprechend. Man braucht ein Gehirn, um sich an Dinge zu erinnern, so wie man ein Fernsehgerät braucht, um elektronische Signale in Bilder auf einem Bildschirm umzuwandeln. Wenn Sie den Fernseher aus einem Fenster im dritten Stock werfen, wird er Ihnen keine Bilder mehr anzeigen, die Signale jedoch bleiben davon unbeeinflusst.

In ähnlicher Weise erzeugt das Gehirn Gedanken, Bilder und Erinnerungen aus Signalen, die vom Bewusstsein ausgehen. Wenn Sie eine Gehirnerschütterung erleiden, kann das Gehirntrauma eine vorübergehende Amnesie verursachen, und offensichtlich ist der dauerhafte Gedächtnisverlust einer der gefürchtetsten Aspekte der Alzheimer-Krankheit. Bei Gehirnverletzungen und Demenz wird das Gedächtnis geschädigt, aber das sagt wenig über das normale Gedächtnis aus. Das normale Gedächtnis bleibt vielmehr ein fast gänzliches Rätsel. Es stimmt, dass die Gedächtnisforschung in den letzten Jahrzehnten viele neue Erkenntnisse gewonnen hat, die weit über das hinausgehen, was Medizinstudenten früher gelehrt wurde. Nach allem, was wir früher über das Gedächtnis wussten, hätte der Kopf ebenso gut mit Sägemehl gefüllt sein können. Heute können Forscher bei Menschen falsche Erinnerungen schaffen und bei Versuchstieren Erinnerungen löschen. Beides schaffen wir aber eigentlich auch ganz gut alleine.

Der gefeierte englische Neurologe Oliver Sacks war im Herbst 1940, als die Angriffe der deutschen Luftwaffe auf London begannen, sieben Jahre alt. Seine Familie lebte in der Zone, in der deutsche Militärflugzeuge Brandbomben abwarfen. Dabei handelte es sich um Bomben, die nicht mit Sprengstoff, sondern mit leicht brennbaren Chemikalien wie Magnesium, Phosphor oder entflammbarem Petroleum (Napalm) gefüllt waren. Ihr Zweck war es, Flächenbrände zu verursachen und Angst und Schrecken unter der Bevölkerung zu verbreiten. Sacks erinnerte sich daran, wie sein Vater nach dem Fall einer Brandbombe mit Wassereimern in den Hinterhof rannte, nur um feststellen zu müssen, dass sich die Flammen weiter ausdehnen, wenn Wasser auf ein Magnesium- oder Phosphorfeuer gegossen wird. Das Feuer wird dadurch letztendlich noch schlimmer.

Erst Jahrzehnte später, als Sacks sich daran machte, seine Autobiografie zu schreiben, erfuhr er von seinem älteren Bruder, dass keine dieser lebhaften Erinnerungen stimmte. Wie alle kleinen Kinder war Sacks während der Luftschlacht um England nämlich aufs Land geschickt worden. Er befand sich gar nicht in London, als die Brandbomben in den Hinterhof fielen. Sein älterer Bruder hingegen hatte alles miterlebt, und Sacks hatte die Erzählungen des Bruders zu seinen eigenen Erinnerungen gemacht. Seine wirkliche Erinnerung, nämlich die an die Abwesenheit von zu Hause auf dem Land, war also gelöscht und durch eine falsche Erinnerung ersetzt worden.

Da wir im Grunde keine Ahnung haben, wie Gedanken überhaupt entstehen, tappen wir im Dunkeln, wenn es um das Verständnis geht, wie sie erinnert oder vergessen werden. Auf Sanskrit gibt es den Begriff *Samskara*, der unbewusste geistige Eindrücke bezeichnet, die unserem Verhalten zugrunde liegen. Es gibt positive Samskaras, wie musikalisches oder künstlerisches Talent, oder negative, wie eine Neigung zur Gewalt.

Die Samskaras entstehen in der Vergangenheit und sind im Unterbewusstsein gespeichert. Wenn sie an die Oberfläche des Bewusstseins dringen, wird dies Erinnerung genannt. Niemand weiß aber, warum die eine Erinnerung einen unauslöschlichen Eindruck macht und die andere nicht. Ein Anhaltspunkt ist die Emotion. Wenn mit einer Erfahrung eine starke Emotion verbunden ist, ist die resultierende Erinnerung wahrscheinlich auch intensiver und lebendiger. Deshalb erinnern Sie sich an Ihren ersten Kuss, aber nicht an die Farbe des Autos Ihres Nachbarn im selben Jahr. Es ist ziemlich offensichtlich, dass starke Emotionen Erinnerungen unauslöschlicher machen als neutrale Erlebnisse, die keine intensiven Gefühle hervorrufen. Jeder, der 1963 schon erwachsen war, weiß noch, wo er die Nachricht vom Attentat auf US-Präsident Kennedy vernommen hat. Dies ist eines der schockierendsten Ereignisse im kollektiven Gedächtnis der Menschheit, ebenso wie der Unfalltod von Lady Diana. Weniger bedeutendere, persönliche Erinnerungen sind viel flüchtiger.

Gedächtnisforscher sind weit davon entfernt zu wissen, warum das Gedächtnis selektiv, unvollkommen und persönlich ist. Es ist nicht einmal klar, an wie viel von der Vergangenheit man sich erinnert. Einige außergewöhnliche Menschen können jeden Moment ihrer Vergangenheit abrufen, einschließlich des Musters auf der Tapete ihres Schlafzimmers, als sie fünf Jahre alt waren, der Fernsehsendungen, die sie an einem bestimmten Datum gesehen haben, oder, sofern sie sich für Fußball interessieren, wie in der Vorrunde der Fußball-WM 1990 Kamerun gegen Rumänien gespielt hat (2:1). Kurz gesagt, ihre Erinnerung ist lückenlos.

Nur sehr, sehr wenige Menschen verfügen jedoch über ein solches überlegenes autobiografisches Gedächtnis. Niemand weiß, ob ein durchschnittlicher Mensch seine gesamte Vergangenheit im Gedächtnis gespeichert hat oder nicht. Es geht vielleicht auch weniger um das Gedächtnis, sondern um das Abrufen der Erinnerungen. Wir müssen in der modernen westlichen Welt bescheiden genug sein, uns einzugestehen, dass die Genetik vielfach keine besseren Erklärungen für etwas bietet als einfache Alltagserfahrungen. Wenn ein Kind seinen Eltern in irgendeiner Weise ähnelt, ist die Erklärung »Das liegt in der Familie« nicht viel weniger präzise als jene aufgrund der Identifizierung eines bestimmten Gens. In beiden Fällen wird lediglich eine Wahrscheinlichkeit ausgedrückt, und manchmal nicht einmal das. Die Körpergröße eines Menschen wird zum Beispiel von mehr als zwanzig verschiedenen Genen beeinflusst, ebenso wie von der Ernährung und anderen Faktoren in der Kindheit.

Angeborene genialische Veranlagungen lassen sich ebenfalls keine Vorschriften von irgendeinem Gen machen. Auf YouTube können Sie sehen, wie ein siebenjähriges Mädchen, Himari Yoshimura aus Japan, mit schillernder Virtuosität Paganinis Violinkonzert Nr. 1 spielt. Die Tatsache, dass Yoshimura 2019 den ersten Preis bei einem prestigeträchtigen Violinwettbewerb gewann, in einem Alter, in dem so manch andere Kinder erst lernen, ihre Schuhe zu binden, wirft das gegenwärtige Wissen über die Kapazität der frühen Entwicklung des Gehirns völlig über den Haufen.

Ob wir die Samskaras nun eingeprägte Erinnerungen, gemeinsame Familienmerkmale, angeborene Neigungen, Genie, erstaunliche Talente oder Alltagserfahrungen nennen, es stellt sich die Frage, wie wir ihnen entgegenwirken, wenn sie uns beschränken? Dazu bedarf es der Intervention des Bewusstseins. Wir sprechen hier über psychische Einschränkungen – körperliche Samskaras wie eine Erbkrankheit oder ein Geburtsfehler sind ein anderes Thema. Lassen Sie mich veranschaulichen, was mit einer in der Vergangenheit verwurzelten psychischen Einschränkung gemeint ist.

Ein Kind, das in der Schule Schwierigkeiten hat, braucht Unterstützung und Hilfe von Lehrern und Eltern. Wenn es diese Hilfe nicht bekommt, redet eine innere Stimme dem Kind ein: »Niemand wird dir jemals helfen.« Und falls dem Kind, schlimmer noch, das

Gefühl vermittelt wird, dumm zu sein, fängt die innere Stimme an zu sagen: »Du bist nicht gut genug.«

Kürzlich lernte ich einen Mann mittleren Alters – nennen wir ihn Randy – kennen. Er war ein erfahrener Software-Programmierer, hatte aber wenig Selbstvertrauen, und es fiel ihm schwer, sich am Arbeitsplatz zu behaupten. Er erzählte mir von seiner traumatischen Kindheit: In der ersten und zweiten Klasse hatte er große Mühe mit dem Unterrichtsstoff und war dadurch sehr gehemmt und sprach kaum. Die Lehrer stuften ihn als lernbehindert ein, und seine Eltern stimmten zu, ihn in eine Sonderschulklasse zu schicken. Dort zeigte er weiterhin schlechte Leistungen, und die Nähe von Kindern, die aufgrund von Verhaltensproblemen in die Klasse gesteckt worden waren, machte ihm Angst.

Zwei Jahre vergingen auf diese Weise, bevor seine Eltern zum ersten Mal bemerkten, dass es Randy schwerfiel, einen Ball zu fangen. Bei einer Augenuntersuchung wurde dann extreme Kurzsichtigkeit festgestellt. Es kam heraus, dass Randy eigentlich einen überdurchschnittlich hohen IQ hatte, aber in der Schule nicht mithalten konnte, weil er schlichtweg nicht lesen konnte, was auf der Tafel geschrieben stand. Er wurde daraufhin wieder von einer normalen Schule aufgenommen und zeigte, jetzt mit Brille, gute Leistungen. Die zwei Jahre, in denen er missverstanden und als Versager angesehen worden war, hatten ihn jedoch schwer gezeichnet.

Als junger Erwachsener begann Randy zu meditieren und konnte sich so von den traumatischen Erlebnissen in seiner Kindheit allmählich etwas befreien. Er identifizierte sich nicht mehr damit, und wenn die alten verletzenden Erinnerungen gelegentlich wieder auftauchten, fühlte er sich weniger schlecht. Er ließ die Vergangenheit hinter sich. Der Prozess, sich von der Prägung durch Samskaras zu lösen, kann auf natürliche Weise geschehen, wenn das Ego, das tief in der Vergangenheit verwurzelt ist, einem erweiterten Selbstgefühl Platz macht (in Randys Fall mithilfe von Meditation).

Randys Geschichte erinnerte mich an ein Sprichwort, das ich zum ersten Mal als Kind in Indien gehört hatte: Samskaras werden zuerst in Stein, dann in Sand, dann im Wasser und schließlich in der Luft geschrieben. Dies drückt auf poetische Weise aus, wie das Bewusstsein die Wirkung von Eindrücken aus der Vergangenheit abschwächt. Aber wie lässt sich dieser Prozess praktisch veranschaulichen? Um diese Frage zu beantworten, müssen wir uns genauer ansehen, wie Erfahrungen aus der Vergangenheit überhaupt haften bleiben.

Vollkommene Meditation

Lektion 13: Anhaftung

Haftend ist eine passende Umschreibung für Erfahrungen, die einen tiefen Eindruck hinterlassen und kleben bleiben. Das Bild der Anhaftung ist anschaulich, aber es ist nur ein Bild. Niemand kann vorhersagen, welche Erfahrungen haften bleiben und welche sich wieder verflüchtigen, ohne einen Eindruck zu hinterlassen. Im Vordergrund steht für uns sowieso die Gegenwart. Das Loslösen geschieht hier und jetzt. Erklärungen aus der Vergangenheit sind faszinierend, aber nicht wirklich relevant. Gedächtnisstudien haben zum Beispiel gezeigt, dass der Erinnerung an etwas Traumatisches in der Vergangenheit, wie zum Beispiel, dass man als Dreijähriger im Supermarkt in Panik geriet, weil die Mutter verschwunden war, vielfach nicht zu trauen ist. Oftmals verschmelzen in der Erinnerung mehrere Panikerlebnisse, die man im Gedächtnis nicht mehr auseinanderhalten kann. Außerdem sind die Details solcher Erinnerungen eher traumartig als fotografisch. Möglicherweise hatten Sie Ihre Mutter auch in einem Möbelhaus oder auf einem großen Parkplatz aus den Augen verloren.

Im Grunde kann man sich der »Anhaftung« durch zwei ihrer Aspekte nähern: Überzeugung und Emotionen. Erfahrungen bleiben an uns haften, wenn wir überzeugt sind, dass sie unserer persönlichen Geschichte etwas Wahres hinzufügen, und sie haften noch fester, wenn sie emotional aufgeladen sind. Lassen Sie uns zuerst den Aspekt der Überzeugung betrachten. Halten Sie einen Moment inne und denken Sie an eine persönliche Eigenschaft, von der Sie glauben, dass sie auf Sie zutrifft, formuliert als »Ich bin ___.« Füllen Sie die Lücke mit einem positiven Begriff wie *sympathisch, attraktiv* oder *intelligent*. Möglicherweise fällt Ihnen das gar nicht so leicht, weil einem vielfach eher negativ besetzte Wörter einfallen, um sich selbst zu beschreiben, wie *unsozial, ungeschickt* oder *unscheinbar*.

Welche Eigenschaft Sie auch immer gewählt haben, sie kam nicht aus heiterem Himmel. Sie war Ihnen als Überzeugung unter Bedingungen eingeprägt worden, die dafür sorgten, dass sie haften blieb. Auf verwurzelte Überzeugungen treffen im Allgemeinen die folgenden vier Aussagen zu:

Wir glauben der ersten Person, die uns etwas gesagt hat.
Wir glauben Dinge, die oft wiederholt werden.
Wir glauben den Menschen, denen wir vertrauen.
Wir haben keine gegenteilige Aussage gehört.

Egal, ob Sie glauben, dass Sie attraktiv oder unattraktiv sind, es wäre typisch, dass die erste Person, die Ihnen das gesagt hat, Ihr Vater oder Ihre Mutter war. Mit diesem einmal eingepflanzten Samenkorn hörten Sie immer und immer wieder das Gleiche oder machten wiederholte Erfahrungen, die die Annahme noch verstärkten. Als kleines Kind vertrauten Sie Ihren Eltern und glaubten, was sie Ihnen erzählten. Und später im Leben hat niemand dieser Aussage von damals widersprochen.

Persönliche Dinge, die uns unsere Eltern erzählt haben, die sogenannten normativen Aussagen, sind besonders stark. »Du bist faul«, »Du bist nicht so hübsch wie andere Mädchen« oder »Du wirst nie viel wert sein« werden von kleinen Kindern als Fakten angesehen. In Wirklichkeit sind sie von subjektiven Werten oder Normen durchdrungen. Die Aussage »Du hast eine Eins in Mathe« hat kaum eine subjektive Wirkung im Vergleich zu einer normativen Aussage wie »Wow, du hast eine Eins in Mathe bekommen, du bist echt super«. Letztere Aussage wird viel wahrscheinlicher haften bleiben.

Die anhaftenden Dinge, die Ihnen über sich selbst erzählt wurden, sind Ihnen als Samskaras eingeprägt. Der Eindruck kann tief oder oberflächlich sein und wird zu einem Bestandteil Ihrer Lebensgeschichte. Der Einfluss, den ein anhaftendes Erlebnis ausübt, ist individuell ganz verschieden. Wenn Ihnen zum Beispiel gesagt wird, dass Sie nicht so hübsch sind wie andere Mädchen, kann das zu ganz unterschiedlichen Reaktionen bei Ihnen führen: Sie könnten Frauen beneiden, die Sie für schöner halten; Sie könnten denken, schön sei gleich dumm; Sie könnten Ihr persönliches Aussehen vernachlässigen oder sich umgekehrt auf Kosmetika fixieren – jede Reaktion ist möglich.

Es gehört zum Erwachen dazu, den Unterschied zwischen Realität und Illusion zu erkennen. Das Bewusstsein wirkt sich auf alle Aspekte Ihres Lebens aus, aber Sie können sich auch auf Überzeugungen konzentrieren, die Sie unbewusst angenommen haben. Sich anhaftender Überzeugungen bewusst zu werden, erfordert eine Analyse – man sieht sich die vier Elemente hinter starken Überzeugungen an und fragt:

Wer hat mir das zuerst gesagt?
Wurde es oft wiederholt?
Warum habe ich der Person vertraut, die es mir gesagt hat?
Gibt es einen Grund, das Gegenteil anzunehmen?

Mit anderen Worten, man kehrt die Erfahrungen um, die dazu führten, dass die Überzeugung haften blieb, und indem man sie umkehrt, haftet der Glaube immer weniger. Wenn Ihre Mutter sagte, dass Sie nicht hübsch seien, oder Ihr Vater, dass Sie faul seien, warum sollten Sie ihnen automatisch vertrauen? Es spielt keine Rolle, wie oft Sie solche Aussagen früher gehört haben. Jetzt, da Sie erwachsen sind, können Sie die Meinung von den Fakten trennen. Denken Sie an Erfahrungen, die gezeigt haben, wie attraktiv Sie in den Augen anderer Menschen sind oder mit wie viel Elan Sie sich für eine Aufgabe eingesetzt haben.

Es geht darum, mit dem geschädigten Kind in Ihnen in Kontakt zu treten, anstatt zuzulassen, dass es weiterhin diktiert, was Sie glauben. Die wichtigsten Bereiche, auf die Sie sich konzentrieren müssen, sind Ihre tiefsten persönlichen Überzeugungen, die sogenannten Kernüberzeugungen.

Ist das Leben fair?
Kann man anderen Menschen vertrauen?
Gibt es eine höhere Macht im Universum?
Triumphiert das Gute über das Böse?
Sollte ich das Beste erwarten oder mich auf das Schlimmste vorbereiten?
Sollte meine Haltung entspannt oder wachsam sein?
Bin ich sicher?
Werde ich von anderen geliebt, umsorgt und unterstützt, oder kann ich mich nur auf mich selbst verlassen?
Bin ich gut genug und freundlich genug?

Sie haben sicherlich irgendeine Meinung zu all diesen Dingen, auch wenn einige Fragen von größerer Relevanz für Sie sein werden als andere. Es gibt keine objektiv richtigen Antworten, an denen Sie sich orientieren können. »Ich bin sicher« oder »Ich bin liebenswert« sind subjektive Bewertungen. Sie wurzeln darin, wie die Ego-Persönlichkeit konstruiert wurde. Als Erwachsener können Sie erkennen, dass Ihre Kernüberzeugungen viel mit Ihrem Elternhaus zu tun haben. Entweder Sie haben die subjektiven Meinungen Ihrer Eltern übernommen oder aber Sie vertreten im Gegenteil heute ganz andere Meinungen. Auf diese Weise wird »Ich« aus einem Wertesystem erschaffen, das im Wesentlichen aus zweiter Hand stammt.

Wenn Sie erkennen, wie brüchig selbst Ihre innersten Überzeugungen tatsächlich sind, haben Sie der Realität ins Auge gesehen. Jetzt sind Sie frei, Ihre eigenen Kernüberzeugungen zu bilden. Genau das ist es, was erwachsene Menschen tun. Sie haben ihre eigenen persönlichen Werte, sie treffen ihre Urteile auf der Grundlage tatsächlicher Gegebenheiten und direkter Erfahrungen. Sie lassen sich nicht unangemessen durch Meinungen anderer beeinflussen. Das sind psychologisch betrachtet gute Entwicklungen, aber im Grunde sind alle Überzeugungen illusorisch. Sie führen zu undifferenzierten Annahmen – wie dem Denken, dass das Leben unfair ist oder dass man anderen Menschen nicht trauen kann –, die von Natur aus unzuverlässig sind. Das Leben ist nicht komplett fair oder unfair. Und der nächste Mensch, den sie treffen, kann total vertrauenswürdig oder ein Schwindler sein.

Die Lösung besteht darin, über alle Überzeugungen hinauszugehen. Dies ist das Ziel der vollkommenen Meditation. Indem Sie in der Gegenwart ohne den Ballast alter Überzeugungen leben, sind Sie sich der Situation bewusst, in der Sie sich befinden. Der Sinn des Analysierens Ihrer Kernüberzeugungen besteht darin, sich von ihnen zu verabschieden. Eine falsche Überzeugung ist das Fossil unzuverlässiger Gedanken in Ihrer Vergangenheit. Es gibt keinen Grund, daran festzuhalten.

Der zweite Aspekt der Anhaftung ist, dass sie emotional ist. Emotionen haften besser als Fakten. Wenn Sie als kleines Kind von einem aggressiven Hund angegriffen wurden, wird die Tatsache, dass die meisten Hunde harmlos sind, Ihre Einstellung zu ihnen nicht ändern. Wegen Stotterns gehänselt zu werden, ist verletzend, auch wenn Ihre Eltern Ihnen vielleicht sagen, dass bei den meisten Stotterern das Problem irgendwann verschwindet.

Vorhin habe ich erwähnt, dass eine winzige Anzahl von Menschen, weltweit sind es nicht mehr als etwa zwei Dutzend, die Fähigkeit haben, sich mit fotografischer Genauigkeit an jedes Ereignis in ihrer Vergangenheit zu erinnern. Ein überragendes autobiografisches Gedächtnis ist jedoch nicht so neutral wie zum Beispiel Fotos. Jede Erinnerung wird von der mit dem Ereignis einhergehenden Emotion begleitet. Eine Frau, die über ein solches Gedächtnis verfügt, erzählte, wie leidvoll es sein kann, sich an all die Male zu erinnern, als die Mutter ihr sagte, sie sei zu dick.

Der anhaftendste Teil einer Erinnerung ist ihre emotionale Aufladung, die einige Psychologen als unsere emotionale Verpflichtung aus der Vergangenheit bezeichnen. Wir halten hartnäckig an alten Ressentiments, Ängsten und verletzten Gefühlen fest. Wenn sich positive und negative elektrische Ladungen in den Wolken aufbauen, sehen und hören wir die explosive Entladung in Form von Blitz und Donner. Beim Menschen geschieht das Gleiche, wenn jemand sagt »Jetzt reicht es mir aber!« und dann seinen ganzen angestauten Ärger herauslässt.

Der Trick besteht darin, emotionale Energie zu entladen, ohne dass es zu einer plötzlichen Explosion kommt. Es gibt Wege, alte Wut, Angst und Ressentiments loszulassen, bevor sie sich aufschaukeln. Falls sich bei Ihnen bereits eine Menge solcher Gefühle angestaut hat, können Sie die nachstehend beschriebenen Techniken ebenfalls nutzen. Seien Sie sich einfach im Klaren darüber, dass es umso länger dauert, Emotionen loszulassen, je länger Sie sie festgehalten haben.

WIE MAN SICH VON ANHAFTENDEN EMOTIONEN BEFREIT

Die folgenden Techniken zum Auflösen anhaftender Gefühle sind einfach und natürlich. Es liegt in der Natur der Dinge, dass Gefühle mal stärker und mal schwächer werden. Meistens reicht eine Abkühlphase aus, damit Sie sich wieder beruhigen. Anhaftende Emotionen aber verschwinden nicht von selbst. Helfen Sie ihnen, sich durch die folgenden Techniken aufzulösen:

TECHNIK Nr. 1: Wenn Sie eine unangenehme Emotion empfinden, die andauert, zentrieren Sie sich und machen Sie langsame und tiefe Atemzüge, bis Sie spüren, dass die emotionale Aufladung nachlässt.

TECHNIK Nr. 2: Wenn Sie wahrnehmen, wie ein Gefühl in Ihnen aufsteigt, das Sie schon lange mit sich herumtragen, dann sagen Sie: »So war es einmal. Ich bin jetzt in einer ganz anderen Lebensphase. Geh weg.«

TECHNIK Nr. 3: Wenn die Emotion besonders hartnäckig ist, setzen Sie sich ruhig hin, mit geschlossenen Augen und erlauben Sie sich selbst, die Emotion zu spüren. Spüren Sie sie nur leicht, ohne darin zu versinken. Atmen Sie tief ein und langsam aus und lassen Sie die emotionale Energie aus Ihrem Körper frei. Es könnte helfen, wenn Sie sich Ihren Atem als ein weißes Licht vorstellen, das das giftige Gefühl aufnimmt und vollständig aus Ihnen herausträgt.

TECHNIK Nr. 4: Wenn Sie keine spezifische Emotion empfinden, sondern eher ganz allgemein niedergeschlagen und traurig sind, setzen Sie sich ruhig hin, und richten Sie Ihre Aufmerksamkeit auf die Region Ihres Herzens. Visualisieren Sie dort ein kleines weißes Licht und lassen Sie es sich ausdehnen. Beobachten Sie das weiße Licht, wie es sich ausweitet und allmählich Ihren ganzen Brustraum erfüllt. Lassen Sie es sich noch weiter ausdehnen, bis in den Hals hinein und den Kopf. Am Scheitel, der obersten Stelle des Kopfes, tritt es dann wieder aus.

Nehmen Sie sich einige Minuten Zeit für diese Übung, bis Sie das Gefühl haben, sie vollständig durchgeführt zu haben. Kehren Sie nun zu Ihrem Herzen zurück und lassen Sie das weiße Licht wieder größer werden, bis es Ihren Brustkorb füllt. Lassen Sie es sich nach unten ausdehnen und nehmen Sie wahr, wie es Ihren Bauch füllt, auch durch die Beine strömt und schließlich durch die Fußsohlen in die Erde austritt.

Diese vier Techniken können einzeln oder alle nacheinander angewendet werden. Es ist jedoch wichtig, Geduld zu haben. Wenn Sie eine Technik anwenden, dauert es einige Zeit, bis sich Ihr gesamtes emotionales System an die Freisetzung der gestauten Emotionen angepasst hat. Möglicherweise fühlen Sie sich nicht sofort besser. Aber die Absicht, anhaftende Emotionen zu lösen, ist mächtig, und die Botschaft dringt in jede Zelle und jeden Winkel Ihres Gewahrseins vor.

Denken Sie auch daran, dass Emotionen sich lösen wollen, das liegt in ihrer Natur. Sie werden Sie also verlassen, wenn Sie ihnen einen Weg bahnen, dem sie folgen können. Es ist Ihre Entscheidung, ob Sie sie loslassen oder ob Sie Gründe haben, an ihnen festzuhalten. »Ich« fühlt sich im Recht, einen Groll gegen jemanden zu hegen, nachtragend zu sein, sich auch wegen Kleinigkeiten aufzuregen und Rachefantasien nachzuhängen. Ihr wahres Selbst hat keine solchen Absichten. Als sensibler Mensch, werden Sie beim nächsten Mal, wenn Sie emotional ausrasten oder jemanden anderen dabei beobachten, feststellen, dass das Ego eine Art selbstgerechtes Vergnügen daraus zieht, seinen gespeicherten Zorn zu zeigen.

Diese Art von Vergnügen ist aber nie von Dauer. Auf lange Sicht halten anhaftende Emotionen Sie an das Ego gefesselt und enthalten Ihnen das erwachte Leben vor. Wenn Sie sich bemühen, alte Emotionen loszulassen und sich ihr Verschwinden aufrichtig wünschen, dann sind das Zeichen dafür, dass Sie erwachen. »Ich« würde, sofern das möglich wäre, auf ewig an giftigen Emotionen festhalten und fälschlicherweise glauben, dass sie es irgendwie wert sind, gehortet zu werden. Was jedoch rein gar nicht der Fall ist.

6

SELBSTBEFÄHIGUNG

Vollkommene Meditation erweitert Ihr Gewahrsein, und mit dieser Erweiterung nimmt die eigene Macht zu. Macht, die auf Gewahrsein beruht, ist nicht nur möglich, sondern entspringt einem automatischen Prozess. Darin liegt ein Geheimnis. Die typischen Vorstellungen von einer mächtigen Person kreisen um soziale Merkmale wie Geld, Status und eine leitende Position. Wie wir leider im Laufe der Geschichte gesehen haben, neigen die wenigen, die große Macht erlangen, dazu, diejenigen, die weniger Macht haben oder sich machtlos fühlen, als minderwertig zu behandeln.

Die eigentliche Quelle der Macht ist geheimnisvoll, und wenn reiche und prominente Persönlichkeiten des öffentlichen Lebens sich ehrlich äußern, können sie oft selbst nicht erklären, wie sie ganz nach oben gelangt sind. Die meisten sagen dann, dass das Glück eine große Rolle gespielt hat – sie waren einfach zur richtigen Zeit am richtigen Ort. Wenn wir den Faktor Glück aber einmal beiseitelassen, kommen wir schnell zur Selbstbefähigung, mit der wir uns nachstehend etwas näher befassen wollen.

Vielleicht sind Sie mit Ihren bisherigen Lebensentscheidungen zufrieden, das wäre ein Zeichen dafür, dass die Dinge gut für Sie laufen. Die meisten Menschen betrachten ihre Lebensentscheidungen rückblickend als eine Mischung aus guten und schlechten Entscheidungen. Wie groß die Erfolge eines Menschen auch sein mögen, sie stehen in keinem Verhältnis zu dem, was möglich wäre, wenn man von einem unendlichen Potenzial ausgeht. In der vollkommenen Meditation definieren Sie Ihre Erwartungen neu, indem Sie Ihrer Quelle des vollkommenen Bewusstseins näher und näher kommen. Dann beginnt die Selbstbefähigung auf sich achtzugeben, was bedeutet, dass Sie sich auf natürliche Weise auf die Bewusstseinsebene ausrichten, die für jede Situation oder Herausforderung das richtige Ergebnis organisiert. Wenn Ihre Wünsche mit positiven Zielen in Einklang stehen, ist das ganze Thema der Befähigung gelöst.

Vollkommene Meditation

Lektion 14: Geringster Aufwand

Ja oder Nein zu sagen, ist wahrscheinlich die grundlegendste Wahl, die Menschen jeden Tag treffen. Diese Entscheidung muss immer wieder gefällt werden, und Menschen, die oft Nein sagen, machen den anderen das Leben schwerer. Ständig Ja zu sagen, ist aber auch nicht unproblematisch. Im Endeffekt wiederholen wir hauptsächlich Entscheidungen, die wir in der Vergangenheit schon oft auf dieselbe Weise getroffen haben. Aus Gewohnheit zu handeln, ist willkürlich. Eltern werden ärgerlich, wenn ein Kind jedes neue Essen mit »Das mag ich nicht« ablehnt, und ihre frustrierte Antwort lautet dann meist: »Du hast es ja noch nicht einmal probiert.« Wenn wir als Erwachsene Neues und Unbekanntes ablehnen, kehren wir im Grunde genommen zu der kindlichen Gewohnheit zurück, ohne Nachdenken Nein zu sagen.

Hier kommt das Thema Widerstand ins Spiel. Wenn Sie in Ihrem Leben auf keine Widerstände stoßen, gibt es viel weniger Gründe, Nein zu sagen. Woher kommen die Widerstände? Wir ärgern uns über Menschen, die sich uns widersetzen, und wehren uns. Wir sollten aber besser dem verborgenen Widerstand in uns selbst Aufmerksamkeit schenken. Die folgenden Punkte sind im Grunde unbestreitbar:

- Andere Menschen akzeptieren einen eher, wenn man sich ihnen nicht widersetzt.
- Um zu bekommen, was man will, muss man oft anderen etwas geben, was sie wollen.
- Zusammenarbeit führt zu besseren Ergebnissen als nicht zusammenzuarbeiten.
- Sie können nicht verhindern, dass jemand anderes so auf Sie reagiert, wie er reagieren möchte.
- Es fällt leicht, Nein zu Dingen zu sagen, die neu und unbekannt sind.

Jeder muss sich im Leben mit diesen Punkten auseinandersetzen, aber wenn man das Wesen des Bewusstseins versteht, verändert sich jeder Punkt auf der Liste. Weil das Bewusstsein vollkommen ist, leistet *es sich selbst nie Widerstand.* Das Meer kann stürmisch werden, doch egal wie unruhig der Wellengang auch ist, das Meer wehrt sich nicht gegen sich selbst. Es geht einfach in einen neuen Modus über, stürmisch statt ruhig. Das Bewusstsein ruft alle Arten von Stürmen im menschlichen Verhalten hervor. Wir müssen uns nicht einfach mit Gewalt, Auseinandersetzungen, Kontroversen und Konflikten abfinden, wie sie sich in der Menschheitsgeschichte immer wieder abgespielt haben. Das alltägliche Leben stellt Sie vor die Möglichkeit, zu kämpfen oder nachzugeben, sich an einem Streit zu beteiligen oder zur Seite zu treten. Es gibt kein Verhaltensmuster, das allen Situationen gerecht wird. Völker jubeln über einen Sieg im Krieg und verehren im nächsten Atemzug einen Pazifisten wie Gandhi.

Diese gegensätzlichen Impulse werden weiter bestehen und ohne eine tiefere Vision im Kriegszustand verharren. Das Bewusstsein ist seinem Wesen nach geordnet und organisiert. Es entfaltet seine Kraft nach dem Prinzip des geringsten Aufwandes. Wir sehen dies in der perfekten Organisation einer Zelle, die kein Molekül Sauerstoff und Nährstoff verschwendet. Die Natur als

Ganzes funktioniert durch die Gesetze der Bewegung, der Wärme, der Schwerkraft usw., die alle eines gemeinsam haben: Sie nehmen den kürzesten Weg von A nach B, weil er den geringsten Aufwand erfordert. Der fallende Apfel, der der Legende nach Isaac Newton sein »Aha!«-Erlebnis über die Schwerkraft bescherte, fiel nicht im Zickzack oder machte einen anderen Umweg. Gerade Linien sind in der Natur die Norm, solange keine Hindernisse im Weg stehen.

Der geringste Aufwand ist nicht nur effizient. Er ist die wirkungsvollste Weise, ein Ziel zu erreichen. Er erzeugt nur wenig Reibung und überwindet Hindernisse so rasch wie möglich. Überträgt man dies in den Alltag, verändert sich die Sichtweise auf die Selbstbefähigung. Sie können jede Wahl so anpassen, dass sie im Einklang mit der geringstmöglichen Anstrengung steht:

- Sagen Sie nicht Nein beziehungsweise seien Sie nicht abwehrend, ohne sich vorher zu entspannen, sich zu zentrieren und Ihr tieferes Gewahrsein reagieren zu lassen. Wenn es eine Chance gibt, zieht es das tiefere Gewahrsein vor, das richtige Ergebnis mit dem geringsten Aufwand zu erzielen. Handeln Sie nicht impulsiv.
- Wenn Sie sich in einer stressigen Situation befinden, sollten Sie sich fragen, ob Ihnen der Weg des geringsten Widerstandes offensteht. Wenn ja, schlagen Sie ihn ein.
- Lernen Sie, öfter zuzulassen und loszulassen, anstatt auf etwas zu bestehen und zu versuchen, die Kontrolle zu übernehmen.
- Ziehen Sie Konsens und Zusammenarbeit vor.
- Schikanieren Sie niemanden, zwingen Sie niemandem etwas auf und streichen Sie »Weil ich es sage, deshalb« aus Ihrem Antworten-Repertoire.
- Holen Sie sich so viel Input von außen wie möglich von Personen, die mindestens genauso gewahr sind wie Sie selbst.
- Meiden Sie Menschen, die sich kaum je an die obigen Prinzipien halten.

Es ist wichtig zu beachten, dass »geringstmögliche Anstrengung« nicht generelles Ja-Sagen oder geistige Faulheit bedeutet. Der Hauptgrund dafür, dass wir nicht bereit sind, sie als Weg zu Bewusstsein und Selbstbefähigung anzunehmen, liegt in der sozialen Konditionierung. In unserer Gesellschaft herrscht der Glaube vor, dass man niemals aufgeben, sich wehren, um jeden Preis zu gewinnen versuchen und den Feind besiegen soll. Vielleicht kommen einem diese Glaubenssätze erst einmal ganz plausibel vor, aber das Bewusstsein zeigt uns einen besseren Weg.

Das Prinzip des geringsten Aufwandes ist hier und jetzt anwendbar. Denken Sie jedoch daran, dass jede Kraft, die aus dem Bewusstsein entsteht, umso stärker wird, je tiefer Ihr Gewahrsein ist. Wenn Sie über einen längeren Zeitraum immer wieder meditieren und das Prinzip des geringsten Aufwandes mehr und mehr praktizieren, werden Sie der Quelle des reinen Gewahrseins näherkommen. Ihre Entscheidungen werden sich verbessern, weil Sie über die ordnende und organisierende Kraft des Bewusstseins verfügen, die Sie unterstützt.

Sobald sich Ihr Ausgangspunkt ändert, ändert sich Ihr ganzer Blick auf die Selbstbefähigung. Stellen Sie sich vor, dass Sie jetzt gleich einen Raum betreten werden, in dem Sie es mit einer Autoritätsperson zu tun bekommen. Mit einem Finanzbeamten, einem Justizangestellten oder Ihrem Chef. Sie wissen nicht, wie diese Begegnung ausgehen wird. Wie fühlen Sie sich? Einige Menschen werden bei dem Gespräch energisch für sich selbst, ihre Arbeit und ihre Meinung einstehen, während andere eher kleinlaut, unterwürfig oder nervös sind.

Sie kennen sich selbst gut genug, um zu wissen, wie Sie wahrscheinlich reagieren würden. Doch Ihre Selbsterkenntnis bezieht sich in diesem Fall eigentlich auf Begrenzungen. Oberflächlich betrachtet könnte die Person mit dem stärksten Ego jemandem, der ruhig und zurückhaltend ist, überlegen erscheinen. Es lässt sich aber nicht vorhersagen, wer die richtigen Entscheidungen treffen wird. Häufig passiert es, dass wir auf Machtmittel aus zweiter Hand zurückgreifen und versuchen, stark, erfolgreich und beherrscht zu wirken, während wir tief im Inneren ratlos sind, wie das Leben eigentlich funktioniert.

Es verwirrt uns, dass wir von der Quelle der Kraft abgekoppelt sind. Der Unterschied zwischen Verbundenheit und Nichtverbundenheit ist klar, wenn man versteht, wie das Bewusstsein funktioniert. Wann immer jemand eine Entscheidung treffen muss, ist der Prozess nicht so rational, wie oft angenommen wird.

Halten Sie einen Moment inne und denken Sie über die letzte wichtige Entscheidung nach, die Sie getroffen haben. Es kann alles sein. Ein neues Haus zu kaufen oder den Arbeitsplatz zu wechseln kommt eher selten vor, aber vielleicht haben Sie den Entschluss gefasst, sich zu einem Thema zu äußern, einem Freund oder Familienmitglied Ratschläge zu geben, eine Präsentation auf der Arbeit zu halten oder eine teure Anschaffung zu machen.

Mitten in Ihrer Entscheidungsfindung kamen Eigenschaften des Bewusstseins ins Spiel. Vielleicht haben Sie sich in der einen oder anderen Lage wiedergefunden:

> Sie waren selbstbewusst und sicher, dass Sie die richtige Wahl treffen würden. Sie hatten ein bestimmtes Ziel vor Augen. Sie hatten die Kontrolle.

Oder

> Sie waren zögerlich, zweifelnd und verunsichert. Sie schwankten auf die eine oder andere Weise. Sie waren sich nicht sicher, ob das Ergebnis Ihren Wünschen entsprechen würde.

Es sind diese Eigenschaften des Gewahrseins, die zeigen, wie stark Sie sich befähigt fühlten, als Sie Ihre letzte wichtige Entscheidung fällten. Sicherlich spielten auch rationale Überlegungen eine Rolle, aber sie waren nur ein Teil des Ganzen. Wenn Sie sich wirklich unentschlossen fühlten, trafen Sie die Entscheidung wahrscheinlich aus einem Impuls heraus. Wer ist schon dagegen gefeit, einen Entschluss zu bereuen?

Wenn Sie zuversichtlich und nicht zweifelnd sein wollen, wie gehen Sie dann vor? Meistens entscheiden sich die Menschen dafür, ihre Zweifel zu verschleiern und selbstbewusster aufzutreten, als sie sich tatsächlich fühlen. Sie weichen darauf aus, ihr Ego-Bild zu schützen, anstatt eine Bewusstseinsebene zu finden, auf der Vertrauen, Orientierung, Gewissheit, Zweck, Bedeutung, Kontrolle und Gelingen die Norm sind. Das Ego wird Sie nicht dorthin bringen. Deshalb ist es ein wichtiger Teil der vollkommenen Meditation, über das Ego hinauszugehen.

Das Ego spielt eine so große Rolle bei unseren Entscheidungsfindungen, dass es schwer ist, sich davon zu lösen. Als Sie gerade meine Behauptung gelesen haben, dass es eine Bewusstseinsebene gibt, auf der Gelingen die Norm ist, wie haben Sie reagiert? Wenn Sie Zweifel oder Skepsis verspürten, reagierten Sie aus dem Ego heraus. Ich meine damit nicht Egoismus, der übertriebenes Ego ist. Im täglichen Leben, ob Sie nun egozentrisch oder bescheiden sind, ist das Ego Ihre individuelle Sichtweise. Es umfasst Ihre Erfahrungen und Erinnerungen, Ihre Gewohnheiten und Überzeugungen, mit anderen Worten, die ganze Geschichte, die Sie bis zu diesem Moment erlebt haben.

Das Ausbrechen aus dem Ego ist so etwas Ungewöhnliches, dass die meisten Menschen gar keine Vorstellung davon haben, was dies bedeuten würde. Das ist völlig verständlich. Reines Bewusstsein hat keine Identität, kein »Ich«, das es zu verteidigen gilt. Es hat keine Verbindungen zu Erinnerungen, Gewohnheiten und alten Konditionierungen, denn nur der gegenwärtige Moment steht bei ihm im Mittelpunkt. Als Erfahrung ist reines Bewusstsein vom Standpunkt des Egos aus gesehen eine Leere. Das Ego registriert eine Erfahrung vor allem über Verlangen und Eigeninteresse. »Ich will X« und »Ich will X nicht« sind vorrangige Erwägungen. Auch »Mir gefällt, wie sich das anfühlt« und »Mir gefällt nicht, wie sich das anfühlt« spielen eine wichtige Rolle, ebenso wie »Ist das gut oder schlecht für mich?«.

Wenn Verlangen und Eigeninteresse fehlen, fühlt sich das Ego erfahrungsleer. Die Erfahrung reinen Bewusstseins beruht darauf, einfach hier zu sein, zu beobachten, zuzulassen und auf die richtige Art und Weise zu handeln, ohne Bedenken oder Eigeninteresse. Das Abstandnehmen stellt die Erfahrung auf den Kopf. Anstatt dass der Geist ständig aktiv und unruhig ist – mit gelegentlichen Momenten der Ruhe, des Friedens und der Gelassenheit – ist man immer in Frieden und gelassen, mit gelegentlichen Momenten, in denen etwas zu denken, zu sagen oder zu tun ist.

Der Kontrast ist so stark, dass viele Menschen den Zustand der ruhigen Gelassenheit ablehnen, in dem sich ihr Geist natürlicherweise befinden möchte. Für sie fühlt sich innere Ruhe an, als ob »nichts los wäre«, also suchen sie eine unmittelbare Quelle der Aktivität und Ablenkung. Ergeht es Ihnen nicht auch ab und zu so, dass Sie nichts anzufangen wissen oder sich irgendwie zapplig fühlen? Plötzlich springen Sie ohne groß nachzudenken auf, um sich einen Imbiss zu holen, Ihre WhatsApp-Nachrichten zu lesen oder im Internet zu surfen, und zwar im Allgemeinen ohne diese Dinge wirklich tun zu müssen. Impulsives Verhalten entsteht aus der Weigerung heraus, einfach nur hier zu sein. Das Ego spürt an einem Ort echter Ruhe und Gelassenheit seine eigene Unruhe, und »nichts ist los« wird zum Auslöser für sinnlose geistige Aktivität.

Man kann von niemandem erwarten, dass er von heute auf morgen von der Ebene des Egos auf die Ebene der grenzenlosen Möglichkeiten springt – ein solcher Sprung ist mehr oder weniger unvorstellbar. Aber wir können auf die Grundwahrheit zurückgreifen, dass das Bewusstsein überall ist und an allem teilhat. Es nimmt an der Art und Weise teil, wie wir unser Leben führen, und bietet uns so einen Mittelpunkt, der völlig menschlich und doch viel weiter ausgedehnt als das Ego ist. In dieser Mitte treffen Sie, das Individuum, auf die ordnende Macht des Bewusstseins, auf die Kraft, die den gesamten geistigen Körper überwacht. Von hier aus stehen alle Vorteile des erwachten Lebens zur Verfügung.

DIE MENSCHLICHE MATRIX

Wenn uns gesagt wird, dass das vollkommene Bewusstsein uns in allem, was wir tun, unterstützt, haben wir das Recht zu fragen: »Was tut es heute für mich?« Dies ist keine egoistische oder anmaßende Frage. Wenn Sie Ihr Leben unter die Lupe nehmen, stellt sich heraus, dass das Bewusstsein nicht nur jeden Tag eine Menge für Sie tut – sondern alles. Bis hierhin habe ich Vergleiche zwischen weniger und mehr Kraft verwendet, in Wahrheit jedoch müssen Sie sich nicht mit anderen vergleichen. Da das Bewusstsein vollkommen ist, kann es Ihnen nicht weniger oder mehr Kraft geben. Es bietet jedem alles. Es ist wie Lebendig-Sein. Wer lebendig ist, ist einfach lebendig – und nicht nur halb oder zu einem Zehntel. Das Leben existiert als Einheit. Mikroben verfügen genauso darüber wie Wale, Graumulle, Leguane und Sie.

Als menschliche Wesen sind wir in ein Netzwerk eingebettet, das die Existenz bis hinunter zur Ebene des kleinsten Gedankens und des kleinsten subatomaren Teilchens organisiert, lenkt und verwaltet. Ich nenne dieses Netzwerk die *menschliche Matrix*. Sie liegt genau zwischen dem reinen Bewusstsein und dem Ego. In der menschlichen Matrix hat das Bewusstsein auf unser Leben zugeschnittene Strukturen konstruiert. Für andere Lebewesen gibt es eine andere Matrix. Ein Pottwal, dessen gesamter geistiger Körper darauf ausgerichtet ist, Tausende von Metern unter der Meeresoberfläche zu tauchen, um Riesenkalmare zu finden und zu fressen, lebt genauso in einer Matrix wie wir. Wir können nicht behaupten, dass die Matrix eines Pottwals einfacher oder primitiver ist als unsere.

Wenn das Bewusstsein eine Matrix schafft, weiß niemand genau, wie das geschieht. Zunächst einmal ist der Prozess unsichtbar. Zweitens hinterlässt er nur sehr wenige Spuren. Chemische Reaktionen innerhalb einer Zelle sind perfekt organisiert, aber nach ein paar Tausendstelsekunden sind sie schon wieder verflogen. Ein Gedanke überbringt eine sinnvolle Botschaft, nur um danach spurlos zu verschwinden. Die menschliche Matrix ist dynamisch, verändert sich ständig, etwas, das sich enorm zu Ihrem Vorteil auswirkt. Sie sind von der vollkommenen Kraft des Bewusstseins umgeben, das von selbst für Sie arbeitet, und es weiß alles darüber, was Sie brauchen.

Jedes Mal, wenn Sie einen neuen Wunsch oder eine neue Absicht haben, reagiert die ganze Matrix. Ich habe viel Zeit damit verbracht, die Verbindung zwischen Quantenphysik und Bewusstsein zu erforschen. Meine Faszination dafür kann ich auf ein Zitat des bedeutenden englischen Physikers Sir Arthur Eddington zurückführen, der sagte: »Wenn das Elektron vibriert, erschüttert das das Universum.« Dasselbe gilt für die menschliche Matrix. Jeder noch so kleine Wunsch, den man hat, durchdringt das Bewusstsein und bewirkt eine Veränderung in seiner lebenden Struktur.

Wir sehen die organisierende Kraft nicht, die hinter allem steht, was wir denken, sagen und tun. Wir können auch nicht Intelligenz auf einem Gehirnscan sehen, aber trotzdem existiert sie. Kein Messgerät kann quantifizieren, wie viel Liebe man empfindet, doch jeder, der sich verliebt hat, spürt ihre enorme Kraft. Die menschliche Matrix gibt es seit Hunderttausenden von Jahren, und sie hat sich mit jedem Fortschritt des *Homo sapiens* weiterentwickelt. Mathematik, Literatur und Wissenschaft waren schon Tausende von Jahren vor ihrem Entstehen im höheren Gehirn unserer steinzeitlichen Vorfahren angelegt. Unser Gehirn ist aus DNA aufgebaut, die zu 85 Prozent mit der DNA einer Maus, zu 98 Prozent mit der DNA eines Gorillas und zu 99 Prozent mit der DNA eines Schimpansen, unseres nächsten genetischen Verwandten, übereinstimmt.

Innerhalb dieses winzigen Unterschiedes ist die menschliche Matrix konstruiert worden. Niemand weiß, wie das möglich ist, denn sich bei der Erklärung nur auf die DNA zu stützen, ist irreführend und unangemessen. Den *Homo sapiens* gibt es nach neuesten Erkenntnissen seit rund 300 000 Jahren, während Schimpansen schon seit 18 Millionen Jahren auf dieser Erde weilen. Schimpansen verfügen ebenfalls über ein höheres Gehirn, aber die Schimpansenmatrix hat sozusagen kein Potenzial für Mathematik, Literatur und Wissenschaft. Schimpansen verfügen über die Matrix, die für sie vollständig ist, und wenn es zu einer evolutionären Weiterentwicklung kommt, geht diese sehr, sehr langsam vor sich. Wir können davon ausgehen, auch wenn wir es nie mit Sicherheit wissen werden, dass urzeitliche Schimpansen sich bereits sehr ähnlich wie die heutigen Exemplare verhalten haben.

Die menschliche Matrix hat sich im Vergleich dazu extrem schnell entwickelt. Wenn der Steinzeitmensch das Potenzial für Mathematik, Literatur und Wissenschaft hatte, wusste er es nicht, so wie ein Zweijähriger keine Ahnung hat, dass er das Potenzial zum Lesen hat. Als Sie lesen lernten, haben Sie nachgeholt, was Ihnen evolutionär zusteht. Ihr Bewusstsein entfaltete sein Potenzial Schritt für Schritt. Doch diese Schritte kamen aus der Vergangenheit. Die Fähigkeit zu sprechen, zu lesen und rational zu denken ist ein Erbe – wir erlangen es automatisch, einfach dadurch, dass wir geboren werden.

Als Sie erwachsen wurden, wurden Sie zur Bezugsperson für die Evolution in der Gegenwart. Indem Sie auf den Schultern unserer Vorfahren stehen, können Sie die menschliche Matrix – oder mindestens Ihren Anteil davon – dorthin bewegen, wo Sie möchten. Wohin soll es also als Nächstes gehen? Es gibt keinen allgemeingültigen Wegweiser für sieben Milliarden Menschen, die jede Minute Entscheidungen treffen. Betrachten wir das Ganze aus der Distanz, so gibt es über die gesamte Menschheitsgeschichte hinweg Verbindungen zwischen den Menschen. Diese Verbindungen sind unser unsichtbares Potenzial, und sie machen uns zu einer einzigartigen Spezies des Bewusstseins. Wir können unseren eigenen evolutionären Weg bestimmen.

Wenn Sie einen Moment innehalten und Ihre Hand betrachten, können Sie direkt nachvollziehen, wie das Bewusstsein funktioniert. Die menschliche Hand hat siebenundzwanzig Knochen, die gleiche Anzahl wie die Hand eines Schimpansen. Der Hauptunterschied besteht darin, dass im entspannten Zustand der Hand der Daumen am Handteller anliegt – das ist der berühmte opponierbare Daumen, von dem die Evolutionisten sprechen. Schimpansen und andere höhere Primaten haben ebenfalls einen gegenübergestellten Daumen, den sie zum Schälen von Bananen, zur gegenseitigen

Körperpflege und zur Herstellung eines primitiven Werkzeugs aus einem Zweig verwenden, mit dem sie nach Maden in einem Baum stöbern.

Was den opponierbaren Daumen beim Menschen zu einem evolutionären Wunder macht, ist in unseren Knochen nicht zu erkennen. Das Wunder geschah im Bewusstsein und ist daher unsichtbar. Der opponierbare Daumen ermöglichte es dem Menschen, feine Detailarbeit zu leisten, so wie wenn ein Künstler einen Kupferstich anfertigt, indem er mit einem Stichel feine Linien auf eine Kupferplatte kratzt. Ein berühmter Kupferstich ist ein Selbstportrait von Rembrandt als junger Mann. Sein fein säuberlich gezeichnetes flaumiges Haar umschließt seinen Kopf wie ein wirrer Heiligenschein. Die Radierung wäre schon bemerkenswert genug, ohne zu wissen, dass das Original nur etwa fünf Zentimeter breit ist (Sie können es online ansehen, indem Sie als Suchbegriffe zum Beispiel »Selbstportraits Rembrandt« eingeben; es ist dasjenige, bei dem er über seine linke Schulter schaut, entstanden um 1630). So geschickt Schimpansen auch sein mögen, sie werden es Rembrandt niemals gleichtun können – und auch nicht einem Straßenkünstler, der mit seinen Spraydosen eine triste Backsteinmauer in einer Großstadtgasse verschönert.

Die Detailgenauigkeit, die erforderlich ist, um einen Diamanten zu schneiden, ein Kamee-Porträt anzufertigen oder venezianische Spitzen herzustellen, erfordert unbedingt einen opponierbaren Daumen. Trotzdem ist er letztendlich nur ein Werkzeug, das dem Bewusstsein nützlich ist. Ohne das Bewusstsein ist das Werkzeug nutzlos beziehungsweise in der Familie der Primaten nur von begrenztem Nutzen.

Wenn man alle Bereiche des menschlichen Lebens betrachtet, kann man erkennen, wie einzigartig die menschliche Matrix ist und wie sie uns umfängt.

DIE MENSCHLICHE MATRIX

Alles, was das Bewusstsein uns gegeben hat

Biologie (Organisation und Steuerung des Körpers)
Überlebensinstinkte (Kampf oder Flucht)
Wahrnehmung (die fünf Sinne)
Psychologie (Persönlichkeit, Emotionen, Stimmungen usw.)
Rationales Denken
Soziale Bindungen, persönliche Beziehungen
Sprache
Kreativität
Neugierde, Forschung, Erfindung
Selbstgewahrsein

Zwei Sachen an dieser Liste sind besonders erstaunlich. Das erste ist ihre Komplexität. Kein anderes Lebewesen nutzt das Bewusstsein in einer solchen Vielfalt. Das zweite ist ihre Einheit. Das Bewusstsein tut alles auf einmal. Diese beiden Merkmale – *Vielfalt* und *Einheit* – zusammen definieren die *Vollkommenheit*. Es wäre besser, wenn wir keine abstrakten Begriffe wie *Vollkommenheit* verwenden müssten, doch es gibt einen Grund dafür. Ganzheit ist keine Erfahrung. In der menschlichen Matrix wird alles zur gleichen Zeit koordiniert, aber Erfahrungen treten einzeln, getrennt auf.

Hier ist eine Übung, die Ihnen die verborgene Macht der Vollkommenheit aufzeigt: Lesen Sie den folgenden Satz. Zählen Sie während des Lesens, wie oft der Buchstabe *e* enthalten ist, und versuchen Sie gleichzeitig, den Inhalt des Satzes zu verstehen.

Nach bester Schätzung gibt es in unserem Körper zwischen hunderttausend und einer Million Arten von Proteinen; so ganz genau weiß es niemand.

Sie werden wahrscheinlich schnell feststellen, dass Ihr Geist sich weigert, zwei Dinge gleichzeitig zu tun – er möchte, dass Sie entweder den Satz auf seine Bedeutung hin lesen oder zählen, wie oft der

Buchstabe *e* erscheint. Das ist die Begrenzung der linearen Erfahrung. Und doch hat in jedem Augenblick Ihres Lebens die Vollkommenheit des Bewusstseins keine Schwierigkeiten, alles zu bewältigen, was ich auf der vorherigen Seite aufgelistet habe, von körperlichen Vorgängen bis hin zu Emotionen, rationalem Denken und so weiter – die Gesamtheit der menschlichen Matrix. Sie leben innerhalb der menschlichen Matrix auf dem Gipfel dessen, was das Bewusstsein auf der Erde zu erreichen vermag. Diese Erkenntnis definiert radikal neu, wer Sie sind.

Wenn Sie verstehen, was Vollkommenheit ist, sind normale Erwartungen lächerlich unzulänglich, um die Kraft zu beschreiben, die in Ihnen und außerhalb von Ihnen existiert. Tatsächlich gibt es kein Innen und Außen. Die Vollkommenheit des Bewusstseins regiert über die Schöpfung ohne Rücksicht auf Begrenzungen. Diese unsichtbare Struktur, die menschliche Matrix, erweitert die Bedeutung der vollkommenen Meditation. Wir müssen Meditation als etwas Allumfassendes betrachten, das sich auf alles in der menschlichen Matrix auswirkt. Auch hier hilft die Analogie des Ozeans. Einer der überraschendsten – und beunruhigendsten – Aspekte des Klimawandels ist, wie schnell die Weltmeere von kleinen Veränderungen betroffen sind. Es gibt alarmierende Nachrichten, laut denen bereits mehr als ein Drittel der Korallenriffe auf unserem Planeten schwere Schäden erlitten haben oder abgestorben sind.

Niemand ahnte früher, dass eine Erwärmung der Meere um einige Grad Celsius derart drastische Auswirkungen haben könnte. Das Great Barrier Reef vor der Ostküste Australiens leidet unter der massenhaften Vermehrung korallenfressender Seesterne: Der sogenannte Dornenkronen-Seestern gilt als einer der Hauptverursacher des großen Riffsterbens. Außerdem führt die erhöhte Wassertemperatur zum Absterben des lebensnotwendigen Algenbewuchses der Korallen.

Auch die Meeresströmungen verändern sich durch den Klimawandel, und aufgrund der ausbleibenden Fischschwärme wirkt sich das auf die Fischerei aus. Peruanische Sardellenfischer zum Beispiel bekommen ein El-Niño-Jahr, das von wärmeren Temperaturen und stärkeren Regenfällen geprägt ist, wirtschaftlich stark zu spüren.

Wir alle kennen die Berichte über schmelzende Eiskappen an beiden Polen und über Eisbären, die ertrinken, weil sie die größer werdenden Abstände zwischen den Eisschollen nicht mehr überwinden können. Wir wissen, dass riesige Brocken der antarktischen Eiskappe in naher Zukunft abbrechen, schmelzen und so den globalen Meeresspiegel erhöhen könnten. Tiefliegende Inseln wie die Malediven im Indischen Ozean sind bereits bedroht.

Die Ozeane absorbieren sowohl Treibhausgase als auch Wärme. Wenn das System überlastet wird, führt dies zu einer Versauerung der Meere (ein wichtiger Faktor beim Absterben von Riffen). Einige weisen auf die Möglichkeit hin, dass die Erdatmosphäre für menschliches Leben zu giftig werden könnte, und auch dies hängt mit den Ozeanen zusammen.

Wenn Fische sterben, sinken ihre Überreste, sofern sie nicht vorher von anderen Fischen oder Möwen gefressen werden, auf den Meeresgrund, wo sie verrotten und Methangas freisetzen. Die Meerestiefen sind bisher noch kalt genug, um das Methan weit unter der Oberfläche zu binden, aber bei wärmeren Wassertemperaturen wird das Gas aufsteigen und in die Atmosphäre entweichen. Ab gewissen Mengen wirkt sich Methan tödlich auf Lebewesen aus. In der frühen Erdgeschichte gab es große Mengen an Methan in der Atmosphäre, und der Methangehalt musste erst beträchtlich absinken, bevor Leben entstehen konnte. Nach Berechnungen von Paläontologen gab es in der Erdgeschichte fünf Massenaussterben. Das betraf nicht nur die Dinosaurier, sondern insgesamt bis zu einer Milliarde Lebensformen. Einige dieser großen Artensterben werden heute mit einer Freisetzung von Methan aus den Ozeanen während eines Erwärmungszyklus in Verbindung gebracht.

Ganz gleich, ob Sie optimistisch oder pessimistisch hinsichtlich der Fähigkeit der Menschheit sind, den Klimawandel einzudämmen, der Ozean steht für die Vollkommenheit in einem Lebensbereich, und jede kleine Auswirkung des Klimawandels steht für die Vielfalt der menschlichen Matrix. Wir können die Ozeane visualisieren, sie kartografieren, alle Arten von Veränderungen in ihnen beobachten und messen. Die menschliche Matrix aber spiegelt die unsichtbaren

Bewusstseinsströme wider, die sich in ihr bewegen. Im Gegensatz zu den sich erwärmenden Meeren, die passiv auf Wärme und Treibhausgase reagieren, weiß das Bewusstsein, was geschieht, und erfindet ständig neue Reaktionen. Diese unendliche dynamische Kraft drückt sich auch durch Sie aus – wie bei allem, was die Vollkommenheit betrifft, *sind* Sie diese Kraft.

Vollkommene Meditation

Lektion 15: Einssein

Wenn man einmal wirklich begriffen hat, dass Bewusstsein vollkommen ist, hat man das Geheimnis der unendlichen Kraft begriffen. Einssein klingt abstrakt. Es wäre beängstigend, sich auf dem Meer treibend wiederzufinden, mit Wasser so weit das Auge reicht. Aber die Erfahrung des Einsseins ist nicht so. Sich von Bewusstsein umgeben zu finden, so weit das Auge reicht, ist so, als befände man sich im Zentrum der Schöpfung. Wenn Sie vollständig erwacht sind, wird sich Ihre Existenz genauso anfühlen.

Sie müssen sich jedoch nicht unter Zwang gesetzt fühlen zu erwachen. Einssein drückt sich bereits durch Ihren geistigen Körper aus. Die wesentliche Aufgabe besteht darin, sich der Vollkommenheit anzuschließen, anstatt sich ihr entgegenzustellen. Aber wie tun Sie das?

Sie sind immer dann in Übereinstimmung mit dem Einssein, wenn ...

Sie gerne dort sind, wo Sie sind.
Sie sich selbst vorbehaltlos annehmen.
Ihr Leben reibungslos verläuft, ohne Hindernisse und Rückschläge.
Ihre Wünsche ohne Anstrengung in Erfüllung gehen.
Sie es genießen, hier zu sein.
Sie sich von der Natur unterstützt fühlen.

Der letzte Punkt ist im Grunde der wichtigste. Von der Natur unterstützt zu werden, ist die Erfahrung eines jeden Lebewesens. Jedes Geschöpf passt genau zu seinem Lebensraum. Da diese Unterstützung so natürlich bereitgestellt wird, müssen ein Delfin, ein Erdferkel, ein irischer Setter oder ein Rhesusaffe nicht über das Einssein nachdenken. (Es wäre interessant zu wissen, ob Delfine dies tun, da sie ständig zu lächeln scheinen.) Umgekehrt widersetzen sich die Lebewesen nicht der Unterstützung der Natur und unterlaufen sie nicht. Da wir Menschen jedoch einen sehr großen Lebensraum bewohnen, in dem das Auswählen eine große Rolle spielt, haben wir auch die Wahl, uns der Unterstützung der Natur zu entziehen.

Wir tun dies, wenn ...

wir kämpfen und leiden.
wir auf reine Nahrung, Wasser und Luft verzichten.
wir zulassen, dass Angst und Wut unser Verhalten diktieren.
wir zulassen, dass alte Gewohnheiten und Konditionierungen uns leiten.
wir unsere Rolle als Mitschöpfer der Realität vergessen.

Wir leben in einer Welt, in der Kinder weder von ihren Eltern noch in der Schule lernen, sich auf das Einssein auszurichten. Durch diesen Mangel gibt es immer viel Raum für Verwirrung und Zweifel. Wenn Sie nicht gewahr werden, dass die Natur Sie in allem, was Sie denken, sagen und tun, unterstützen kann, dann werden Sie nur allzu leicht Entscheidungen treffen, die Ihr Leben im Kleinen wie im Großen aus der Bahn werfen können. Die Lösung besteht jedoch nicht darin, sich mehr anzustrengen, um bessere Entscheidungen zu treffen, denn es kann immer wieder zu unvorhergesehenen Folgen kommen. Das Geheimnis besteht vielmehr darin, sich mit dem Einssein zu verbünden – mit anderen Worten, sich in vollkommener Meditation zu üben.

VERBORGENE KRÄFTE

Wir übersehen ständig, wie mächtig wir sind. Im Rahmen der menschlichen Matrix verläuft unser Leben innerhalb fester Grenzen. Wir scheinen nicht annähernd unendliche Kräfte zu besitzen. Aber die Kraft, aus der wir schöpfen könnten, hält sich direkt vor unseren Augen versteckt. Wir nehmen sie nicht wahr, weil unser Leben von der Stimme im Kopf dominiert wird, die unsere Gedanken erzählt. Diese Erzählung betrifft uns jedoch nicht nur marginal, sondern beeinflusst uns nachhaltig. Mit den Jahren werden wir zu dem, was wir denken, und hier liegt das Problem. Denken ist nicht dasselbe wie Gewahrsein. Oft ist Denken – vor allem, wenn man sich endlos über etwas den Kopf zerbricht – sogar der Feind des Gewahrseins.

Kinderpsychologen weisen darauf hin, dass Kinder Anweisungen ihrer Eltern (»Räum dein Zimmer auf«, »Schalte den Fernseher ab«, »Geh ins Bett«) gerne einfach ignorieren. Wenn die Eltern allerdings etwas sagen, das das Kind negativ beschreibt – »Du bist nicht so lustig wie die anderen Mädchen«, »Du bist nicht sonderlich intelligent«, »Du bist ein böser Junge« –, werden diese Worte aufgenommen und bleiben dem Kind oft ein Leben lang in Erinnerung. Werden solche beschreibenden Aussagen dann gar öfters wiederholt und mit starken Emotionen versehen, kann die Wirkung verheerend sein. »Ich bin x« wird in der Persönlichkeit des Kindes verankert, was zu Schuldgefühlen, Scham, geringem Selbstwertgefühl und anderen Themen führt, die keine Grundlage haben, außer dass die Worte von Vater oder Mutter zu den Worten werden, die das Kind in seinem Kopf hört.

Die Stimme in Ihrem Kopf lässt die Vergangenheit immer wieder aufleben. Das Problem sind nicht nur die destruktiven Dinge, die Ihnen diese Stimme vielleicht einflüstert, sondern die Tatsache, dass man sich der Gegenwart nicht richtig bewusst ist, wenn man in die Vergangenheit zurückversetzt wird. Ihr Geist ist woanders. Gewahrsein ist immer präsent, aber wenn Sie es nicht sind, dann macht sich die Kraft des Gewahrseins unsichtbar und wird durch den Vorhang aus Gedanken verdeckt, die »mich«, die isolierte Ego-Persönlichkeit, definieren. Vergleichen Sie einmal die folgenden beiden Sätze:

> Im Gewahrsein verfügen Sie über unbegrenztes Wissen, unendliche Möglichkeiten und eine untrennbare Verbindung zum reinen Bewusstsein.
>
> In Ihren Gedanken verfügen Sie über begrenztes Wissen, nur eine Handvoll Möglichkeiten und eine gestörte Verbindung zum reinen Bewusstsein.

Wegen dieser Diskrepanz ist es kein Wunder, dass wir gezwungen sind, uns auf das Ego zu stützen – es kettet uns an die Dinge, die wir in unserem Kopf hören, und es hält unsere persönliche Geschichte am Laufen. »Ich« fühlt sich mit den Geschichten anderer Menschen verbunden, sodass wir uns nicht so alleine vorkommen. Solange »Ich« die Dinge auf diese Weise zusammenhalten kann, scheint Nichtgewahrsein nicht so schlimm zu sein. Vielleicht bemerken Sie es gar nicht, wie die meisten Menschen.

Die Stimme in Ihrem Kopf konspiriert mit dem Ego, um Ihnen ein Gefühl der Identität zu geben. Sie können sich im Spiegel als eine bekannte Größe sehen, zum Beispiel einen berufstätigen Mann in den Vierzigern, der stetig die Karriereleiter erklimmt, oder eine alleinerziehende Mutter mit zwei Kindern, die sich mit Putzjobs durchschlägt. Die eine dieser Identitäten ist in den Augen der Gesellschaft viel erstrebenswerter als die andere, aber beide fühlen sich für die betreffende Person real und substanziell an.

Wenn Sie sich ein schöneres Leben wünschen, macht sich Ihr Ego daran, die Geschichte, die Sie leben, zu verbessern, und seine Bemühungen sind möglicherweise auch erfolgreich. Aber diese Art von Erfolg verschleiert nur die Tatsache, dass das Ego nie so ganz verlässlich und substanziell war. Es ist in Wirklichkeit nur ein Bündel von Erinnerungen, Eindrücken, Vorlieben und Abneigungen, sozialen Konditionierungen, Überzeugungen und Ablehnungen. Dieses Bündel wurde planlos zusammengestellt, mit nicht mehr Struktur als einzelne Zeitungsseiten, die vom Wind durch eine Straße geweht werden. Und doch sind Sie davon überzeugt, dass diese chaotische Zusammenfügung das ist, was Sie sind. Wo wären Sie, wenn Sie sich selbst im Spiegel betrachten würden und Ihre auf Ihrem Ego basierende Geschichte nicht reflektiert sähen?

Sie wären in einer viel besseren Lage.

Nichts, was das Denken hervorbringt, ist ein Ersatz für das Gewahrsein. Die Identität, mit der Sie sich selbst umwickelt haben, beinhaltet vieles, was falsch, schädlich und aus zweiter Hand ist. Nehmen Sie als Beispiel den Satz »Ich bin nicht ... genug«. Füllen Sie die Lücke mit einem Wort, das etwas beschreibt, von dem Sie glauben, dass es Ihnen fehlt, zum Beispiel »Ich bin nicht *intelligent* genug«. Oder vielleicht nicht *selbstbewusst, schlank, attraktiv, reich* oder *gut* genug. Diese Formulierungen sind nicht einfach Selbstbeurteilungen. Sie sind in Ihre Geschichte eingebettet. Die Stimme in Ihrem Kopf ist darauf programmiert, sich an diese Urteile zu erinnern, die ihren Ursprung in der Vergangenheit haben, als Sie sich selbst als nicht gut genug, nicht intelligent genug, nicht attraktiv genug und so weiter beschrieben haben oder von Autoritätspersonen wie Ihren Eltern so beschrieben worden sind.

All dies macht deutlich, dass solche tief verankerten Selbstbeurteilungen ausgeräumt werden müssen. Der nächste Teil des Buches, »Die vollkommene Meditation in vielfältiger Praxis«, ist diesem Prozess gewidmet. Genauso notwendig ist es, Ihre Wahrnehmung auf das Gewahrsein im Hier und Jetzt zu stützen. Das in der Gegenwart existierende Selbst ist Ihr wahres Selbst. Es ist dasjenige, das mit dem vollkommenen Bewusstsein verbunden ist und schon immer war. Ihr wahres Selbst ist die Quelle aller höchsten Werte im menschlichen Leben, und Sie schaffen sich damit Ihren rechtmäßigen Platz in der menschlichen Matrix.

Es gibt keinen Grund, sich an die falsche Hilfe durch Ihr Ego und die Stimme in Ihrem Kopf zu klammern. Von dem Moment an, in dem Sie anfangen zu erwachen, wird der Prozess der vollkommenen Meditation Ihr wahres Selbst enthüllen. All die Zweifel, Ängste und Urteile, die Sie bisher erfahren haben, wurden vom Ego erzeugt. Es verstärkt immer wieder Ihre Geschichte, um seiner eigenen Absicht zu dienen, die darin besteht, zu überleben. Wenn Sie sich von den Begrenzungen lösen, die Ihnen so real erscheinen, werden Sie klar erkennen, dass das Ego von Natur aus urteilend, unsicher und ängstlich ist.

Der ganze Prozess des Loslösens ist relativ mühelos, weil man ein Trugbild auflöst, um zu erkennen, wer man wirklich ist. Trugbilder können beängstigend sein, aber letztlich haben sie weder Realität noch Substanz. Alles Reale und Substanzielle existiert in der Verbindung zwischen Ihrem wahren Selbst und den unendlichen Möglichkeiten, die im Bewusstsein auf Sie warten. Es ist an der Zeit, diese Verbindung zu reparieren, damit Sie die Realität selbst erfahren können.

7

TAGTÄGLICH ERWACHT

Es ist eine radikale Abkehr vom konventionellen Denken, alles ins Bewusstsein zu rücken. Wir alle sind mit der Erkenntnis aufgewachsen, dass die Wirklichkeit in zwei getrennte, sehr ungleiche Bereiche aufgeteilt ist. Da gibt es die alles dominierende, gegenständliche Welt »da draußen«. Hier begann das Universum und wird es vermutlich auch enden, am selben Ort, an dem Milliarden von Menschen geboren wurden, lebten und starben.

Die subjektive Welt »hier drin« dagegen weckt vergleichsweise wenig Interesse. Wie sich eine Person fühlt, wird gewöhnlich als unwichtiger angesehen als das, was sie tut, um ihren Lebensunterhalt zu verdienen, eine Familie zu gründen und zu versuchen, ihr Leben zu verbessern. Höchstens ein paar Künstler und Dichter scheinen diese innere Welt zu bewohnen, anstatt sie nur zu besuchen. Nach innen zu gehen, bedeutet für hartgesottene Realisten sehr wenig. Sie nähern sich ihrer inneren Welt höchstens, um über praktische Dinge nachzudenken und Pläne zu schmieden.

Genauer betrachtet hat die subjektive Welt Heilige und Weise hervorgebracht. Reife Menschen erlangen ihre Weisheit durch die subjektive Welt. Liebe entsteht ebenso »hier drin« wie Hass, Neid, Angst und Furcht. Gefühle können auch schwächen, wie Menschen wissen, deren Liebe zurückgewiesen wurde oder die eine Beziehung in Bitterkeit und Wut beendet haben. Die objektive Welt fühlt sich solide, vorhersehbar und nützlich an, während die subjektive Welt unbeständig, wechselhaft und unzuverlässig zu sein scheint und sich einer klaren Einordnung entzieht.

Eine Vereinigung dieser beiden Welten zu einer einzigen Realität hat schlechte Aussichten auf Erfolg, weil die beiden so unterschiedlich sind und sich gegenseitig ablehnen. Bei der Arbeit, in Konflikten und Notsituationen oder einfach zu Hause, wo man versucht, einen widerspenstigen Jugendlichen zum Erledigen der Hausaufgaben zu bewegen, lautet die Devise: »Mir ist es egal, wie du dich fühlst. Mach es einfach.« Das Erreichen der Einheit ist jedoch das Schlüsselkonzept hinter der vollkommenen Meditation. In jeder gegebenen Situation werden Sie entweder bewusst oder unbewusst reagieren. Dabei spielt es keine Rolle, ob es sich um eine äußere Situation handelt (Ausfall der Internetverbindung, eine Reifenpanne, unbezahlte Rechnungen) oder um eine innere (Depressionen, finanzielle Sorgen, Sehnsucht nach einem bestimmten Menschen). Jede Erfahrung, die Sie machen, betrifft Ihren Geist, und Ihr Geist drückt Ihren Gewahrseinszustand aus.

Es gibt einen einfachen Weg, all dies zu benennen: Wenn Sie unbewusst handeln, »schlafen« Sie. Wenn Sie bewusst handeln, sind Sie wach. Diese Bezeichnungen machen deutlich, dass Sie immer die Wahl zwischen den beiden Möglichkeiten haben. Niemand schläft nur oder ist dauerhaft wach. Die Unterschiede lassen sich recht deutlich aufzeigen.

SCHLAFEND

Unbewusst sein

Sie handeln aus Gewohnheit.
Sie gehorchen plötzlichen Impulsen.
Sie sprechen, ohne nachzudenken.
Sie verlassen sich auf feste Überzeugungen und Meinungen.
Sie reagieren reflexartig.
Sie wissen im Voraus, was Ihnen gefällt und was nicht.

Sie haben mit unvorhergesehenen Konsequenzen zu kämpfen.
Sie machen sich Normen und Vorschriften zu eigen.
Sie urteilen schnell.
Sie kämpfen mit Wut, Angst und anderen negativen Emotionen.
Sie verweigern sich Dingen, denen Sie sich nicht stellen wollen.

Die Lektüre dieser Liste kann entmutigend sein. Es kann ein Schock sein, festzustellen, dass man wahrscheinlich gar nicht so bewusst, reif, nachdenklich und rational ist, wie man es gerne wäre, sondern oft einfach nur schläft. Wenn Sie über die Liste nachdenken, müssen Sie außerdem zugeben, dass es eine Herausforderung ist, diese Verhaltensweisen zu ändern, und sei es nur eine. Aber kein Mensch schläft nur, sondern bei jedem gibt es auch Aspekte, die zeigen, wie wach er ist.

WACH

Bewusst sein

Sie denken nach, bevor Sie sprechen.
Sie wägen Ihre Optionen ab, bevor Sie eine Entscheidung treffen.
Sie sammeln Fakten.
Sie wägen die Konsequenzen Ihrer Handlungen ab.
Sie hören sich an, was andere Menschen zu sagen haben.
Sie spüren Ihre Emotionen, aber Sie handeln nicht immer danach.
Sie haben die Kontrolle über Ihre Impulse.
Sie planen im Voraus.
Sie sind offen dafür, einen Plan anzupassen, wenn sich die Situation ändert.
Sie verstehen die menschliche Natur und sind daher tolerant.
Sie ziehen keine voreiligen Schlüsse.
Sie sind unvoreingenommen.
Sie wägen Konformität gegen das Recht auf Anderssein ab.

Sie versuchen, ein Gespür für die Situation um Sie herum und die beteiligten Menschen darin zu entwickeln.
Sie passen auf.
Sie können sich beständig auf ein Problem konzentrieren.

Ein Blick auf diese lange Liste zeigt, dass es viel besser ist, wach zu sein als zu schlafen. Tatsächlich verbringen viele von uns so viel Zeit damit, bewusst zu sein, auch wenn sie gelegentlich mal in alte Gewohnheiten zurückfallen oder gedankenlos sind, dass die Erleuchtung gar nicht so weit weg ist, wie vielfach angenommen. Erleuchtung kann ein realistisches Ziel für jeden sein. Jedem kann gezeigt werden, wie er in einen Zustand höheren Gewahrseins gelangen kann, und wenn dieser Prozess erst einmal begonnen hat, ist es möglich und realistisch, vollständig zu erwachen – mit anderen Worten, erleuchtet zu werden.

Wenn ein menschliches Wesen in einen Roboter umgewandelt werden könnte, wäre es optimal, sein Softwareprogramm so zu schreiben, dass jede Aktion aus einem Zustand des Gewahrseins heraus erfolgen würde. Ein solches Softwareprogramm kann aber niemals geschrieben werden, weil ein Roboter Entscheidungen trifft, die auf vorgegebenen Anweisungen basieren. Wach sein ist das Gegenteil von vorbestimmt sein. Wer wach ist, kann frei zwischen unendlich vielen Möglichkeiten wählen. Im Idealfall erschaffen Sie Ihre Realität auf den Flügeln der Inspiration und Erkenntnis, sobald sie Ihnen erwachsen. Dass Inspiration und Erkenntnis unvorhersehbar sind, liegt in ihrer Natur.

Das erwachte Leben lässt alle möglichen Dinge klar erscheinen, die verwirrend wären, wenn man sich im Schlafzustand befände. Kindererziehung ist ein gutes Beispiel hierfür. Als guter Vater oder gute Mutter ist man sich bewusst, dass man ein Erwachsener ist. Eher überforderte Eltern verhalten sich dagegen manchmal wie ein Kind oder Jugendlicher, ohne sich dessen bewusst zu sein. Niemand wächst mit absolut perfekten Eltern auf, aber wenn es den Eltern an Gewahrsein mangelt, vermitteln sie ihren Kindern höchstwahrscheinlich nicht so klar, wie wichtig zum Beispiel Lesen und Schreiben, gesundes Essen oder soziales Verhalten ist – Dinge, deren Wert ein bewusster Erwachsener nie infrage stellen würde.

Die Entwicklung eines Kindes hängt von der Stabilität eines Elternhauses ab, in dem die Handlungen der Eltern nicht kindisch sind. Wenn eine Mutter auf einen Wutanfall ihres zweijährigen Kindes mit einem ebensolchen reagiert, oder wenn ein Vater es mit einem Achselzucken abtut, dass sein Kind sich verbotenerweise aus der Keksdose bedient, dann zerfällt die Erziehung in Unordnung und widersprüchliche Botschaften. In der Psychologie heißt es, dass eine »einigermaßen vernünftige« Erziehung das Beste ist, was einem Kind passieren kann. Leider ist die Welt mit Müttern und Vätern bevölkert, die sehr oft aus unbewussten Impulsen heraus handeln und damit dem Beispiel ihrer eigenen unvollkommenen Eltern folgen.

In der Regel geben Eltern eine Mischung aus guten und schlechten Lektionen an ihre Kinder weiter, was unvermeidlich ist, weil sie nur aus ihrem eigenen Gewahrsein heraus handeln können. Darüber hinaus sind sie ab und zu so schlafend und orientierungslos wie alle anderen Menschen auch, so wie Sie und ich. Wir alle wären unseren Eltern gegenüber großmütiger, wenn wir den Grundsatz akzeptieren würden, dass man von jemandem nichts verlangen kann, was er nicht geben kann. Dieser Grundsatz gehört zu den wahrsten und hilfreichsten überhaupt.

Vollkommene Meditation wird Sie vom Schlaf- in den Wachzustand bringen, aber dieses Erwachen geschieht nicht, indem jeder Punkt auf der Liste der unbewussten Verhaltensweisen nacheinander bearbeitet wird. Schlafen und Wachsein sind völlig unterschiedliche Zustände, und die Herausforderung besteht darin, das eine durch das andere zu ersetzen. Was wir brauchen, ist Transformation. Da ja selbst kleine Verhaltensänderungen oft schon schwierig umsetzbar sind, wie stehen dann die Chancen, dass eine Transformation, die den gesamten geistigen Körper einbezieht, möglich ist? Transformation ist daher die wichtigste Herausforderung der vollkommenen Meditation.

Vollkommene Meditation

Lektion 16: Transformation

Das erwachte Leben beinhaltet keine kleinen oder schrittweisen Veränderungen, sondern vielmehr etwas Radikaleres und Umfassenderes: Transformation. Es braucht eine Vision und Engagement, um daran zu glauben, dass so etwas überhaupt möglich ist. Die meisten Menschen haben gemischte Gefühle darüber, wie ihr Leben verläuft. »Das Bittere mit dem Süßen nehmen« ist ein altes englisches Sprichwort aus dem 13. Jahrhundert, das eine universelle Erfahrung widerspiegelt.

Angesichts der Höhen und Tiefen des Lebens gibt es jedoch eine gegenläufige Bewegung, die auf einer tiefen Sehnsucht nach Transformation beruht. Diese Sehnsucht drückt sich in der Religion als Vision eines Himmels aus, der ewige Glückseligkeit bietet; in der romantischen Literatur als die Vision der vollkommenen Liebe und in imaginären Utopien als verlorenes Paradies oder goldenes Zeitalter.

Ist diese Sehnsucht nach Transformation nur Wunschdenken, so wie der Traum von einem Sechser im Lotto? Wer ganz pragmatisch ist, gibt solche Fantasien auf, um seine Energien produktiv darauf auszurichten, in kleinen Schritten Verbesserungen im Leben zu erzielen (ein Bestsellerbuch verspricht, wie man »10 Prozent glücklicher« werden kann; das klingt so, als würde man ein Spareinlagenkonto eröffnen – besser eine kleine sichere Rendite erzielen, als auf einen höheren Gewinn abzielen, bei dem aber das Verlustrisiko viel höher ist). Aber selbst dann sind auch bescheidene Ziele nicht immer erreichbar. Wir leben nach dem Motto »Weniger ist besser als nichts«, weil der gesunde Menschenverstand es uns sagt.

Die eigentliche Frage geht jedoch tiefer. Transformation ist überall in der Natur zu finden. Betrachten Sie die totale Zustandsänderung, die eintritt, wenn zwei unsichtbare brennbare Gase, Sauerstoff und Wasserstoff, sich zu einer Flüssigkeit, Wasser, verbinden, die so unbrennbar ist, dass sie Brände löscht. Die essenzielle Natur der beiden Bestandteile würde die Möglichkeit einer solchen vollständigen Umwandlung nicht vermuten lassen. Aber genau das ist es, was Transformation bedeutet, im Gegensatz zu schrittweiser Veränderung.

Wie wäre es, eine persönliche Transformation zu erreichen? Trotz der hartnäckigen Art und Weise, in der Menschen sich gegen Veränderungen sträuben – indem sie ohne rationalen Grund an Überzeugungen, Ängsten, Vorurteilen und persönlichen Gewohnheiten festhalten –, sind wir transformative Wesen, wie man anhand alltäglicher Erfahrungen sehen kann.

- Wenn Sie einen Gedanken haben, verwandelt sich das geistige Schweigen in eine Stimme in Ihrem Kopf.
- Wenn Sie ein Objekt sehen, wandeln unsichtbare elektrische Signale in Ihrem Gehirn den Gegenstand in Farbe und Form um.
- Der Sehsinn funktioniert, indem er winzige Schnappschüsse macht, die für sich unbewegt sind, aber von Ihrem Geist in die bewegte Welt transformiert werden. Das ist so wie bei einem Film, der aus zahlreichen Standbildern besteht, die in schneller Folge projiziert werden.
- Bei einem plötzlichen Schock schaltet Ihr Körper automatisch vom ausgeglichenen Ruhezustand in den erregten Kampf-oder-Flucht-Modus um.
- Die Worte »Ich liebe dich«, erzeugen, wenn sie von der richtigen Person zur richtigen Zeit ausgesprochen werden, eine vollkommene psychologische Verwandlung, die auch als Verlieben bekannt ist.

Nichts von alldem geschieht durch allmähliche oder schrittweise Veränderungen. Stattdessen verwandelt eine plötzliche Änderung einen Zustand in einen völlig anderen. Und wie bei Wasserstoff und Sauerstoff vermittelt der Zustand vor der Reaktion nicht, wie der

Zustand danach aussehen wird. Deshalb sagen Menschen, die sich zum ersten Mal verlieben, erstaunt Dinge wie: »Ich hätte mir nie vorstellen können, dass es so etwas gibt.«

Warum erscheint uns Transformation dann als etwas so Unwahrscheinliches und weit Entferntes? Die Antwort liegt in unserer inneren Einstellung zu Veränderungen. Offensichtlich sind für Gesellschaftsordnungen Konformität, Routine und Konventionalität wichtige Aspekte. Wir stehen unter einem starken Anpassungsdruck. Das ändert aber nichts an der Tatsache, dass wir in der Natur von Transformation umgeben sind. Darüber hinaus könnte unser Gehirn die von den fünf Sinnen empfangenen Rohsignale nicht in das Bild einer dreidimensionalen Welt verwandeln, ohne sie zu transformieren.

Die Lektion ist hier, zu akzeptieren, dass Transformation immer in Reichweite ist, und keine besonderen Anstrengungen oder Kämpfe notwendig sind, um sie zu erreichen.

»WAS SOLL ICH TUN?«

Der Mensch hat nicht einfach dadurch ein erfülltes Leben, dass er in der Außenwelt bekommt, was er will. Genauso wichtig ist die innere Erfüllung. Eine dem Bewusstsein gewidmete Lebensweise erreicht beides. Das ist eine reizvolle Aussicht, doch viele Menschen, wahrscheinlich die meisten, werden sich fragen: »Was soll ich tun?« Die Antwort lautet: *Leben Sie so, als seien Sie bereits vollständig erwacht*. Wer vollständig erwacht ist, für den sind die folgenden Wahrheiten völlig offensichtlich:

Alles in Ihrem Leben ist ein Ausdruck des Bewusstseins.
Sie zapfen direkt Ihre Quelle an, die reines Bewusstsein ist.
Sie haben ein perfektes dynamisches Gleichgewicht erreicht.

Sie vertrauen darauf, dass Ihre Impulse und Wünsche gut für Sie sind.
Sie schaffen Ihre persönliche Realität.
Ihr Leben entspringt in jedem Augenblick aus unendlichen Möglichkeiten.

In einer Art kosmischem »Durch Schein zum Sein« ist es viel besser, diese Wahrheiten zu leben, als darauf zu warten, dass die Erleuchtung sie offenbart. Sie sind gültig, jenseits unserer begrenzten Wahrnehmung. Auch ultraviolettes Licht liegt ja jenseits unserer Wahrnehmung und wir cremen uns trotzdem mit einem Sonnenschutzmittel ein. Und wir tragen Sicherheitsgurte, obwohl wir uns die Wucht eines Hochgeschwindigkeitsaufpralls nicht wirklich vorstellen können. Da das Leben eines jeden Menschen uneinheitlich ist, sind auch Sie zumindest teilweise schon erwacht. Der Trick ist, sich selbst zu erwischen, wenn man schläft, das heißt, wenn man unbewusst handelt.

Überraschenderweise erweist sich hier das gespaltene Selbst als hilfreich, denn geistig gesehen sind wir schon alle daran gewöhnt, an zwei Orten gleichzeitig zu sein. Wir teilen unsere Aufmerksamkeit eigentlich die ganze Zeit. Wir tun so, als würden wir zuhören, und denken in Wirklichkeit an etwas anderes. Wir verbergen einen sexuellen Impuls zu Zeiten, in denen von uns erwartet wird, dass wir uns wie ein rationaler Erwachsener benehmen. Wir halten mit unserer Abneigung gegen jemanden hinterm Berg, indem wir uns höflich und freundlich verhalten. Tagträume, Fantasie und Wunschdenken durchdringen alles (und verlassen es auch wieder), was wir sonst noch tun.

Diese Gabe, unsere Aufmerksamkeit zu teilen, ist für das Erwachen äußerst nützlich. Sie fördern das Gewahrsein alleine dadurch, wenn Ihnen auffällt, dass Sie geistig an zwei Orten gleichzeitig sind. Sobald Sie das einmal bemerken, kostet Sie das Erwachen keine Mühe mehr. Indem Sie sich viele Male am Tag für das Wachsein entscheiden, schulen Sie den geistigen Körper sanft, aber wiederholt, bis es für Sie schließlich etwas ganz Natürliches ist, bewusst zu bleiben. Sie werden überrascht sein, wie viele kleine Dinge Sie tun können, die relativ mühelos zu bewerkstelligen und doch sofort wirksam sind.

DIE EINFACHSTEN WEGE ZUM ERWACHEN

Wenn Ihre Gedanken abschweifen, fokussieren Sie sich wieder.
Wenn Sie ein subtiles Gefühl oder eine subtile Empfindung in Ihrem Körper wahrnehmen, lenken Sie Ihre Aufmerksamkeit dorthin.
Wenn eine Situation in Ihnen Stress erzeugt, versuchen Sie, sich so schnell wie möglich aus ihr zu befreien.
Wenn Sie sich aus dem Gleichgewicht gebracht fühlen, zentrieren Sie sich.
Wenn Ihr Geist erschöpft ist, suchen Sie einen Ort der Ruhe und des Rückzugs auf.
Wenn Sie sich selbst dabei ertappen, wie Sie widersprechen und sich wehren, halten Sie inne, um die Situation zu überdenken.
Wenn Sie Abneigung oder Widerwillen empfinden, übernehmen Sie Verantwortung für Ihre Gefühle.
Wenn Sie merken, dass Sie jemand anderem Ärger bereiten oder Stress verursachen, hören Sie auf damit.
Wenn Sie sich ganz sicher über etwas sind, lassen Sie dennoch andere zu Wort kommen und mitreden.
Wenn Ihr Drang, die Kontrolle zu haben, stark ist, überlegen Sie, ob es Ihnen gefallen würde, kontrolliert zu werden.
Wenn die Gemüter hochkochen, treffen Sie keine Entscheidungen, bis sich alles beruhigt hat.
Verschieben Sie im Zweifelsfall eine Entscheidung.
Wenn Sie sich verteidigen wollen, stellen Sie sich Ihrer eigenen Unsicherheit.
Wenn Sie das Gefühl haben, dass Sie gewinnen müssen, hören Sie auf, die Situation als Wettkampf zu betrachten, und versuchen Sie es stattdessen mit Kooperation.
Wenn Sie im Begriff sind zu erklären, dass Sie recht haben, überlegen Sie, wie Sie sich als derjenige fühlen würden, dem gesagt wird, dass er unrecht hat.
Wenn Sie sich gegen Kritik sträuben, gehen Sie davon aus, dass sie wahrscheinlich berechtigt ist.

Bei all diesen Entscheidungen fangen Sie an, so zu handeln, als seien Sie bereits vollständig erwacht, und für den Moment sind Sie es auch. Ich möchte nicht, dass das Wort *einfach* irreführend ist. Wenn Sie es gewöhnt sind, die Kontrolle zu haben oder immer zu glauben, dass Sie recht haben, wird ein solcherart eingefahrenes Verhalten nicht so einfach zu ändern sein. Aber Sie können sich dieses Verhaltens gewahr werden, und dann eine Pause einlegen, anstatt dorthin zu gehen, wo Ihre Gewohnheit Sie hinführen will (in Kapitel 5, »Befreien Sie sich«, finden Sie Hinweise dazu, wie sich hartnäckige, festgefahrene Verhaltensweisen auflösen lassen – wir alle leiden darunter).

Jeder kann den Schalter von schlafend auf wach umlegen, ohne Übung oder das Bemühen, jedes Mal perfekt zu sein. Es gibt nichts Neues zu lernen, auch wenn es stetiger, aufmerksamer Wiederholung bedarf, um aus der Gewohnheit des Unbewussten herauszukommen. Erwachtsein ist unser natürlicher Zustand. Ihre Zellen wissen das bereits, und es hilft, sich darüber klar zu werden, wie wach jede Zelle tatsächlich ist.

Lassen Sie mich das an einem Beispiel verdeutlichen: In der Gebärmutter beginnen sich achtzehn oder neunzehn Tage nach der Befruchtung der Eizelle die Herzzellen eines Embryos zu bilden. Wenn eine Zellbiologin mit ihrem geschulten Auge per Ultraschall den Embryo im Mutterleib betrachtet, kann sie das Pulsieren des kleinen Herzens wahrnehmen, während es beginnt, seine Identität anzunehmen. Aber das liegt daran, dass die Biologin weiß, wonach sie suchen muss. Wenn Sie sich vorstellen, dass Sie die erste Herzzelle sind, sähe die Sache ganz anders aus. Vor zwei Wochen existierten Sie noch gar nicht. Als Sie ins Leben gerufen wurden, waren Sie Teil eines zellulären Kleckses, der von elektrischen und chemischen Signalen durchsetzt war, die in einem scheinbaren Chaos umherflogen. Sie wussten weder selbst, welche Rolle Sie letztendlich spielen würden, noch gab es jemanden, der es Ihnen sagen konnte.

Ihre Identität als Herzzelle erwachte von selbst, und Sie fanden sich in einem unaufhaltsamen Wandel wieder. Es kam Ihnen nicht in den Sinn, Widerstand zu leisten. Ein winziger Teil von Ihnen, die DNA in Ihrem Zellkern, wusste mehr als Sie, aber sie offenbarte nur, was Sie in diesem Moment wissen mussten. Die vor Ihnen liegende Aufgabe im größeren Zusammenhang war gewaltig, jenseits aller Vorstellungskraft. Um die zwei Billionen Zellen eines Babys zu bilden, muss sich die ursprünglich befruchtete Eizelle nicht millionenfach, ja nicht einmal tausend- oder hundertfach teilen. Es braucht nur etwa vierzig Zellteilungen, um vom Klecks zu Herz, Gehirn, Lunge, Leber und allem anderen zu gelangen.

Als Herzzelle hat man das Glück, nicht schon im Voraus zu wissen, dass man in einem durchschnittlichen Leben etwa achtzigmal pro Minute und 115 000 Mal am Tag schlagen muss, was 3,36 Milliarden Schlägen entspricht, wenn man achtzig Jahre alt sein wird. Mit der modernen Technik ist es heute möglich, sehr effiziente Pumpen aus Kunststoff und Metall zu konstruieren, aber nichts, was auch nur annähernd an die Pumpleistung eines Herzens heranreicht.

Als Vorbereitung auf ihr anstrengendes Leben – pro Tag pumpt der Herzmuskel bis zu 10 000 Liter Blut durch die Blutgefäße – entwickelt eine Herzzelle übergreifende Funktionen. Im embryonalen Herz bilden sich zwei Herzkammern und zwei Herzohren und die dazugehörigen Klappen aus; hinzu kommen die Herzkranzgefäße, die notwendig sind, um den Herzmuskel mit Blut zu versorgen. Außerdem muss die Herzzelle lernen, elektrische Impulse zu nutzen, um einen einheitlichen Herzschlag zu koordinieren, und muss sich mit dem zentralen Nervensystem verbinden, um Nachrichten vom Gehirn empfangen zu können.

Übersetzen Sie dieses Modell in Ihr persönliches Leben mit seinen vielen sich überschneidenden Prozessen, und die Parallelen sind auffallend. Sie müssen im gegenwärtigen Moment leben und sich Ihrer Bestimmung sicher sein. Sie müssen dem Leben erlauben, sich zu entfalten, ohne im Voraus zu wissen, was die Zukunft bringt. Sie müssen darauf vertrauen, dass das Bewusstsein Sie auf einer bestimmten Ebene in die richtige Richtung führt. Das sind die Grundlagen, das Fundament des Erwachtseins.

In einem wichtigen Punkt jedoch weicht Ihr persönliches Leben von dem einer Herzzelle ab. Die Abläufe des Herz-Kreislauf-Systems sind komplex genug, um medizinische Lehrbücher zu füllen, aber Herzzellen können sich nicht von der biologischen Vorlage entfernen, an die sie gebunden sind. Sie hingegen dürfen umherwandern – Sie bahnen sich Ihren eigenen Weg entsprechend den Entscheidungen, die Sie treffen. Es gibt keine Schablone für das Menschsein. Aus diesem Grund wird der physische Körper in vielen spirituellen Traditionen des Ostens als »Vehikel« bezeichnet. Wie ein Boot oder ein Auto bringt er Sie dorthin, wo Sie hinwollen, indem er den Zwecken dient, die von Wünschen, Sehnsüchten, Ängsten, Vorfreude und Erwartung vorgegeben sind – all diese ungeordneten Impulse, die Sie Ihr ganzes Leben lang bei all Ihren Wanderungen begleiten.

Die verwirrende Unordnung des Lebens in etwas Organisiertes und Sinnvolles zu verwandeln, ist eine Herausforderung, der man sich bei jeder Gelegenheit stellen muss. Wenn der heutige Tag vorbei ist, werden Sie sich Dutzende Male entschieden haben, ob Sie wach oder schlafend sein wollen. Jede Faser Ihres Wesens ist darauf ausgerichtet, bereits auf Ihre geringste Absicht zu reagieren. Dies gilt seit dem Tag der Empfängnis. Das vollkommene Bewusstsein war immer schon da. Die Entwicklung im Mutterleib fand als ganzer Prozess statt, nicht als Stückwerk. Selbst als sich die Zellen differenzierten, in Herz-, Gehirn- und Leberzellen und so weiter, blieben sie alle in engem Kontakt miteinander.

Die Fähigkeit der Natur, Ordnung zu bewahren und das Chaos in Schach zu halten, ist geradezu wundersam. Die Fehlermarge ist mikroskopisch gering. Wenn die Herzzellen nicht mehr perfekt miteinander kommunizieren, können aus einem gleichmäßigen Herzschlag die unsynchronisierten Herzmuskelkontraktionen werden, die als Fibrillation (Vorhof- oder Kammerflimmern) bezeichnet werden. Dies ist eines der erschreckendsten Phänomene, die einem Kardiologen unterkommen, denn das Herz begeht damit innerhalb weniger Minuten buchstäblich Selbstmord. Andererseits aber verfügt das Herz auch über ein Sicherungssystem, um eine solche Katastrophe zu verhindern, weshalb es im Allgemeinen keine gravierenden Konsequenzen hat, wenn Ihr Herz mal einen Schlag aussetzt oder Herzgeräusche bei Ihnen festgestellt werden.

Wenn Sie die Ordnung des Herzens auf sich selbst anwenden, können Sie Ihr Leben mit beträchtlicher Unordnung leben, ohne dass dies sofort Auswirkungen hat. Die Nachsicht des Bewusstseins ist nämlich fast grenzenlos. Bei Kettenrauchern, die einen konstanten Strom von Karzinogenen in ihre Lunge strömen lassen, ist es zu 85 bis 90 Prozent unwahrscheinlich, dass sie an Lungenkrebs erkranken. Die älteste dokumentierte Raucherin, die Französin Jeanne Calment, wurde als junge Frau von ihrem Ehemann an das Rauchen herangeführt. Sie war nie Kettenraucherin, rauchte aber nach dem Essen eine Zigarette oder ein Zigarillo, und das, bis sie sage und schreibe 117 Jahre alt war. Dann gab sie das Rauchen auf und lebte noch weitere fünf Jahre (bis 1997). Bis heute ist kein anderer Mensch so alt geworden. Es ist natürlich nicht die Norm, so alt zu werden, ob als Raucher(in) oder Nichtraucher(in), aber die Geschichte von Jeanne Calment ist nichtsdestotrotz ein gutes Beispiel dafür, dass das Bewusstsein sehr anpassungsfähig ist und die Menschen dafür ausgestattet sind, auch unter den widrigsten, manchmal schädlichsten Bedingungen zu überleben. Das Bewusstsein passt auch dann auf uns auf, wenn wir nicht selbst auf uns aufpassen.

Vollkommene Meditation

Lektion 17: Wahrnehmen

»Man kann nicht ändern, wessen man nicht gewahr ist« lautet ein Grundsatz, der in diesem Buch immer wieder auftaucht. Gewahrsein ist gleichbedeutend mit Achtsamkeit. Achtsam zu sein ist etwas sehr Wünschenswertes. Es hält Sie im gegenwärtigen Augenblick. Dazu gehört auch, wachsam und offen für neue Erfahrungen zu sein. Achtsamkeit entspricht einem ungebundenen Zustand: Man ist unvoreingenommen, offen für den gegenwärtigen Moment, und nicht auf ein Resultat fixiert, das man sich wünscht oder fürchtet.

Dennoch hat Achtsamkeit ein eingebautes Paradoxon. Wie kann man sich selbst daran erinnern, achtsam zu sein, wenn man sich vom gegenwärtigen Moment entfernt hat? Es braucht Achtsamkeit, um zu merken, dass man abgedriftet ist, aber Achtsamkeit ist genau der Zustand, in dem man sich dann nicht befindet. Jemanden aufzufordern, er solle achtsam sein, ist so, als würde man sagen: »Vergiss nicht, dich zu erinnern.«

Glücklicherweise können Sie dieses eingebaute Paradoxon überwinden. Ihr Geist ist so ausgelegt, dass er Dinge wahrnimmt, auch jene, die unbewusst ablaufen. Die meisten Menschen sind gut darin, morgens immer schon aufzuwachen kurz bevor der Wecker klingelt. Der Geist registriert die Uhrzeit auch dann, wenn Sie schlafen.

Wir sind so daran gewöhnt, im denkenden Verstand zu leben, dass wir nicht merken, wie stark uns das nicht denkende Bewusstsein beeinflusst. Wenn Sie einen Freund in einer Menschenmenge oder Ihr Lieblingsgericht auf der Speisekarte eines Restaurants entdecken oder Ihnen eine noch unbekannte Frau auffällt, was passiert dann? Sie legen innerlich einen Schalter um und zollen einer bestimmten Person oder Sache Aufmerksamkeit, im Unterschied zu vielen anderem, dem Sie keine Beachtung schenken. Sobald Sie den Freund sehen, ignorieren Sie die anderen Menschen in der Menge.

Ein solches Umlegen des inneren Wahrnehmungsschalters kann ungeahnte Folgen haben. Nachstehend gebe ich Ihnen zwei Beispiele hierfür:

- Im Herbst 1928 kehrte der schottische Medizinforscher Alexander Fleming aus dem Urlaub zurück und fand zu seinem Ärger eine seiner Bakterienkulturen verschimmelt vor. Anstatt die Kultur gleich zu entsorgen, betrachtete er sie genau, und es fiel ihm auf, dass die Schimmelpilze offensichtlich das Wachstum der Bakterien gehemmt hatte. Die Pilze gehörten zur Gattung Penicillum, und Flemings Entdeckung war letztendlich der »Aha!«-Moment, der zur Entwicklung des Penicillins, des ersten Antibiotikums, führte.

- Da es unmöglich ist, mit Sicherheit zu wissen, wann ein Stein bearbeitet wurde, blieb der Zeitpunkt der Entstehung von Stonehenge, diesem aus riesigen Megalithen errichteten Bauwerk in Südengland, lange komplett im Dunkeln. Auch über den Zweck der kreisförmigen Anlage konnte nur spekuliert werden. Erst in den 1960er-Jahren stellte Gerald Hawkins die Theorie auf, dass die Anordnung der Steine dazu dienen könnte, astronomische Ereignisse wie Tagundnachtgleiche und Sommer- und Wintersonnenwende vorauszusagen. Hawkins' Geistesblitz wurde kontrovers diskutiert, gilt aber bis heute als brauchbare Erklärung.

Diese beiden Beispiele zeigen, dass hinter dem einfachen Akt des Wahrnehmens eine Art Agenda steht. Es ist kein Zufall, was wir bewusst wahrnehmen. Wir bemerken Dinge und Personen, die ...

wir suchen.
wir schon beurteilt haben.
wir fürchten.
uns gefallen könnten.
eine Erklärung oder Lösung bieten.

Das sind Dinge, die auf der Agenda eines jeden Menschen stehen, auch wenn die genauen Themen individuell ganz verschieden sind. Die vollkommene Meditation hat ihre eigene Absicht, die evolutionär ist. Sie ist auf das Gewahrsein ausgerichtet, was ihnen ermöglicht, bewusster zu sein. Dazu gehört auch, sich gelegentlich zu ertappen, wie man etwas unbewusst tut. Doch die Agenda der vollkommenen Meditation hat noch andere Dimensionen:

- Merken, wenn jemand anderer Aufmerksamkeit und Wertschätzung braucht.
- Eine Gelegenheit erkennen, etwas zu geben oder jemandem einen nützlichen Dienst zu erweisen.

- Eine Gelegenheit erkennen, freundlich zu sein.
- Merken, wenn Hilfe benötigt wird.
- Schönheit in der Natur wahrnehmen.

Wenn Sie Ihre innere Agenda darauf ausrichten, solche Gelegenheiten zu nutzen, bringen Sie sich in Einklang mit Ihrem tieferen Gewahrsein. So wie Ihre innere Uhr auch im Schlaf merkt, wie spät es ist, erfassen die tieferen Bewusstseinsebenen viel mehr als Ihr denkender Verstand. Ihr tieferes Gewahrsein ist die Quelle der wichtigsten Aspekte der menschlichen Existenz: Liebe, Mitgefühl, Kreativität, Neugier, Erkenntnis, Intelligenz und Evolution.

Orientieren Sie sich an diesen Dingen, und es werden sich neue Möglichkeiten für Sie eröffnen. Alexander Fleming war wie geschaffen für die Entdeckung des Penicillins, denn er war bereits ein renommierter Forscher, der wichtige Forschungsergebnisse vorzuweisen hatte. Eine liebende Mutter ist darauf eingestellt zu bemerken, dass es ihrem Kind nicht gut geht, während gleichgültigen Eltern das möglicherweise entgehen würde.

Dinge zu beachten, bedeutet, die Tür des Gewahrseins zu öffnen. Was Sie danach tun, bleibt Ihnen überlassen. In der vollkommenen Meditation bemerken Sie viel mehr, als Sie es vorher taten, aber es gibt keine Verpflichtung, auf eine bestimmte Weise zu handeln. Das Bewusstsein kann alles erreichen; dabei ist das Bewusstsein jedoch sich selbst Belohnung genug.

In der yogischen Tradition ist Gewahrsein vor allem für drei Zwecke wichtig: Hingabe, Handlung und Wissen. Diese werden durch Raja Yoga, das »königliche Yoga« abgedeckt, das auf kein bestimmtes Ziel oder Objekt ausgerichtet ist. Raja Yoga erlangt vollkommenes Erwachen um seiner selbst willen, was auch immer kommen mag. Ein Leben in Freiheit bedarf keiner weiteren Rechtfertigung.

Im täglichen Leben bedeutet das Ändern der inneren Zielsetzung auch, die Art der Wahrnehmung hinter sich zu lassen, die der persönlichen Entwicklung nicht dienlich ist wie etwa das Registrieren von Fehlern bei anderen, Menschen als Gewinner oder Verlierer zu klassifizieren und das Bedürfnis, andere zu korrigieren und uns selbst zum obersten Schiedsrichter zu erheben. Es führt kein Weg an der Tatsache vorbei, dass Zielsetzungen auch eine dunkle Seite haben. Es ist schwer, etwas zu bemerken, ohne es sofort zu beurteilen.

In der vollkommenen Meditation ist es wichtig, sich seiner Urteile gewärtig zu sein, aber nicht nach ihnen zu handeln. Wir sind allzu geübt im Spiel von Vorlieben und Abneigungen, Akzeptanz und Ablehnung, Anziehung und Aversion. Diese Gegensätze beherrschen unsere innere Zielsetzung. Wenn Sie sich jedoch für eine neue Agenda entscheiden, können Sie den Wandel vollziehen, und mit der Zeit wird das, was Sie bemerken, zu Ihrem Wachstum beitragen. Urteilsfreiheit beginnt damit, dass Sie keine Urteile bevorzugen, von denen Sie wissen, dass sie negativ sind. Bemerken ist nichts Zufälliges. Sie können schon jetzt damit beginnen, Gelegenheiten zum Erwachen zu erkennen. Dies allein reicht aus, um Ihre persönliche Entwicklung stark zu beschleunigen.

ES GIBT KEINEN PLAN

Die Zukunft ist unbekannt und unvorhersehbar, ob man nun Jahrzehnte, Jahre oder nur Minuten vorausschaut. Ihr nächster Gedanke ist Ihnen so unbekannt wie der Zustand der Welt im nächsten Jahrhundert. Trotz aller Ungewissheiten schmieden wir immer wieder Pläne, von denen einige aufgehen, aber auch das ist unvorhersehbar. Wir können jedoch eine andere Perspektive einnehmen. Das Leben lässt sich planen, indem man eine grundlegende Wahrheit begreift: Es gibt keinen Plan. Auf irgendeiner Ebene erkennen wir das alle instinktiv, und es bereitet uns nicht uneingeschränkt Freude. »Kein Plan« bedeutet, dass man ständig mit dem Unbekannten konfrontiert ist. Ist das eine kreative Chance oder eine Quelle der Angst?

Gegensätze koexistieren eher schlecht, das ist in fast allen Bereichen des Lebens so. Wir sind sowohl glücklich als auch ängstlich und entscheiden uns nie dauerhaft für das eine oder das andere. Wir sind frei und gebunden, weshalb wir darauf bestehen, individuell zu sein, ein Ausdruck der Freiheit, und uns aber auch anpassen, um uns in die Gesellschaft einzufügen, ein Ausdruck des Gebundenseins. Wer sich nicht anpasst, muss mit Bestrafung rechnen, wovon jeder gedemütigte Jugendliche ein Liedchen singen kann, der von Internetmobbing betroffen ist. Ganz gleich, wie ängstlich oder unsicher wir uns fühlen, wir setzen ein Gesicht auf, das solche unwillkommenen Gefühle verbirgt. Menschen haben die grenzenlose Fähigkeit, zwei Dinge gleichzeitig zu sein. In einem totalitären Staat leben die Bürger in äußerster Angst und marschieren trotzdem zum Lob eines »geliebten Führers«.

Ein Klassiker unter den Selbsthilfebüchern ist Susan Jeffers' *Selbstvertrauen gewinnen: die Angst vor der Angst verlieren.* Jeffers empfiehlt, die Angst zuzulassen, anstatt uns von ihr blockieren zu lassen. Dies ist ein guter Ratschlag, denn oftmals rennen Menschen vor der Angst weg, oder aber sie weigern sich, zuzugeben, dass sie überhaupt je Angst haben. Mit anderen Worten, wir kompensieren ständig. Wir finden Wege, Probleme zu umgehen, um nicht nur mit der Angst, sondern mit jeder Art von unerwünschter Erfahrung leben zu können. Wir machen die klassische gute Miene zum bösen Spiel und schaffen es, unangenehme Situationen so überzeugend zu überspielen, dass wir uns vormachen, wir seien tatsächlich glücklich. Denken Sie nur an die vielen Ehen, in denen ein Ehepartner glaubt, dass alles gut läuft, während der andere jeden Tag an Scheidung denkt.

Solche Kompromisse und das angepasste und kompensatorische Verhalten wären vielfach unnötig, wenn wir ein für alle Mal akzeptieren würden, dass es keinen Plan gibt. Wir sind ständig mit dem Unbekannten konfrontiert. Entweder Sie nutzen diese Tatsache als eine Quelle des Optimismus, der Kreativität und der Freude, oder Sie stehen ein Leben lang vor der Aufgabe, Gefühle, denen Sie sich nicht entziehen können, und eine Unsicherheit, die niemals nachlässt, zu kompensieren. Ihr Herz kann nicht vorhersagen, wann es rasen oder langsamer schlagen wird. Ihre Lunge kann nicht vorhersagen, wann sie nach Luft schnappt oder völlig entspannt ihre Arbeit verrichten wird. Selbst für diese Organe, die mit einer festen Verhaltensvorlage versehen sind, gibt es keinen Plan.

Doch am Horizont des Unbekannten gibt es eine Möglichkeit, die nur dem *Homo sapiens* offensteht – Erwachen. Wer vollkommen bewusst ist, der fürchtet das Unbekannte nicht, weil es weder eine Bedrohung noch eine Chance darstellt. Diese Begriffe gehören in das Feld der Gegensätze, eine Entweder-oder-Welt, die wir durch schiere Trägheit bewohnen. Der menschliche Geist ist darauf trainiert, zu akzeptieren und abzulehnen, Anziehung und Abstoßung zu empfinden, andere Menschen (und sich selbst) als gut oder schlecht zu beurteilen. »Kein Plan« bedeutet, frei von solchen Konditionierungen zu sein, die nur dazu dienen, das Leben so vorhersehbar wie möglich zu machen.

Der Wunsch nach Vorhersagbarkeit sollte sich auf Dinge wie das Wetter, funktionierende Stromleitungen oder die Zuverlässigkeit von Haushaltsgeräten beschränken. Dort ist sie richtig am Platz. Die Ausweitung der Vorhersagbarkeit auf den menschlichen Geist jedoch verfälscht die Realität. Wir sind dazu bestimmt, frei zu denken, zu gestalten, zu forschen und zu entdecken, uns frei zu entwickeln und unserer Fantasie freien Lauf zu lassen. Jede Beschränkung dieser Freiheiten ist selbst geschaffen und selbstzerstörerisch. Der wesentlichste Grund, so zu leben, als wäre man völlig wach, ist, dass man es bereits ist – man weiß es nur noch nicht. Der Geist verbirgt sich vor dem Geist. Er schafft Grenzen und fühlt sich dann in ihnen gefangen und vergisst, alles, was er geschaffen hat, wieder rückgängig machen zu können.

Das ist das Paradoxon, das die vollkommene Meditation entwirrt. Aus dem verwirrenden Durcheinander des Lebens können Sie zu Klarheit und Gewissheit erwachen, beginnend mit der Klarheit darüber, wer Sie wirklich sind und was Sie als Mensch erreichen wollen.

Vollkommene Meditation

Lektion 18: Spontaneität

Das Ziel der vollkommenen Meditation ist vollkommene Freiheit. So wie wir allerdings den Begriff *frei* normalerweise verstehen, setzt er uns enge Grenzen. Manche Erfahrungen erschrecken oder beunruhigen uns. Wir reden uns ein, dass viele Dinge unerreichbar für uns sind.

Es besteht eine große Kluft zwischen begrenzter Freiheit und vollkommener Freiheit. Die erste basiert auf dem, was man vernünftigerweise vom Leben erwarten kann. Die zweite beginnt damit, dass das Leben als ein Feld unendlicher Möglichkeiten betrachtet wird. Es bedarf einiger Überzeugungsarbeit, um die völlige Freiheit als mehr als einen Wunschtraum erscheinen zu lassen. Ist es überhaupt wünschenswert, sich grenzenlos zu fühlen? Dies könnte ja auch in eine Wahnvorstellung oder komplettes Chaos münden.

Da wir Menschen sind, sind wir hin- und hergerissen zwischen dem, was wir tun wollen, und dem, was wir glauben, uns erlauben zu können. Kein anderes Lebewesen spürt diese Art von Unsicherheit. Wenn sich ein gezähmter Tiger plötzlich gegen seinen Dompteur wendet und ihm tödliche Verletzungen zufügt, empfindet das Tier keine Reue. Nur in den Augen des Menschen hat sich der Tiger vom Guten zum Bösen gewandelt. Für die meisten von uns gehört nichts derart Bedrohliches zum täglichen Leben, aber wir verhandeln immer noch ständig mit unseren Wünschen, erfüllen uns einige und unterdrücken andere.

Es geht um Spontaneität. Die Standardposition der Gesellschaft ist es, spontanem Verhalten zu misstrauen und Gesetze und Regeln dagegen zu erlassen. Regeln durchzusetzen ist der sicherste Weg, um die Leute in Schach zu halten – das glauben zumindest jene, die die Regeln aufstellen. Diese Haltung lässt sich in fast unvorstellbare Extreme treiben. Wenn Sie in Amerika zu einer Bank gehen und einen Kredit beantragen, ist es üblich, dass die Bank Ihre Kreditwürdigkeit,

Ihr Einkommen und Ihre Kreditkartenschulden überprüft. In China hingegen werden Sie vom Kreditvermittler auf elektronischem Wege überprüft, unter Verwendung von in der Cloud gespeicherten Daten. Ein mit einem Smartphone gestellter Antrag wird in einer Zehntelsekunde bewilligt oder abgelehnt, nachdem die Kreditagentur 5 000 (!) persönliche Faktoren überprüft hat, darunter, wie fest Sie auf die Tasten Ihres Smartphones drücken und wie niedrig der Akkustand jeweils ist, bevor Sie ihn wieder aufladen.

Wir sind alle nur allzu bereit, uns selbst Regeln aufzuerlegen und brauchen keine Autoritätsperson, die das für uns tut. Selbstdisziplin und Impulskontrolle gelten als erwünschte Eigenschaften eines reifen Erwachsenen. Es gibt ein berühmtes Experiment in der Kinderpsychologie, bei dem Kinder in Einzelsitzungen angewiesen wurden, sich an einen Tisch zu setzen, auf dem ein Marshmallow platziert worden war. Den Kindern wurde dann gesagt, dass sie, wenn sie möchten, das Marshmallow sofort essen dürften, wenn sie jedoch fünf Minuten warten könnten, erhielten sie zwei Marshmallows. Der Versuchsleiter verließ dann den Raum und beobachtete das Geschehen durch einen Einwegspiegel. Einige Kinder zappelten und kämpften gegen den Drang nach sofortiger Befriedigung. Andere griffen sofort nach dem Marshmallow und wieder andere warteten geduldig, bis die fünf Minuten um waren. (Wenn Sie den Kindern zuschauen möchten, geben Sie in YouTube als Suchbegriff »Marshmallow-Test« ein und freuen Sie sich auf ein wirklich reizendes Video.)

Dieses Experiment lässt darauf schließen, dass wir bereits von einem sehr frühen Alter an eine mehr oder weniger stark ausgeprägte Anlage zur Impulskontrolle haben. Die Tatsache, dass die Kinder, die Selbstkontrolle an den Tag legten, belohnt wurden, zeigt, welches Verhalten gesellschaftlich erwünscht ist. Viele der größten Geschenke des Lebens gehen jedoch mit Spontaneität einher – sich zu verlieben, Musik zu komponieren, Bilder zu malen, mit einem »Aha!«-Erlebnis überrascht zu werden und sogenannte Gipfelerlebnisse zu haben.

Wie können wir dafür sorgen, dass Spontaneität unser Leben bereichert und wir sie nicht unterdrücken müssen? Wir alle überwachen unsere Impulse aus Angst, aus der Sorge heraus, dass ein spontaner Impuls zu Verlegenheit, Ablehnung, Scham oder Schuldgefühlen führen könnte. In Singapur (einem Paradies für Regel-Junkies) können schon kleinere Verstöße wie das Ausspucken eines Kaugummis auf den Bürgersteig zu ernsthaften Konsequenzen führen. In China wiederum hat die fortgeschrittene digitale Technologie eine Entwicklung ermöglicht, bei der die Gesichter von unachtsamen Fußgängern, die Verkehrsregeln missachten, sofort auf einem öffentlichen Bildschirm erscheinen, was einem mittelalterlichen Pranger gleichkommt.

Jeder versucht, irgendwie einen Mittelweg zu finden zwischen »alles ist erlaubt« und »alles ist verboten«, ohne wirklich zu wissen, wo die Grenzen gezogen werden sollten. An einem Nacktbadestrand Urlaub zu machen, ist für den einen der Inbegriff von Freiheit an der frischen Luft, während es für den anderen Scham und Demütigung bedeutet. Dass sich jemand gleich fünf Hotdogs bestellt, ist für die meisten Menschen gleichbedeutend mit einer ernsthaften Störung der Impulskontrolle, aber andererseits hat 2018 ein Mann einen neuen Weltrekord aufgestellt, indem er bei einem Wettbewerb auf Coney Island vierundsiebzig Hot Dogs in zehn Minuten vertilgte (»Ich fühle mich richtig gut«, verkündete der Gewinner fröhlich nur wenige Minuten, nachdem er sich die 21 000 Kalorien einverleibt hatte).

Die Lösung unseres inneren Konflikts besteht darin, die Spontaneität zuzulassen, statt sie einzuschränken. Eine solche Spontaneität ist nur auf der Ebene des vollkommenen Bewusstseins möglich. Andernfalls bleiben wir Gefangene unserer selbst auferlegten Beschränkungen, Regelkonformität, Angst vor Peinlichkeiten oder Demütigungen und ähnlichen Sorgen, die natürlich sind, wenn man ein Leben lang der Absicht des Egos gefolgt ist. Sie können den inneren Konflikt nicht auf der vom gespaltenen Selbst diktierten Gewahrseinsebene lösen.

Der Krieg, den wir mit unseren Begierden führen, findet im gespaltenen Selbst statt. Vieles bleibt dabei auf der Strecke, denn der Versuch, jeden Konflikt einzeln zu lösen, ist sinnlos und zum Scheitern verurteilt. Wenn wir versuchen zu entscheiden, wie spontan wir sein wollen, stehen uns zahlreiche Hindernisse wie alle möglichen Vorurteile, Überzeugungen, Ängste vor schlimmen Folgen, Erinnerungen an vergangene Peinlichkeiten und gesellschaftlich angeeignete Hemmungen im Weg. Das gespaltene Selbst tut gut daran, sich selbst nicht zu vertrauen.

Glücklicherweise verfügt jeder Mensch über genügend Freiheit, um Momente der Spontaneität genießen zu können. Wer erwacht ist, kann das ganze Leben lang Lachen, Freude und Munterkeit erleben (wenn dies doch nur die Norm wäre). Die tiefste spirituelle Wahrheit besagt, dass Freiheit absolut ist. Wenn Sie in sich selbst ruhen und es keine dunklen Stellen mehr gibt, vor denen Sie sich fürchten müssen, liegt nichts mehr im Verborgenen. Die schädigende Wirkung der Selbstunterdrückung nimmt mit jedem Schritt ab, den Sie unternehmen, um sich von der Selbstbeurteilung zu befreien. Alles was verboten ist, ist erst recht reizvoll. Würden Sie die Keksdose offen auf dem Tisch stehen lassen und Ihrem fünfjährigen Kind sagen, dass Sie es ihm verbieten, Kekse zu essen? Wir alle wissen, was dann passieren würde, sobald Sie dem Kind den Rücken zudrehten.

Im Moment sind Sie sowohl Ihr eigener Regelhüter als auch ein Rebell gegen die Regeln. Es braucht eine Reise ins Bewusstsein, um nicht mehr geteilt zu sein. Sie sind nicht dazu bestimmt, sich gleichzeitig zu belangen und zu verteidigen. Sie sind dafür ausgelegt, dass Sie als Nächstes das tun wollen, was für Sie am besten ist. Das ist ein radikales Umdenken in Bezug auf das, was die Gesellschaft uns glauben machen will, aber wenn Sie sich für eine Lebensweise entscheiden, die auf dem Bewusstsein beruht, wird die Realität anbrechen. Spontaneität ist die Essenz des Lebens und die Seele der Kreativität.

DIE VOLLKOMMENE MEDITATION IN VIELFÄLTIGER PRAXIS

DAS WUNDER SPÜREN

ZEHN EINFACHE ÜBUNGEN

In diesem Moment würde sich, wenn Sie vollkommen erwacht wären, Ihr Leben wie ein Wunder anfühlen. Ohne dieses Gefühl gibt es kein Wunder. Wir sollten ein berühmtes Zitat Einsteins ernst nehmen: »Es gibt nur zwei Arten, sein Leben zu leben. Entweder so, als gäbe es keine Wunder, oder so, als wäre alles ein Wunder.« Diese Worte sind inspirierend, aber wie lebt man eigentlich mit dem Gewahrsein, dass alles ein Wunder ist?

Nachstehend finden Sie zehn Meditationsübungen, die Ihnen helfen sollen, diese Frage zu beantworten. Bei jeder Übung werden Sie gebeten, eine alltägliche Erfahrung zu machen und sie mit neuen Augen zu betrachten. Das Ziel ist nicht, Ihnen ein religiöses Wunder oder etwas Übernatürliches zuteilwerden zu lassen. Die alltägliche Welt ist ja bereits voller Wunder. Wir sind auf Schritt und Tritt von Geheimnisvollem umgeben, und es spielt keine Rolle, ob wir diese Wunder erklären können. Sie geschehen so oder so, unabhängig von unserem Standpunkt.

Der Grund, warum Sie Ihre Weltsicht ändern sollten, ist, dass Sie im reinen Bewusstsein näher zu Ihrem eigenen Ursprung gelangen – reines Bewusstsein in seiner Rolle als Schöpfer von allem Wunderbaren in unserem Leben. Nichts ist grundlegender. Wenn Sie leben wollen, als ob es keine Wunder gäbe, finden Sie Unterstützung im wissenschaftlichen Weltbild. In der Wissenschaft geht es darum, allen möglichen physikalischen Phänomenen die bestmögliche rationale Erklärung zu geben. Ich werte die Wichtigkeit dieses Ansatzes nicht ab, denn es ist offensichtlich, dass wir unser Leben heute mithilfe von Spitzentechnologie und all ihren Vorteilen (sowie ihren versteckten und nicht so versteckten Gefahren) führen.

Das Problem der wissenschaftlichen Weltsicht besteht nicht darin, dass sie die Möglichkeit von Wundern ausschließt, obwohl sie das sicherlich tut. Das Problem ist, dass das Bewusstsein bis vor relativ kurzer Zeit keinen Platz in der Geschichte der Wissenschaft hatte. Erst seit etwa zehn Jahren zieht das »schwierige Problem«, zu erklären, woher das Bewusstsein kommt, allmählich wissenschaftliche Aufmerksamkeit auf sich. Vorher hatten Wissenschaftler zwei Annahmen als selbstverständlich hingenommen: Zum einen, dass Bewusstsein nicht erklärt werden muss – es kann einfach als eine Tatsache des Lebens akzeptiert werden, wie die Luft, die wir atmen. Zum zweiten, dass wenn Bewusstsein doch erklärt werden muss, es genügt, dies innerhalb der Grenzen der physikalischen Prozesse zu tun. Der Geist würde all seine Geheimnisse offenbaren, sobald die Neurowissenschaft das Gehirn so vollständig wie möglich kartografiert hat.

Beide Annahmen sind unrichtig. Nicht Ihr Gehirn verliebt sich schließlich, sondern *Sie* verlieben sich. *Sie* haben Wünsche, Träume, Überzeugungen, Ängste, Vorurteile und Einsichten, nicht Ihr Gehirn. Ich kann nicht vorhersagen, wann die Wissenschaft akzeptieren wird, dass das Bewusstsein der wichtigste Aspekt der Existenz eines jeden Menschen ist, aber zweifelsohne sind Sie und ich völlig abhängig vom Bewusstsein. Damit wir diese Tatsache nicht als selbstverständlich hinnehmen, ist es vorteilhaft, hier und jetzt zu erkennen, wie wunderbar das Bewusstsein ist. Nur dann werden Sie die Schwelle überschreiten und anfangen, so zu leben, als ob alles ein Wunder ist.

Versuchen Sie die zehn folgenden Übungen. Sie sind einfach durchzuführen und dauern nicht lange. Sie können sie direkt nacheinander absolvieren oder immer nur eine, um sich danach jeweils Zeit zum Nachdenken zu geben, welche Erkenntnisse sie Ihnen gebracht hat. Ein Teil der Inhalte der Meditationsübungen wird Ihnen bereits aus früheren Kapiteln in diesem Buch bekannt vorkommen, aber in konzentrierter Form, kombiniert mit Ihrer persönlichen Erfahrung, werden sie noch stärker in Ihr Bewusstsein dringen.

WUNDER Nr. 1
LICHT

Übung:
Schließen Sie die Augen und visualisieren Sie völlige Schwärze. Sie könnten sich ein Kohlebergwerk oder eine Höhle tief in der Erde, den Nachthimmel ohne Sterne oder einfach eine schwarze Tafel vorstellen. Öffnen Sie nun die Augen und schauen Sie sich um.

Worin liegt das Wunder?
Als Ihre Augen geschlossen waren und Sie sich nichts als Schwärze vorstellten, sahen Sie das Zimmer so, wie es tatsächlich ist. Kein Licht existiert, ohne dass Sie das Wunder vollbringen, unsichtbare Photonen in Helligkeit, Farbe und Form zu verwandeln. Der Nachthimmel ist tatsächlich schwarz. Sterne leuchten nicht. Auch der Mittagshimmel ist schwarz. Die Sonne scheint nicht.

Die Physik weiß, dass Photonen unsichtbar sind, und Photonen sind die Elementarteilchen, die Licht tragen. Unser Sehen der Dinge geschieht vollständig im Bewusstsein. Das Gehirn ist innerlich so schwarz wie eine unterirdische Höhle. Der visuelle Kortex hat keine Bilder in sich. Es gibt keine physikalische Erklärung dafür, wie die gewöhnlichen Chemikalien, aus denen das Gehirn besteht – im Wesentlichen Wasserstoff, Kohlenstoff, Stickstoff und Sauerstoff – die dreidimensionale Welt hervorbringen, die wir sehen und in der wir leben. Das ganze Mysterium ist die Essenz der wundersamen Natur des Alltäglichen.

WUNDER Nr. 2
TRANSFORMATION

Übung:
Setzen Sie sich auf einen Stuhl und achten Sie auf die Luft, die durch Ihre Nase ein- und ausströmt. Spüren Sie ihre Kühle und die Bewegung bei der Ein- und Ausatmung. Holen Sie sich jetzt ein Glas Wasser und nehmen Sie einen Schluck.

Worin liegt das Wunder?
Die Luft, die Sie atmen, ist das Gleiche wie das Wasser, das Sie trinken. Beide bestehen aus den Gasen Sauerstoff und Wasserstoff (Luft enthält noch andere Komponenten, hauptsächlich Stickstoff). Was Luft von Wasser unterscheidet, ist die Transformation, doch hinter diesem Wort verbirgt sich ein Wunder. Es gibt keine rationale Erklärung dafür, warum Wasser nass ist oder warum es das universelle Lösungsmittel ist. Und soweit wir wissen, gibt es keine Erklärung dafür, wie zwei unsichtbare Gase das Potenzial hatten, die eine Substanz zu werden, ohne die kein Leben existieren kann.

Natrium, ein hochreaktives Metall, und Chlor, ein gelbgrünes Gas, sind beide tödlich giftige Stoffe. Kombiniert bilden sie jedoch Natriumchlorid (auch Kochsalz genannt), das nicht giftig und sogar ein lebenswichtiger Mineralstoff für alle Zellen im menschlichen Körper ist. Es liegt nichts Wundersames darin, dass sich Natriumatome mit Chloratomen verbinden – der Bindungsprozess ist elementare Chemie. Das Wunder ist, dass eine so einfache Bindung zwei Chemikalien in etwas Unerwartetes, Unerklärliches und Unvorhersehbares verwandelt. Wenn es kein Wasser gäbe, wäre es unmöglich vorherzusagen, dass zwei Gase es bilden würden. Wenn es kein Salz gäbe, wäre es unmöglich vorherzusagen, dass die Verbindung zweier giftiger Stoffe einzelliges Leben ermöglichen und damit die Kette der Ereignisse initiieren würde, die letztendlich zum *Homo sapiens* und zu jeder Erfahrung führte, die Sie und ich jemals gemacht haben.

WUNDER Nr. 3
SCHÖNHEIT

Übung:
Betrachten Sie ein Foto von jemandem, den Sie schön finden. Es kann ein Filmstar, ein Baby oder jemand sein, den Sie lieben, aber es muss ein Foto sein und nicht nur ein Bild vor Ihrem geistigen Auge. Drehen Sie das Foto dann um, sodass die abgebildete Person quasi auf dem Kopf steht, und sehen Sie es sich noch einmal an.

Worin liegt das Wunder?
Wenn man das Bild eines Gesichts auf den Kopf stellt, kann man nicht mehr erkennen, um wen es sich handelt. Dies ist ein Phänomen, das damit zusammenhängt, wie das Gehirn identifiziert, was es sieht. Der visuelle Cortex funktioniert so, dass er Objekte dann erkennt, wenn sie richtig herum platziert sind. (Die Tatsache, dass wir vertraute Gesichter sofort wiedererkennen, ist nie geklärt worden, aber dies wollen wir hier als ein sekundäres Wunder beiseitelassen.)

Das Wunder besteht darin, wie die Schönheit im Gesicht erscheint, wenn es richtig herum präsentiert wird, und verschwindet, wenn es um 180 Grad gedreht wird. Wo geht die Schönheit hin? Diese Frage kann nicht beantwortet werden, ohne zu fragen, wo die Schönheit überhaupt herkommt. Man sagt, Schönheit liege im Auge des Betrachters, aber das stimmt nicht – Ihre Augen können Schönheit nicht in einem auf dem Kopf stehenden Bild finden, weil Schönheit ein Bewusstseinszustand ist. Deshalb nehmen wir die abstrakte Beschaffenheit der Schönheit unterschiedlich wahr. Der geliebte Mensch, den Sie als wunderschön ansehen, ist mir wahrscheinlich fremd. Die besondere Schönheit, die eine Mutter in ihrem eigenen Baby sieht, ist intensiver als die Schönheit, die sie in dem Baby ihrer Nachbarin oder in den Neugeborenen sieht, die nebeneinander auf der Entbindungsstation liegen.

Niemand hat die Schönheit erfunden. Sie ist etwas, das wir kennen, ohne dass wir erklären müssen, woher sie kommt. Gehirnzellen verarbeiten visuelle Bilder, aber nur das Bewusstsein fügt diesen

Bildern Schönheit hinzu oder nimmt sie wieder weg. Wie Schönheit entsteht, warum sie kommt und geht, was uns empfänglich für sie macht – all diese Dinge sind alltägliche Wunder.

WUNDER Nr. 4
LIEBE

Übung:
Bei dieser Übung müssen Sie irgendetwas auswählen, das Sie lieben. Wenn es Schokolade ist, nehmen Sie ein Stück in den Mund und versuchen Sie, sie nicht zu lieben. Versuchen Sie es hinzubekommen, dass das Stückchen nach nichts schmeckt oder Ihnen geradezu widerwärtig ist. Oder wenn es einen Film gibt, den Sie lieben, stellen Sie ihn sich vor Ihrem geistigen Auge vor und erinnern Sie sich an eine Szene oder vielleicht nur an die Schauspieler in Aktion. Versuchen Sie nun, den Film zu hassen und ihn als Mist, als Zeitverschwendung zu betrachten. Na, funktioniert es? Wählen Sie irgendetwas, das Sie lieben, es kann auch die von Ihnen am meisten geliebte Person sein, und streifen Sie die Liebe ab, sodass die Sache oder Person für Sie neutral oder sogar ein Objekt des Abscheus ist.

Worin liegt das Wunder?
Sobald wir etwas lieben, ist es unmöglich, die Liebe davon zu lösen. Das ist nicht dasselbe wie eine Liebesbeziehung, die in Hass oder andere negative Gefühle umschlägt. Es geht hier um etwas, das Sie im Moment wirklich lieben. Das Gefühl der Liebe ist mit dem Objekt der Liebe verschmolzen. Sie ist wie die Süße des Zuckers geworden (die man ebenfalls nicht entfernen kann). Niemand weiß, wie die Liebe ihren Gegenstand wählt, sich an ihn heftet und sich weigert, loszulassen.

Denken Sie an die Romanzen, die eine tragische Wendung nehmen. Der geliebte Mensch geht oder stirbt, und doch hört die Liebe für den anderen niemals auf. Wie wir alle wissen, treten bei der Liebe alle möglichen Komplikationen auf. Doch die reine, grundlegende

Faszination der Liebe hat keine Erklärung. Man kann einem Menschen einen Liebesimpuls geben, indem man die Menge bestimmter Hormone erhöht, aber damit wird nur die Empfindung der Liebe manipuliert, welche ein isolierter Aspekt ist. Die Liebe in ihrer Fülle und Vollständigkeit reicht unendlich weit über jede körperliche Empfindung hinaus, wie romantische Legenden und Mythen belegen, die Tausende von Jahren zurückreichen.

Ob Sie daran denken, wie sehr Sie Ihr Haustier lieben oder wie sehr Gott Sie lieben könnte, das Geheimnis der Liebe ist im Bewusstsein verankert. Wir sind der Liebe gewärtig und waren es schon immer, in der gesamten bisherigen Menschheitsgeschichte. Da es keine Erklärung dafür gibt, warum die Liebe universell ist, gehört sie zu den Wundern des täglichen Lebens – ein Wunder, das wir persönlich empfinden können.

WUNDER Nr. 5
VERBINDUNG

Übung:
Denken Sie an jemanden, mit dem Sie gerne Kontakt aufnehmen würden. Sie müssen das Gefühl haben, dass diese Person mit Ihnen verbunden ist, also hilft es, sich ihr Gesicht, ihre Stimme oder eine gute Erinnerung ins Gedächtnis zu rufen, die mit ihr verknüpft ist. Hegen Sie die feste Absicht, eine erneute Verbindung herstellen zu wollen, und dann warten Sie ab, ob die Person sich bei Ihnen meldet.

Worin liegt das Wunder?
Dies ist die einzige Übung, die Sie nicht relativ schnell abschließen können. Sie kam mir in den Sinn, nachdem ich einen Podcast für Facebook aufgenommen hatte. In dem Podcast bat ich diejenigen, die sich das anhören würden, sich jemanden vorzustellen, mit dem sie sich gerne verbinden würden. Ich stellte diese Übung als eine Möglichkeit vor, uns mit dem Thema der Synchronizität zu befassen, weil wir alle schon einmal die Erfahrung gemacht haben, an jemanden zu

denken und in der nächsten Minute diese Person aus heiterem Himmel mit uns Kontakt aufnimmt. Es ist eine der bekanntesten Arten, wie uns das Phänomen der Synchronizität begegnet, die als ein sinnvoller Zufall definiert ist.

Synchronizität ist spontan. Normalerweise kommuniziert man mit anderen Menschen nicht einfach, indem man an sie denkt. Doch am Tag jenes Podcasts schickte mir ein Zuhörer nach dem anderen eine Nachricht wie »Ich dachte vorhin an eine Freundin, die ich seit Jahren nicht mehr gesehen hatte, und jetzt hat sie gerade angerufen. Total verblüffend!« Das hätte ich damals nicht gedacht. Es ist immer riskant, Menschen zu bitten, die Macht der Telepathie, oder wie immer man es nennen will, zu nutzen, da Telepathie von Skeptikern als reiner Aberglaube verurteilt wird.

Phänomene im Bewusstsein treten aber ganz unabhängig davon auf, ob wir daran glauben oder skeptisch gestimmt sind, zustimmend oder ablehnend. Das Bewusstsein bewegt sich ständig in sich selbst. Alles im Bewusstsein ist miteinander verbunden, weil man es nicht untergliedern oder einen Aspekt davon abschneiden kann. Das Bewusstsein ist ganz. Im täglichen Leben verhalten wir uns, als ob wir unverbundene, isolierte Individuen wären. Jeder hat seinen eigenen Geist. Aber in diesem Satz steckt eine falsche Annahme. Meine Gedanken sind nicht Ihre Gedanken, das stimmt, aber unser Gewahrsein ist dasselbe.

Uns verbindet vor allem die Teilhabe am menschlichen Gewahrsein. Wir hören nicht, was Delfine hören, oder riechen nicht, was Hunde riechen. Wir nehmen die Luft nicht mit der Zunge wahr, wie es Schlangen tun. Innerhalb dieser umfassenden Verbindung gibt es dann noch spezifischere Verknüpfungen. Menschen teilen zum Beispiel eine Religion oder eine Nationalität. Wenn man noch spezifischer wird, gelangt man zu familiären Bindungen. Und innerhalb der familiären Bindung findet man eineiige Zwillinge, die bekanntlich so eng miteinander verbunden sind, dass sie aus der Ferne spüren können, was dem anderen geschieht. Es gibt zahlreiche solcher Berichte, wie ein Zwilling zum Beispiel den Moment des Todes des anderen gespürt hat.

Verbindungen dieser Art gehen über jede physikalische Erklärung hinaus. Wenn Sie die Absicht losschicken, dass sich ein Freund bei Ihnen melden soll, und dieser Freund ruft Sie aus heiterem Himmel an, ist das gesendete und empfangene Signal kein Funksignal, das den Äther durchquert. Die Verbindung existiert als ein weiteres Wunder des täglichen Lebens. Bewusst zu sein bedeutet, in das Gesamtbewusstsein eingebettet zu sein. Es gibt keine Trennung zwischen Ihnen und dem Ganzen.

WUNDER Nr. 6
ERWACHTSEIN

Übung:
Setzen Sie sich ruhig hin und werden Sie jeder Empfindung oder jedes Gedankens gewahr, die oder der auf Sie zukommt. Sie können Ihre Augen geschlossen oder offen halten, nach innen oder auf Ihre Umgebung schauen. Schalten Sie nun Ihr Gewahrsein ab, blenden Sie alles vollkommen aus, sofort.

Worin liegt das Wunder?
Sobald Sie erkennen, dass Sie etwas gewahr geworden sind, können Sie Ihr Gewahrsein nicht mehr »deaktivieren«. Mit anderen Worten, dies ist eine unmögliche Übung. Einmal wurde ein berühmter indischer spiritueller Lehrer gebeten, zu beweisen, dass es ein Leben nach dem Tod gibt. Er gab eine überraschende Antwort:

> Mit Ihrer Frage unterliegen Sie einem Irrtum. Sie glauben, dass Sie geboren wurden und sterben werden, weil Ihre Eltern es Ihnen als Kind gesagt haben. Diesen wiederum wurde die gleiche Geschichte von ihren Eltern erzählt. Wenn Sie die Wahrheit wissen wollen, vergessen Sie die Geschichte und betrachten Sie Ihre eigenen Erfahrungen. Können Sie sich vorstellen, dass Sie nicht existieren? Können Sie fühlen, wie es vor Ihrer Geburt war oder nach Ihrem Tod sein wird? Egal, wie

sehr Sie es versuchen, Sie können dem Zustand des Gewahrseins nicht entkommen. Darin liegt das Geheimnis des ewigen Lebens.

In diesem Buch und in vielen spirituellen Traditionen sind Erwachtsein und Gewahrsein ein und dasselbe. Die Suche nach Erleuchtung beruht darauf, erwacht zu sein und zu versuchen, noch mehr zu erwachen. Wenn Sie die Sache mit etwas Ruhe und Abstand betrachten, scheint dies eine seltsame Suche zu sein. Wach ist wach. Erwachtsein existiert als ein Bewusstseinszustand, ohne den Sie nicht existieren können. Es ist unmöglich, das Gewahrsein auszulöschen, egal wie sehr man es auch versucht. Um das zu schaffen, müssten Sie aufhören zu existieren.

Existieren und Erwachtsein gehören nicht einfach zufällig zusammen. Sie sind das Gleiche. Bei dieser Übung gibt es eigentlich zwei Wunder. Das erste ist, dass wir überhaupt erwacht sind und nicht nur Steine oder Zombies sind. Das zweite, dass wir um unser Erwachtsein wissen. Bei der Suche nach Erleuchtung geht es nicht darum, noch mehr zu erwachen. *Es geht darum, mehr Wissen über dieses Wunder des Erwachtseins zu erlangen.* Um mehr zu wissen, muss man mehr erfahren. Diese Erfahrung kann mehr Liebe, mehr Kreativität, mehr Mitgefühl oder jede andere bewusste Erfahrung beinhalten. Ein Aufblitzen von »Aha!« kann zu einem überwältigenden Erleuchtungserlebnis führen. Aber nichts dergleichen ist möglich, ohne dass man erwacht ist. Erwachtsein ist also ein weiteres Wunder des Alltags.

WUNDER Nr. 7
OFFENBARUNG

Übung:
Diese Übung ist völlig ergebnisoffen: Halten Sie eine Sekunde inne und warten Sie auf Ihren nächsten Gedanken.

Worin liegt das Wunder?
Jeder Gedanke, den Sie je hatten und haben werden, auch Ihr nächster, ist eine Offenbarung. Aus dem Nichts scheint ein Licht. Das ist eine passable Definition von Offenbarung. Es besteht keine Notwendigkeit, dem Phänomen eine religiöse Note zu geben. Das grundlegende Wunder zeigt sich einfach dadurch, dass man einen Gedanken hat. Gedanken sind unvorhersehbar. Niemand weiß, woher sie kommen. Bei einem Gehirnscan leuchten zwar einzelne Areale des Gehirns auf, aber das Bild zeigt nicht die Gedanken eines Menschen, sondern lediglich Hirnaktivitäten aufgrund von Stoffwechselvorgängen. Das Gehirn ist voll von elektrischer und chemischer Aktivität, von der nichts ein Gedanke ist.

Wenn ein Gedanke eine Offenbarung ist, was offenbart er dann? Er offenbart sich selbst. Nehmen Sie einen einfachen Gedanken wie »Der Himmel ist blau«. Es wird eine Tatsache festgestellt, aber das ist nur der Inhalt des Gedankens. Bevor Sie die Botschaft über den Inhalt erhalten, kündigt der Gedanke an: »Hier bin ich, dein nächster Gedanke.« Das ist die Offenbarung – dass aus dem Nichts etwas ans Licht kommt. Die ständige Erschaffung von etwas aus dem Nichts gilt als das ultimative Geheimnis der Existenz. Das Geheimnis, dass auch dem zugrunde liegt, wie das Universum beim Urknall entstanden ist.

In Ihrer Existenz spielen sich jeden Tag Tausende von kleinen Urknallen ab, wenn Ihnen Gedanken, Bilder, Empfindungen und Gefühle offenbart werden. Sie haben nicht darum gebeten, dass sie existieren, und niemand weiß, wie »nichts« die erstaunliche Leistung vollbringt, sich in »etwas« zu verwandeln. Für uns bedeutet es eine totale Offenbarung. Deshalb ist die Offenbarung ein weiteres Wunder des Alltags.

WUNDER Nr. 8
TRANSZENDENZ

Übung:
Denken Sie an die Farbe Rosa und lassen Sie dabei das Bild von rosa Zuckerwatte vor Ihrem geistigen Auge entstehen. Ändern Sie nun die Farbe der Zuckerwatte in Blau, dann in Grün. Lassen Sie abschließend das Bild der Zuckerwatte wieder verschwinden.

Worin liegt das Wunder?
Es fällt Ihnen nicht schwer, sich einen Gegenstand vorzustellen und ihn dazu zu bringen, seine Farbe zu ändern oder zu verschwinden. Statt diese Fähigkeit als selbstverständlich hinzunehmen, reflektieren Sie einen Moment. Sind Sie das Bild der Zuckerwatte, das Sie gesehen haben? Offensichtlich nicht. Indem Sie das Bild vor Ihrem geistigen Auge beeinflussen, haben Sie den Beweis, dass Sie nicht dieses Bild sind. Sie befinden sich jenseits davon. Genauso sind Sie jenseits jedes Gedankens, den Sie haben könnten. Nichts, was in Ihrem Geist vorgeht, sind Sie. Sie schenken ihm Aufmerksamkeit – oder auch nicht –, aber wer ist es, der die Aufmerksamkeit schenkt?

Derjenige, der aufmerksam ist, transzendiert die ständige Aktivität des Geistes, wie ein Fußgänger, der an einer Straßenecke darauf wartet, dass die Ampel auf Grün schaltet. Die Autos auf der Straße und die vorübergehenden Passanten auf dem Gehsteig bewegen sich, aber der Fußgänger wartet einfach ab und beobachtet. Ganz gleich, wie er sich von einem bestimmten Anblick angezogen fühlt, er ist jenseits dessen, was er betrachtet.

Als Sie die sich verfärbende Zuckerwatte vor sich sahen, war etwas Tieferes am Werk. Sie schufen die Farbe, die Sie gewählt hatten. Woher hatten Sie die Fähigkeit, etwas zu kreieren? Sie bewegten sich nicht körperlich irgendwohin, und Sie öffneten auch nicht in Gedanken eine Schachtel mit Farben, um Rosa zu wählen. Sie erschaffen mentale Bilder einfach dadurch, dass Sie kreativ sind; das ist ein Aspekt des Bewusstseins, der nirgendwo und überall existiert. Alle Menschen gehen dorthin, um ihre Vorstellungskraft zu gebrauchen, ein Bild zu malen, zu träumen oder sich an etwas zu erinnern.

Das Wunder ist, dass Sie hier eine triviale Übung mit Zuckerwatte machen und gleichzeitig Zugang zu reiner Kreativität haben, die keinen Ort in Zeit und Raum hat. Mit anderen Worten: Sie sind zeitlos, wann immer Sie es sein wollen. Genau genommen sind Sie zeitlos, ob Sie es wollen oder nicht. Als transzendentes Wesen bewegen Sie sich zwischen dem Endlichen (die Zeit tickt auf der Uhr, Sekunde für Sekunde) und dem Unendlichen (dem Zeitlosen). Auch wenn Sie sich selbst nie so gesehen haben, kann man das als ein Wunder des täglichen Lebens bezeichnen.

WUNDER Nr. 9
GLÜCKSELIGKEIT

Übung:
Betrachten Sie vor Ihrem geistigen Auge ein Kleinkind, das noch unsicher auf den Beinen im Zimmer herumläuft. Die Mutter ist ein paar Meter entfernt und streckt die Arme aus. Das Kleinkind ist begierig darauf, zur Mutter zu gelangen. Es lacht und seine Augen leuchten, während es sich auf die offenen Arme zubewegt. Und gleichzeitig drückt sein strahlendes Gesicht Freude darüber aus, dass es laufen kann.

Worin liegt das Wunder?
Wir alle haben schon einmal gesehen, wie ein Baby vor Freude strahlt. Als Sie das Bild vor Ihrem geistigen Auge schufen, sah das Kleinkind, das Sie sich vorstellten, glückselig aus. Sie haben es gesehen, Sie haben es gefühlt. Aber wessen Glückseligkeit war es? Sie haben sie auf ein imaginäres Kind übertragen, und doch sind Sie derjenige, der sie gespürt hat. In gewisser Weise war die Glückseligkeit eine Projektion. Sie gehört Ihnen, aber sie wurde auch auf das Baby projiziert.

Jede Erfahrung von Glückseligkeit ist in etwa so. Das Gefühl der Freude gehört zu Ihnen, aber es wird auch auf etwas projiziert, das Sie freudig gemacht hat. Dieses Etwas kann alles sein. Der englische Dichter William Wordsworth fasst die Erfahrung der Glückseligkeit in den folgenden Zeilen aus seinem Gedicht »Freudig entzückt« (*Surprised by Joy*) zusammen.

Freudig entzückt – Ungeduldig wie der Wind
Drehte ich mich um, um mit jemandem dieses Gefühl zu teilen
Oh! Mit wem außer dir, lange begraben in der stillen Gruft.

Es handelt sich um einen ganz besonderen Moment im Leben des Dichters, denn Wordsworth hat sich umgedreht, um die Freude mit seinem kleinen Sohn zu teilen, nur um sich im nächsten Augenblick daran zu erinnern, dass dieser Sohn ja bereits tot ist. Es ist ein rührender, ja verstörender Moment für ihn und den Leser. Und doch gibt es kaum etwas Beglückenderes als die sogenannte »grundlose Freude«. Die Glückseligkeit taucht aus dem Nichts auf und verschwindet von selbst wieder. Dies geschieht uns immer wieder aufs Neue. Wir werden von einem Moment der Freude überrascht, und dann ist sie verschwunden, so sachte verblasst, dass wir es kaum gemerkt haben. Vielleicht seufzen wir dann noch einen Moment lang, weil uns die Vergänglichkeit der Freude bewusst wird.

Das Wunder ist, dass die Glückseligkeit überhaupt existiert, immer bereit, uns zu überraschen, oft, wenn wir es am wenigsten erwarten. Ein Baby, das kein Wort für Glückseligkeit hat und nicht darüber nachdenkt, wie sie kommt und geht, kann trotzdem glückselig sein. Dieser Aspekt des Bewusstseins lässt sich nicht erklären. Er ist einfach ein Wunder des täglichen Lebens.

WUNDER Nr. 10
SEIN

Übung:
Stellen Sie sich vor, wie Sie auf einem Sprungbrett stehen. Sie blicken nach unten, und unter Ihnen befindet sich kein Swimmingpool, sondern ein Ozean aus weißem Licht, das sich in alle Richtungen erstreckt. Der Anblick zieht Sie an. Sie können es kaum erwarten, in das weiße Licht einzutauchen, also beugen Sie die Knie, breiten die Arme aus und springen ab. Während Sie noch in der Flugphase sind, halten Sie das Bild an. Sehen Sie sich selbst in der Pose eines Schwalbensprungs mit ausgebreiteten Armen – als Standbild in der Luft über einem unendlichen Ozean aus weißem Licht.

Worin liegt das Wunder?
Das Einzige, dessen wir uns sicher sind, jeder Einzelne von uns, ist, dass wir existieren. Aber das ist auch das, was wir nicht mit Worten beschreiben können. »Ich bin« muss mit nichts verbunden werden. Man kann dem »Ich bin« alle möglichen Dinge zuordnen. Ich bin am Schwimmen, ich bin hungrig, ich bin Anwalt, ich bin reif für die Insel. Notwendig ist dies jedoch nicht. »Ich bin« kann auch alleine stehen.

Doch auch dies bringt uns der Realität des Seins nicht nahe. In der obigen Übung haben Sie das Gefühl eines Flugtraums nachempfunden. Fast alle Menschen, die sich an einen solchen Traum erinnern, berichten von Gefühlen der Ekstase und vollkommenen Freiheit. Flugträume befreien uns von der Schwerkraft und der Angst vor dem Fallen. Aber das gilt auch für das Hiersein.

Sein ist ein unantastbarer Zustand. Im zweiten Kapitel der Bhagavad Gita gibt Krishna, der Lehrer, eine altbekannte Beschreibung von Sein: »Waffen können es nicht vernichten, Feuer kann es nicht verbrennen; Wasser kann es nicht durchnässen, und Wind kann es nicht austrocknen.«

Jemand kommentierte diese berühmte Verszeile scharfsinnig: »Hier ist das Ungesehene durch das Gesehene erklärt worden.« Wenn man einen Augenblick nachdenkt, beschreiben diese Worte unsere gesamte Existenz. Mithilfe der Welt, die wir sehen, hören, berühren, schmecken und riechen, bewegen wir uns durch das unsichtbare, unendliche Feld des reinen Bewusstseins.

Wir bespielen das Feld des reinen Bewusstseins, indem wir es in Gedanken verwandeln. Wie ein Springer, der in der Luft über einem Meer aus weißem Licht schwebt, verharren wir. Das Sein bewegt sich nicht, und wir sind dieses Sein. Aber wenn Bewusstsein in die Welt eintritt, spüren wir, wie wir uns bewegen, geboren werden, sterben und alles dazwischen. In jedem Augenblick, in dem dies geschieht, befinden wir uns in der Luft über dem Meer des Bewusstseins, das das Meer des Seins ist.

In dieser letzten Übung ist alles zusammengefasst. Wenn Sie erkennen, dass Sie ein Ausdruck des reinen Bewusstseins, des reinen Seins sind, dann ist natürlich alles ein Wunder. Die Schöpfung ist aus sich selbst heraus entstanden, und Sie werden von ihr umarmt. Es ist in jeder Hinsicht ein Wunder, einfach hier zu sein.

SIEBENTÄGIGER MEDITATIONSKURS

EINSICHTEN FÜRS LEBEN

EINSICHT UND DIE SIEBEN ZIELE IM LEBEN

Bislang hat uns die vollkommene Meditation schon mehrere Wahrheiten klargemacht:

Der Geist bringt sich auf natürliche Weise wieder ins Gleichgewicht.
Wenn Sie ausgeglichen sind, befinden Sie sich im Meditationsmodus.
Es bedarf keiner Anstrengung, um innere Stille zu erreichen.
Innere Stille soll nützlich sein.

Der letzte Punkt führt uns zu diesem Buchabschnitt, in dem Sie erfahren, wie Sie sich die Stille persönlich zunutze machen können. Was treibt Ihr Leben an? Ganz gleich, wie unterschiedlich wir alle sind – seit Jahrtausenden stehen Menschen morgens auf, um mehr oder weniger die gleichen Ziele zu verfolgen und die gleichen Träume zu verwirklichen. Wenn die innere Stille nützlich sein soll, muss sie diese Ziele erreichbar machen und unsere Träume wahr werden lassen.

WAS WOLLEN WIRKLICH ALLE?

Lassen Sie mich zunächst die sieben grundlegenden Ziele aufzählen, die uns alle antreiben:

Sicherheit und Schutz
Erfolg und Erfüllung
Liebe und Bindung
Selbstwert und Selbstverständnis
Kreativität und Entdeckergeist
Höheres Ziel und Spiritualität
Ganzheit und Einheit

Heute, wie an jedem Tag in der Vergangenheit und an jedem Tag in der Zukunft, werden Sie diese sieben Ziele verfolgen. Die menschliche Natur ist komplex, und Sie sind in der Lage, mehr als eines dieser Ziele gleichzeitig zu verwirklichen. Vielleicht haben Sie zum Beispiel das Glück, eine Arbeitsstelle zu haben, die Ihnen Sicherheit gibt, Erfolg bringt und Ihnen das Gefühl vermittelt, wertvoll zu sein. Wenn Ihre Arbeit auch noch kreativ ist, kommt eine weitere Dimension hinzu.

In Ihrer Ehe oder einer anderen primären Beziehung wollen Sie sich natürlich sicher und geborgen fühlen. Sie wollen, dass die andere Person Sie liebt und Ihnen ein Zugehörigkeitsgefühl vermittelt. Reicht das aus, um Ihrem Leben Sinn zu geben? Viele Generationen lang wurde Frauen (von Männern) gesagt, dass ein solches Leben genug sei. Heute ist die Situation für Männer wie für Frauen etwas komplizierter.

Die Verwirrung lässt sich etwas klären, indem man akzeptiert, dass traditionelle Modelle nicht mehr definieren, wie eine Beziehung auszusehen hat. Es gibt realistischerweise keine Blaupause für ein Leben, das für alle geeignet ist. Das oberste Ziel besteht darin, die sieben Ziele auf eine ganz persönliche Weise zu erreichen. Sie und Ihr Leben sind eins, eine einzigartige Verschmelzung von Geist, Körper und Seele.

Alles im Leben kann nur durch Bewusstsein erreicht werden. Man kann nicht blindlings in Liebe, Sinn, Erfolg und Kreativität hineinstolpern. Vielmehr müssen Sie sich in diese Bereiche Ihres Bewusstseins hinein entwickeln. Es würde den logischen Teil des Geistes befriedigen, wenn alles Gute und Nützliche geradlinig daherkommen würde, aber so funktioniert das nicht. Kinder sind keine Setzlinge. Sie wachsen nicht planmäßig auf, um Äpfel und Rosen zu produzieren. Manche Leute halten ihre Ziele sogar schriftlich fest (»Wo ich in fünf Jahren sein will«). Vielleicht haben sie diese Ziele dann fünf Jahre später erreicht, vielleicht auch nicht. Eines aber ist sicher: Die wertvollsten Dinge im Leben kommen, ohne dass man sie vorhersehen kann.

EINSICHT MACHT ES MÖGLICH

Ich kann Ihnen versichern, dass Sie alle oben genannten sieben Ziele verwirklichen können. Ihr wahres Selbst existiert, um Sie dorthin zu bringen, indem Sie Ihrem eigenen, einzigartigen Weg folgen. Jetzt, in diesem Augenblick, ist Ihr wahres Selbst bereit, Ihnen alles zu geben, was Sie wissen müssen, um Ihre Ziele zu erreichen. Dieses Wissen kommt als Einsicht – nicht nur als eine, sondern eine ganze Reihe von Einsichten, jeden Tag. Einsicht kann definiert werden als ein Moment, in dem Sie nach der Wahrheit fragen und sie Ihnen zuteilwird. Bewusstsein wird lebendig. Stille wird nützlich. Der Augenblick kann Ihnen eine wichtige Wahrheit offenbaren. Sie erkennen Ihren Lebenszweck oder wen Sie heiraten wollen – mit anderen Worten, Sie erhalten Hilfe bei den großen Entscheidungen. Aber bei einer Einsicht muss es sich nicht um etwas Großes handeln. In jeder Botschaft aus Ihrem stillen Gewahrsein ist eine Einsicht enthalten.

Wenn diese Aussage zu abstrakt oder idealistisch klingt, müssen Sie sich vergegenwärtigen, dass Sie schon die ganze Zeit Einsichten aus Ihrem stillen Gewahrsein gesucht und erhalten haben. Sie tauchen immer dann in das stille Gewahrsein ein, wenn Sie Folgendes tun:

Sie fragen sich, wie Sie sich wirklich fühlen.
Sie wollen wissen, ob Sie eine Beziehung vertiefen sollten.
Sie brauchen eine zündende Idee.
Sie beten für jemanden oder für sich selbst.
Sie bitten eine unsichtbare Macht um höhere Führung.
Sie wollen herausfinden, wie sich jemand anderes wirklich fühlt.
Sie wollen herausfinden, wie Sie jemanden motivieren können, das zu tun, was Sie wollen.
Sie sind neugierig darauf, wie ein anderer Mensch tickt.
Sie wollen Klarheit darüber, worum es in Ihrem Leben geht und wohin Sie sich entwickeln.
Sie wollen voraussehen, was vor Ihnen liegt.

Wie Sie sehen können, ist jeder auf der Suche nach Einsichten, und wie gut Ihr Leben verläuft, hängt von Ihrer Fähigkeit ab, Ihre eigene Wahrheit zu finden. Alles, was Sie dazu brauchen, ist bereits in Ihnen vorhanden, denn auf der Ebene des wahren Selbst sind Sie vollkommen bewusst.

EINE WOCHE DER EINSICHTEN

Einsichten kommen ganz natürlich, aber sie haben nicht immer dieselbe Qualität. Es braucht tiefe Einsichten, um die sieben Ziele des Lebens zu verwirklichen. Zum Glück stehen Ihnen solche tiefen Einsichten, die es Ihnen ermöglichen, Ihre Lebensziele zu erreichen, zur Verfügung. Ihr wahres Selbst hat eine klare Vorstellung von Ihren Möglichkeiten. Meditation bringt Sie nahe an Ihr wahres Selbst heran. Zentriert und ruhig stellen Sie die Verbindung her. Jetzt müssen Sie sie nur noch nutzen.

Einsichten werden Fragenden zuteil, doch niemand hat uns beigebracht, wie wir unser Leben organisieren können, indem wir auf Erkenntnissuche gehen. Stattdessen treffen wir Entscheidungen auf der Grundlage einer chaotischen Ansammlung von Gewohnheiten, vorherrschenden Meinungen, gesellschaftlichen Bedingungen und des ganzen Wusts an Überzeugungen, Erfahrungen und Erinnerungen, den jeder mit sich herumträgt. Einsicht ist jedoch fast absurd leicht erlernbar. Sie können das verwirrende Durcheinander von Gewohnheiten, Konditionierungen und Überzeugungen gleich jetzt über Bord werfen, indem Sie einfach in den Meditationsmodus wechseln und Ihrem wahren Selbst die Fragen stellen, die wirklich wichtig sind, um ein Ziel zu erreichen.

DREI FRAGEN, DIE WIRKLICH VON BEDEUTUNG SIND

Was mache ich richtig?
Was ist nicht das Richtige für mich?
Was ist mein nächster Schritt?

Wenn Sie die Antworten auf diese drei Fragen stets parat hätten, würden Sie aufblühen. Sie würden wachsen und sich weiterentwickeln. Sie würden die von Ihnen gehegten Ziele bewusst erreichen. In Sanskrit wären Sie in Ihrem *Dharma*, dem Weg, der Ihre Wünsche am natürlichsten und wirksamsten unterstützt.

Da es sieben Hauptziele gibt, ist es sinnvoll, dass Sie die Einsichtsmeditationen in Form eines siebentägigen Kurses erlernen. In diesem Kurs ist Ihr wahres Selbst der Lehrer, und Sie sind der/die Studierende oder Suchende. Es gibt keinen festen Zeitplan, und in Übereinstimmung mit den Hauptprinzipien der vollkommenen Meditation brauchen Sie sich nicht sehr anzustrengen. Am ersten Tag liegt der Schwerpunkt auf Sicherheit und Schutz; am zweiten Tag auf Erfolg und Leistung und so weiter.

Der siebentägige Kurs soll Ihnen als ständiger Begleiter dienen. Im Idealfall wird er zu einem Lebensstil. Ihr wahres Selbst hat in jeder Situation eine Wahrheit zu offenbaren. Wenn Sie lernen, in stillem Gewahrsein nach Antworten zu suchen, werden Sie entdecken, dass diese Methode der richtige Weg ist, um Entscheidungen zu treffen. Je mehr Sie Ihre Woche um die sieben Lebensziele herum organisieren, desto schneller werden Sie sie erreichen, indem Sie die Kraft und das Wissen des reinen Bewusstseins nutzen.

Sie kennen sich selbst besser als jeder andere Mensch. Durch Einsichtsmeditationen lernen Sie sich selbst noch besser kennen. Während Sie über die drei entscheidenden Fragen sinnieren, suchen Sie die Wahrheit, und nicht einfach nur eine beiläufige Meinung oder einen Gedanken, den Sie schon viele Male zuvor gehabt haben. Der Verstand neigt zur Gewohnheit – er liefert uns meist immer wieder die gleichen Gedanken. Diese sind im Allgemeinen gut genug, um im Leben zurechtzukommen, aber sie offenbaren nichts Neues. Einsicht zu erlangen ist ein bewusster Prozess, und wenn Sie ihn einmal erlernt haben, läuft er ganz natürlich ab. Sie werden erstaunt sein, wie die Welt um Sie herum sich auf neue und schöne Weise offenbart.

WIE SIE UM EINSICHT BITTEN

Setzen Sie sich allein an einen ruhigen Ort und zentrieren Sie sich. Tun Sie dies, indem Sie die Augen schließen, ein paar tiefe Atemzüge machen und Ihre Aufmerksamkeit in die Region Ihres Herzens lenken.

Stellen Sie sich innerlich eine Frage.

Lassen Sie die Frage los und warten Sie auf eine Antwort.

Vertrauen Sie darauf, dass die Antwort gegeben wird.

Irgendwann früher oder später wird Ihnen die Antwort spontan kommen.

An diesem Prozess ist nichts Geheimnisvolles. Unzählige Male im Leben fragen wir uns: »Was mache ich nur falsch?« oder »Was soll ich nur tun?« Meistens stellen wir die Frage jedoch nicht in der richtigen Gemütsverfassung, weil wir gerade wo feststecken oder konfus sind. Wir sind auf Widerstand gestoßen und suchen einen Ausweg. Wir stehen in der Situation unter Stress, und wir versuchen, angestrengt eine Antwort zu finden. Wir sind auf der Ebene des Problems stecken geblieben. Bei der Einsichtsmeditation geht es darum, auf die Ebene der Lösung zu kommen, auf der sich das wahre Selbst eines Menschen befindet. Wenn Sie ganz bewusst eine wichtige Frage stellen oder in einem entspannten Zustand um Einsicht bitten, öffnen Sie die Tür zum höheren Bewusstsein, was es wahrscheinlicher macht, dass Sie die Antworten erhalten werden.

Der geistige Körper ist ein Ganzes, und deshalb sind Einsichten nicht nur etwas Mentales. Man kann sie als Empfindungen wahrnehmen. Rechnen Sie mit mindestens einer oder zwei der folgenden Empfindungen.

WIE SICH EINE EINSICHT ANFÜHLT

Sie sind überrascht und meistens erfreut.
Es gibt einen »Aha!«-Moment, wenn Sie eine neue Entdeckung machen.
Sie fühlen Gewissheit über Ihre Einsicht.
Sie haben kein Bedürfnis zu hinterfragen oder zu zweifeln.
Die Einsicht hat für Sie Bedeutung.
Sie haben das Gefühl, dass Sie an einem Wendepunkt angelangt sind.
Sie spüren vielleicht ein körperliches Kribbeln oder ein Gefühl der Leichtigkeit.

Diese Hinweise können Ihnen helfen, Einsichten von Alltagsgedanken zu unterscheiden. Das Schöne an einer Einsicht ist, dass sie begeistert und motiviert. Ich habe schon erwähnt, dass ein »Aha!« so gewaltig sein kann, dass es das ganze Leben verändert, aber auch ein kleines »Aha!« ist nicht zu verachten. Achten Sie während Ihrer Meditation einfach auf die oben genannten Hinweise, und mit der Zeit werden sie Ihnen sehr vertraut werden. Sie können es in Ihrem Herzen und in Ihren Knochen spüren, wenn Sie erwachen.

Achten Sie auch auf Veränderungen in der Wahrnehmung. Damit meine ich Empfindungen wie ein Gefühl der Leichtigkeit im Körper oder angenehme Entspannung. Vielleicht sieht die Welt um Sie herum heller aus, oder Sie nehmen vertraute Anblicke plötzlich auf eine neue Weise wahr. Denken Sie daran, dass solche Erfahrungen Sie dem Erwachen näherbringen.

Wir haben die Grundlagen behandelt, jetzt sind Sie am Zug. Am Anfang brauchen Sie vielleicht Geduld, denn die Suche nach Einsichten ist etwas Neues und den meisten Menschen sehr fremd. Solange Sie ohne Einsicht handeln, sind Sie im Schlafzustand und treffen viele Entscheidungen unbewusst, weshalb Ihr Leben in vorhersehbaren Bahnen verläuft. Wenn Sie nun plötzlich versuchen, Ihr wahres Selbst um Einsichten zu bitten, werden sich die Ergebnisse nicht unbedingt sofort einstellen. Es besteht eine Kluft zwischen »Ich«, der Ego-Persönlichkeit, an die Sie sich gewöhnt haben, und Ihrem wahren Selbst.

Um diese Kluft zu überbrücken, beginnt jeder Meditationstag mit einer Handvoll Einsichten, die Ihnen den Einstieg erleichtern sollen. Einige davon sind Erkenntnisse, die ich auf meiner eigenen Reise gewonnen habe, andere die Worte von Heiligen, Weisen und spirituellen Führern der universalen Weisheitstraditionen. Alle Einsichten entspringen auf jeden Fall dem wahren Selbst, das für das reine Bewusstsein spricht. Lesen Sie sie durch, bevor Sie mit der Meditation beginnen, um Ihren Geist auf das Ziel des Tages zu konzentrieren. Ich bitte Sie nicht darum, sie als fertige Einsichten zu akzeptieren. Weisheiten aus zweiter Hand können nie ein Ersatz für eigene Erkenntnisse sein.

Es gibt jedoch nichts Besseres, als sich nach den höchsten spirituellen Wahrheiten auszurichten, die zu allen Zeiten dazu gedient haben, Menschen beim Erwachen zu helfen. Ich halte mir immer ein Sprichwort gegenwärtig, mit dem ich in Indien aufgewachsen bin: »Es braucht nur einen Funken, um einen Wald niederzubrennen.« In unserem Zusammenhang heißt dies: Sobald Sie die erste Einsicht über Ihr wahres Selbst haben, werden Sie motiviert sein, vollständig zu erwachen. Lassen Sie die folgenden Meditationen Ihr Funke sein. Die Flamme der Erleuchtung wartet darauf, entfacht zu werden, und Sie sind diese Flamme!

TAG 1: SICHERHEIT UND SCHUTZ

IHR ZIEL: Sich vollkommen sicher und beschützt fühlen

Die heutigen Einsichten:

Sie sind nur so sicher, wie Sie sich fühlen.
Ihr wahres Selbst ist niemals bedroht.
Die Welt spiegelt Ihre innere Sicherheit oder Unsicherheit wider.
Wenn Sie ganz sind, sind Sie völlig sicher.
Sicher zu sein bedeutet, hier und jetzt präsent zu sein.

Auf der Ebene des wahren Selbst sind Sie sicher und geborgen. Es gibt keine Bedrohung, die Ihrem wahren Selbst dieses Wissen entziehen kann, denn es ist angeboren und kommt direkt aus dem reinen Bewusstsein. Offenkundig bringt der Alltag immer wieder Situationen mit sich, die diesem Wissen entgegenstehende Gefühle auslösen. Die Nachrichten sind voll von Geschichten über Katastrophen und unmittelbare Gefahren. Wenn wir uns bedroht fühlen, malen wir uns im Geist die schlimmsten Szenarien aus. Stress selbst ist eine Bedrohung, schon in kleinen Dosen, da er die Stressreaktion auslöst, die wir für den Umgang mit Gefahren ererbt haben und die uns veranlasst, wegzulaufen (Flucht) oder uns der Gefahr physisch entgegenzustellen (Kampf).

In der vollkommenen Meditation erfolgt hier ein Durchbruch, weil Sie beginnen, die Wahrheit zu erfahren: Sicher zu sein ist ein Zustand des Gewahrseins. Heute können Sie dem Leben in einem Gewahrseinszustand näherkommen, der Ihnen Sicherheit und Schutz gibt.

DIE DREI ENTSCHEIDENDEN FRAGEN

Heute können Sie Ihr Gefühl von Sicherheit und Beschütztsein verstärken, indem Sie über die drei entscheidenden Fragen nachdenken.

Am effektivsten wird es wahrscheinlich sein, sich zunächst nur mit einer Frage zu beschäftigen. Richten Sie die Aufmerksamkeit auf die Themen, die Sie persönlich am meisten ansprechen.

WAS MACHE ICH RICHTIG?

- Jeder Schritt, bei dem Sie sich *in sich selbst* sicher fühlen, ist richtig. Der grundlegende Schritt besteht darin, in den Meditationsmodus zu wechseln, wann immer Sie anfangen, sich unter Druck oder unsicher zu fühlen. Auf diese Weise verschieben Sie Ihr Gewahrsein vom Stress weg.
- Gehen Sie an einen ruhigen Ort, atmen Sie ein paar Mal tief durch und achten Sie auf die Signale Ihres Körpers. Wenn Sie sich angespannt fühlen, Schmerzen oder anderes Unbehagen spüren, kümmern Sie sich darum. Richten Sie Ihre Aufmerksamkeit auf den Bereich des Unbehagens, während Sie langsam und gleichmäßig atmen. Erzwingen Sie nichts. Seien Sie geduldig und lassen Sie Ihr Gewahrsein das Unbehagen auf natürliche Weise lindern.
- Nehmen Sie die Menschen um Sie herum und ihren Gewahrseinszustand wahr. Stress ist ansteckend. Verbringen Sie möglichst wenig Zeit mit Menschen, die sich selbst unter Druck gesetzt fühlen oder Druck auf Sie ausüben.
- Wir alle sind es gewohnt, dass schlechte Nachrichten, Natur- und andere Arten von Katastrophen eine Mischung von Grauen und Faszination bei uns auslösen. Gewöhnen Sie sich an, solchen Geschichten so wenig Aufmerksamkeit wie möglich zu schenken. Wenn sie Sie beunruhigen oder verunsichern, sagen Sie sich »Ich bin hier nicht in Gefahr« und warten Sie, bis Sie sich wieder sicher fühlen.
- Suchen Sie die Nähe von Menschen, die sicher und selbstbewusst sind. Solche Menschen haben oft eine sehr beruhigende Wirkung auf andere.
- Schaffen Sie sich eine Umgebung, die den Zustand der inneren Sicherheit widerspiegelt. Konzentrieren Sie sich dabei auf Ruhe und Frieden, auf Ordnung, einen schönen Anblick und Licht.

WAS IST NICHT DAS RICHTIGE FÜR MICH?

- Jede Maßnahme, durch die Sie sich *in sich selbst* unsicher fühlen, ist nicht das Richtige für Sie.
- Besorgt oder ängstlich zu sein, löst niemals eine Situation. Beim ersten Anzeichen eines solchen Gefühls zentrieren Sie sich und kommen wieder zur Ruhe.
- Wenn Sie sich in der Nähe von unsicheren, ängstlichen und defensiven Menschen aufhalten, fühlen Sie sich vielleicht stärker oder haben das Gefühl, dass Sie dazugehören. Aber das ist die falsche Art von Zugehörigkeit. Sie bestärkt Sie höchstens in dem Glauben, dass die Welt unsicher ist und dass Sie in ihr unsicher sind.
- Sich Katastrophenszenarien vorzustellen, funktioniert nicht. Verschwenden Sie keine Zeit und Energie auf etwas, das Sie unnötigerweise aus Ihrer inneren Wohlfühlzone herausholt.
- Vermeiden Sie den Drang, sich vor anderen zu rechtfertigen. Defensiv zu sein ist kein Schutz. Je defensiver Sie sind, desto unsicherer ist Ihr Innenleben.
- Einem anderen nachzugeben, gibt Ihnen das Gefühl, dass Sie selbst nicht gefestigt genug sind. Vermeiden Sie Menschen, die Sie respekt- und rücksichtslos und nicht als gleichwertig behandeln.
- Bedrohungen von außen persönlich zu nehmen, trägt nichts zu Ihrer Sicherheit bei. Wenn schlechte Nachrichten Sie nicht wirklich betreffen, senden Sie hoffnungsvolle und mitfühlende Gedanken an die Betroffenen und richten Sie dann Ihre Aufmerksamkeit wieder auf etwas anderes.
- Sich an die Stärke eines anderen Menschen zu klammern, funktioniert nicht. Sie werden abhängig, und wann immer Sie für sich selbst eintreten müssen, werden Sie Selbstzweifel und Unsicherheit empfinden.
- Es funktioniert auch nicht, sich auf Geld, Status, Macht oder Besitztümer zu verlassen, um sich sicher zu fühlen. Sie verstecken sich damit nur vor Ihrer eigenen Angst und Unsicherheit. Sie sollten immer die innere Sicherheit zum Ziel haben.

WAS IST MEIN NÄCHSTER SCHRITT?

- Erste Priorität: Tun Sie mehr von dem, was Sie richtig machen. Tun Sie weniger von dem, was nicht das Richtige für Sie ist.
- Visualisieren Sie weißes Licht im Bereich Ihres Herzens. Setzen Sie sich ruhig hin und kommunizieren Sie mit diesem Licht.
- Nehmen Sie sich Zeit, um einen Ort aufzusuchen, der sich völlig friedlich und sicher anfühlt. Nehmen Sie an diesem Ort Zuflucht und sperren Sie jede äußere Bedrohung, jeden äußeren Druck aus. Werden Sie eins mit dem Gefühl, das dieser Ort vermittelt, sodass innen und außen der gleiche Frieden ausgestrahlt wird.
- Unterstützen Sie jemanden, den Sie kennen und der Hilfe braucht. Trösten und beruhigen Sie diese Person und seien Sie ihr sonst behilflich. Auf diese Weise teilen Sie Ihr eigenes Sicherheitsempfinden. Ein Rettungsanker für eine andere Person zu sein, drückt Ihre innere Stärke und Sicherheit aus.
- Betrachten Sie den Bereich, in dem Sie am meisten unter Stress stehen, zum Beispiel Arbeit, Familie oder Beziehungen. Versuchen Sie noch heute eine Möglichkeit zu finden, den Stress zu verringern. Zum Beispiel: Sprechen Sie mit einer Person, die Ihnen Stress bereitet, und bitten Sie sie in aller Ruhe, Ihnen entgegenzukommen. Halten Sie sich von Bürointrigen fern und versuchen Sie, mit allen auszukommen, ohne Partei zu ergreifen. Reduzieren Sie den Lärm und die Ablenkungen zu Hause. Teilen Sie Ihrem Partner ehrlich Ihre Gefühle mit und vermeiden Sie dabei Vorwürfe und Schuldzuweisungen:

Ihre Einsicht heute:

TAG 2: ERFOLG UND ERFÜLLUNG

IHR ZIEL: Durch Ihre Arbeit Bewusstsein ausstrahlen

Die heutigen Einsichten:

Die Arbeit drückt Ihre Gewahrseinsebene aus (wobei Arbeit definiert ist als Ihre Haupttätigkeit während des Tages).
Arbeit und Leben dehnen sich gemeinsam aus oder verengen sich gemeinsam.
Je mehr Gewahrsein Sie in die Arbeit einbringen, desto mehr wird sie Sie erfüllen.
Ihre Arbeit repräsentiert das, was Sie glauben, verdient zu haben.
Erwacht sein ist die größte Art von Erfolg.
Wenn man erwacht ist, bringen Arbeit und Leben die gleiche Freude.

Wenn Sie Ihr wahres Selbst in die Arbeit einbringen, wird jede Arbeit erfüllend sein. Für die meisten Menschen dreht sich Tag 2 um ihren Beruf, aber auch RuheständlerInnen oder Elternteile, die ihre Kinder betreuen, wollen erfolgreich sein. Wir alle streben in jedem Alter nach Zufriedenheit und Erfüllung durch die Haupttätigkeit, der wir tagtäglich nachgehen.

Sie können jeden Tag aufs Neue einen Weg finden, Ihr Gewahrsein zu erweitern und dadurch Ihrer Arbeit und den täglichen Aktivitäten im Allgemeinen einen tieferen Sinn zu geben. Durch ein erweitertes Gewahrsein werden Stress und Langeweile der Vergangenheit angehören. Millionen von Menschen fühlen sich bei der Arbeit gestresst, gelangweilt und nicht ausgefüllt, und bestätigen so ihre Erwartungen. Das geschieht zumeist unbewusst, aber beim Kratzen an der Oberfläche findet man darunter die Wahrheit: Arbeit wird als ein Ort angesehen, an dem Autorität und Unsicherheit vorherrschen. Von ihrer Arbeit gelangweilt, aber von der Angst geleitet, sie zu verlieren, senken die Menschen den Kopf, reißen ihre Stunden herunter und freuen sich aufs Wochenende (und die Radiomoderatoren verstärken diese Einstellung noch, indem sie den Menschen einreden, dass nur im Wochenende die Erlösung liegt).

Natürlich ist nicht jeder Arbeitstag und jeder Arbeitsplatz schlecht. Es gibt eine natürliche Neigung, das Beste aus den Dingen zu machen, und im Allgemeinen gefällt den Menschen ihre Arbeit irgendwie. Doch auch hier ist das Selbst, das wir zur Arbeit mitbringen, unser soziales Selbst. Es ist das Bild, das wir vermitteln wollen, um uns einzufügen und miteinander auszukommen. Alle Bilder sind künstlich. Sie drücken nichts aus, was dem wahren Selbst nahekommt. Das wahre Selbst existiert, damit Sie Ihr Gewahrsein erweitern, erwachen und Erfüllung finden können, ganz gleich, was Sie gerade tun.

Sie haben die Wahl, Ihr Gewahrsein bei der Arbeit zu erweitern oder zu verkleinern. Nichts hindert Sie daran, Ihr wahres Selbst auszudrücken. Es wird sogar begrüßt, wenn Sie Freundlichkeit, Einfühlungsvermögen, Akzeptanz, Respekt für jeden Einzelnen und all die anderen Zeichen von Erwachtsein an den Tag legen. Wie auch immer, Ihre Arbeit repräsentiert Ihre Bewusstseinsebene.

In der vollkommenen Meditation geschieht ein Durchbruch, weil Sie beginnen, die Wahrheit zu erfahren: Arbeit und Leben dehnen sich gemeinsam aus oder ziehen sich gemeinsam zusammen. An dieser Tatsache kommen Sie nicht vorbei. Ein begrenztes Gewahrsein schränkt Ihre Erfüllung ein, nicht nur bei der Arbeit, sondern in Ihrem ganzen Leben. Erweitertes Gewahrsein dagegen gibt Ihnen die Möglichkeit, sich durch Ihre Arbeit weiterzuentwickeln und Erfolg und Erfüllung von innen heraus zu finden.

DIE DREI ENTSCHEIDENDEN FRAGEN

Heute können Sie Erfolg und Erfüllung voranbringen, indem Sie über die drei entscheidenden Fragen nachdenken. Am effektivsten wird es wahrscheinlich sein, sich zunächst nur mit einer Frage zu beschäftigen. Richten Sie die Aufmerksamkeit auf die Themen, die Sie persönlich am meisten ansprechen.

WAS MACHE ICH RICHTIG?

- Jeder Schritt, der Ihnen das Gefühl gibt, erfüllter zu sein, ist richtig. Indem Sie in den Meditationsmodus gehen, erfahren Sie innere Ruhe und Stille, die eigentlich nur die Schwelle zur Erfüllung sind, denn das wahre Selbst ist bereits erfüllt.
- Erfüllung wird als Glückseligkeit ausgedrückt. Jede beglückende Erfahrung ist ein Zeichen des Erfolgs. Legen Sie großen Wert darauf, solche Erfahrungen zu machen und zu erkennen, dass es wichtig ist, wie man sich bei der Arbeit fühlt.
- Nehmen Sie sich einen Moment Zeit, um stolz auf die Arbeit zu sein, die Sie leisten, und loben Sie die Arbeit eines anderen, damit dieser ebenfalls stolz sein kann.
- Wenn Sie merken, dass Sie sich langweilen, gehen Sie in den Meditationsmodus und stellen Sie Ihr Wohlgefühl wieder her.
- Zeigen Sie Empathie dafür, wie sich Kollegen oder Familienmitglieder fühlen. Wenn Sie den Impuls haben, sich jemandem auf einer persönlichen Basis anzunähern (damit meine ich keinen Büroflirt), seien Sie offen für den Impuls.
- Nehmen Sie sich bei der Arbeit oder während des Tages ein paar Momente Zeit, um sich zurückzuziehen und eine Pause einzulegen. Wenn Sie Gelegenheit dazu haben, gehen Sie nach draußen in die Natur, um Ihren Kopf durchzulüften.
- Stehen Sie tagsüber immer mal wieder von Ihrem Schreibtisch auf und laufen Sie herum, um Ihren Körper mit Energie aufzuladen.
- Unterstützen Sie bei Besprechungen Vorschläge, die Sie wirklich schätzen. Seien Sie bereit, Ihre Meinung zu äußern, wenn sie konstruktiv ist.
- Hören Sie öfters in sich hinein, um wahrzunehmen, wie es Ihnen bei der Arbeit im Büro oder zu Hause gefühlsmäßig geht. Werden Sie Ihrer Stimmungen gewahr – das ist ein wesentlicher Teil des Erwachens.
- Nehmen Sie neue Herausforderungen an, um noch mehr zu einem Projekt beizutragen.

WAS IST NICHT DAS RICHTIGE FÜR MICH?

- Alles, was Ihnen bei der Arbeit das Gefühl gibt, blockiert, frustriert und unerfüllt zu sein, ist nicht das Richtige für Sie.
- Einfach mit den Wölfen heulen, wenn Ihnen das, was geschieht, eigentlich missfällt, ist nicht gut für Sie.
- Jammern und das Verbreiten von Klatsch und Tratsch und Bürointrigen verstärken nur die innere Unzufriedenheit.
- Widerstehen Sie dem Drang, den Anforderungen Ihrer Arbeit gerecht zu werden, indem Sie zu viele Stunden arbeiten und/oder die Arbeit mit nach Hause nehmen. Solche Gewohnheiten machen die Arbeit zu einer Quelle des Drucks und der Verpflichtung, die nichts mit dem Gefühl der Erfüllung zu tun hat.
- Es hilft nicht, die Zähne zusammenzubeißen und in einem Job, den man hasst, weiter zu ackern, nur um sein tägliches Brot zu verdienen. Das Einzige, was Sie erreichen werden, ist, dass sich Ihr Gewahrsein verengt, und je mehr das der Fall ist, desto weniger werden Sie in der Lage sein, aus dem Trott auszubrechen.
- Besonders hart zu arbeiten ist nur dann produktiv, wenn man sich dadurch wertvoller und erfüllter fühlt. Es funktioniert nicht, wenn Sie sich getrieben und genötigt fühlen – dann behandeln Sie sich wie eine Maschine.
- Widerstehen Sie dem Drang, Menschen als Gewinner und Verlierer zu bezeichnen. Selbst wenn Sie Ihrer Ansicht nach auf der Gewinnerseite stehen, werden Sie von der Angst verfolgt, eines Tages zu den Verlierern zu gehören.
- Wenn Sie es machen, wie es einem viele Radiomoderatoren nahelegen, nämlich immer nur von Wochenende zu Wochenende zu leben und die fünf Tage dazwischen als einzige Last zu empfinden, dann üben Sie entweder den falschen Beruf aus oder haben den richtigen und finden an den Arbeitstagen kein Ende, weil immer noch etwas zu tun ist. Arbeitswütig zu sein führt im Laufe der Jahre dazu, dass man sich auch im Rest des Lebens zwanghaft verhält.

WAS IST MEIN NÄCHSTER SCHRITT?

- Erste Priorität: Tun Sie mehr von dem, was Sie richtig machen. Tun Sie weniger von dem, was nicht das Richtige für Sie ist.
- Bitten Sie einen Kollegen, dem Sie vertrauen, Ihnen ehrlich die Meinung darüber zu sagen, ob Sie Ihre Potenziale ausschöpfen.
- Fragen Sie jemanden, der Ihnen persönlich nahesteht, ob es den Anschein hat, dass Sie mit Ihrer Arbeit zufrieden sind und positiv darüber sprechen.
- Achten Sie auf unbewusste Symptome eines unerfüllten (Arbeits-) Lebens, wie zum Beispiel das Bedürfnis nach einem alkoholischen Getränk nach der Arbeit, Lästern über Kollegen oder dass Sie kaum noch über Ihre Träume reden.
- Setzen Sie sich ein Wunschziel und machen Sie einen ersten Schritt, der Sie dem Ziel näherbringt, und sei er auch noch so klein.

Ihre Einsicht heute:

____

____

____

____

____

TAG 3: LIEBE UND BINDUNG

IHR ZIEL: Bedingungslose Liebe erfahren

Die heutigen Einsichten:

Liebe ist ein Ausdruck des reinen ewigen Bewusstseins.
Ihr wahres Selbst strahlt bedingungslose Liebe aus.
Bedingungslose Liebe kennt keinen Unterschied zwischen Ihnen und einem anderen Menschen.

Liebe will teilen, und deshalb ist sie begierig darauf, sich zu verbinden.
Hingabe ist die Grundhaltung der bedingungslosen Liebe.
Der Höhepunkt der Hingabe ist die ununterbrochene Glückseligkeit.
Jeder Moment der Glückseligkeit gewährt uns einen flüchtigen Blick auf die bedingungslose Liebe.

Wenn Sie aus Ihrem wahren Selbst heraus leben, können Sie bedingungslose Liebe geben und empfangen. Damit dies geschehen kann, müssen Sie vollkommen erwacht sein. Im Zustand des Erwachtseins sind Sie immer mit Ihrem wahren Selbst verbunden, sodass der Fluss der Liebe nie versiegt. Wenn Sie manchmal erwacht sind und manchmal nicht, dann kommt und geht die Liebe. Das ist ganz natürlich. Das Flussbett wird zwischendurch mal austrocknen, während Sie vorübergehend keine Liebe erfahren, aber jeder Moment der Liebe gewährt Ihnen einen Blick auf das Ziel. Liebe ist daher einer der positivsten Wege.

Bevor Sie ganz erwacht sind, ist die Liebe, die Sie geben, und die Liebe, die Sie empfangen, bedingt. Sie kann sich verändern oder sogar aus dem Blickfeld geraten. Für viele Menschen ist Liebe eine Art Transaktion – ein Tauschgeschäft zwischen zwei Personen. Der Geliebte muss die Ego-Persönlichkeit des Liebenden befriedigen. Im Meditationsmodus geschieht der Durchbruch: Das Geben und Nehmen endet. Stattdessen erleben Sie sich selbst als die Quelle bedingungsloser Liebe. In dem Maße, wie sich diese Erkenntnis vertieft, können Sie einen anderen Menschen ohne Abhängigkeit oder Ansprüche lieben. Sie sind sich selbst genug und Ihre Liebe ist daher ein Geschenk, das an keinerlei Bedingungen geknüpft ist.

Die bedingungslose Liebe ist ewig, kommt und geht nicht, sondern ist immer gleich. Da man sich diese unveränderliche Liebe nicht verdienen muss, wird sie oft mit Gnade gleichgesetzt. Ob Sie sie göttliche Gnade oder die Gnade des reinen Bewusstseins nennen, bleibt Ihnen überlassen. Vielen Menschen fällt es leichter, sich Gott hinzugeben, weil sie eine menschliche Gestalt suchen, eine göttliche Mutter oder einen göttlichen Vater, die bzw. der ihre Hingabe empfängt. In den reinsten Weisheitstraditionen ist Gott eine Form, die vom reinen Bewusstsein angenommen wurde, und Sie können sich dafür entscheiden, Gnade und Glückseligkeit ganz aus Ihrem wahren Selbst heraus zu erfahren. Was immer Sie mit Liebe erfüllt, ist das Richtige für Sie, denn der Weg eines jeden zu bedingungsloser Liebe ist einzigartig. Vergessen Sie einfach nie, dass Liebe nicht von Ihnen getrennt ist. Jeder Liebesentzug oder Liebesverlust deutet auf eine Kluft zwischen Ihnen und Ihrem wahren Selbst hin, und in der vollkommenen Meditation können Sie diese Kluft dauerhaft heilen. Der Eifer der Liebe, sich mit einem anderen Menschen zu verbinden, steht sinnbildlich für ihren tiefsten Impuls, nämlich, auf ewig im wahren Selbst zu verweilen.

DIE DREI ENTSCHEIDENDEN FRAGEN

Heute können Sie der bedingungslosen Liebe näherkommen, indem Sie über die drei entscheidenden Fragen nachdenken. Am effektivsten wird es wahrscheinlich sein, sich zunächst nur mit einer Frage zu beschäftigen. Richten Sie die Aufmerksamkeit auf die Themen, die Sie persönlich am meisten ansprechen.

WAS MACHE ICH RICHTIG?

- Jeder Schritt, der Ihnen eine liebevolle Erfahrung ermöglicht, ist richtig. Indem Sie in den Meditationsmodus gehen, erfahren Sie den Impuls der Glückseligkeit, der aus der inneren Stille entsteht. Glückseligkeit, Freude und Ekstase, so flüchtig sie auch sein mögen, sind Einblicke in die bedingungslose Liebe.
- Nutzen Sie jede Gelegenheit, freundlich und einfühlsam zu sein. Da Freundlichkeit keine Gegenleistung verlangt, drückt sie selbstlose Liebe aus. Bedingungslose Liebe ist immer selbstlos.
- Hingabe ist ein Ausdruck der Liebe. Jemand oder etwas, dem Sie Ihre Hingabe schenken, ist für Sie richtig, wenn es liebevolle Hingabe ist.

- Das Herz ist der empfindsamste Bereich des geistigen Körpers, wenn es um Liebe geht. Richten Sie heute mehrere Male die Aufmerksamkeit auf Ihr Herz und verweilen Sie dort, um seine warme, liebevolle Ausstrahlung zu spüren. Wenn dieses warme, liebevolle Gefühl nur schwach oder gar nicht vorhanden ist, gönnen Sie sich eine Erfahrung, die es zurückbringt. Die beste Wahl ist, sich persönlich mit jemandem, den Sie lieben, zu verbinden (im Idealfall mindestens eine Stunde pro Tag). Aber auch jede freudige Erfahrung in Verbindung mit Natur, Kunst, Musik, spielenden Kindern oder inspirierendem Schreiben wird Ihr Herz nähren.
- Denken Sie an sechs Personen, wie Freunde und Familienmitglieder, denen Sie sich verbunden fühlen. Nehmen Sie sich mindestens einmal pro Woche Zeit, diese Verbindung zu erneuern, vorzugsweise von Angesicht zu Angesicht oder mit einem Telefonanruf.
- Wann immer Sie eine Verbindung herstellen, geben Sie großzügig von sich selbst, beginnend mit einem Lächeln und freundlichen Worten.
- Strahlen Sie die Liebe in Ihrem Herzen aus. Visualisieren Sie die Person, der Sie Ihre Liebe senden, und betrachten Sie das Band des Lichts, das Sie verbindet. Diese Verbindung von Herz zu Herz ist still und braucht nur einen Moment, um sich aufzubauen. Aber auf der Ebene des wahren Selbst profitieren Sie selbst und die andere Person davon.
- Senden Sie liebevolle Gedanken und Wohlwollen an Menschen außerhalb Ihres unmittelbaren Umfeldes. Tun Sie dies, wann immer Ihr Herz von der Situation solcher Menschen berührt wurde. Noch besser ist es, dem liebevolle Taten folgen zu lassen. Sie können einen stillen Segen anbieten, wann immer Sie den Impuls dazu spüren, auch einem Fremden.
- Wenn Sie einen lieblosen Gedanken oder Impuls bemerken, der begonnen hat, sich zu wiederholen, gehen Sie in den Meditationsmodus. Werden Sie innerlich still, und sagen Sie dem Gedanken, dass er nicht mehr gebraucht wird. Wiederholen Sie das, bis er verblasst. Kämpfen Sie nicht gegen den lieblosen Gedanken an, sondern teilen Sie ihm mit, dass Sie nicht mehr empfänglich für ihn sind.

WAS IST NICHT DAS RICHTIGE FÜR MICH?

- Jeder Schritt, der Sie dazu bringt, Ihre Liebe zurückhalten zu wollen, ist nicht das Richtige für Sie.
- Wenn Sie sich isolieren, trennen Sie sich von dem Fluss der Liebe, den Sie erleben könnten.
- Jemand anderen aufzufordern, das zu tun, was Sie wollen, um Ihre Liebe zu bekommen, wird am Ende nicht funktionieren. Die andere Person wird immer jemanden finden, mit dem sie ein besseres Tauschgeschäft machen kann.
- Bedürftigkeit funktioniert nicht, um andere dazu zu bringen, Sie zu lieben. Wie zuvorkommend und wohlwollend diese zunächst auch sein mögen, im Laufe der Zeit wird Unmut bei ihnen aufsteigen.
- Wenn Sie nicht bereit sind, von sich selbst zu geben, können Sie keine selbstlose Liebe erfahren, die Ihr wahres Selbst Ihnen zu geben versucht.
- Das Verweigern von Liebe, auch von Sex, als eine Form der Rache wird eine Liebesbeziehung zerrütten.
- Bedeutungsloser Sex ist niemals der Weg zur Liebe. Sexualität kann für sich allein befriedigend sein, aber erst in Verbindung mit Liebe gewinnt sie an Bedeutung, Wert und Erfüllung.
- Es funktioniert nicht, um Liebe von jemandem zu bitten, der sie nicht geben kann, egal wie sehr man sich wünscht, dass er oder sie es täte.
- Wenn es Ihnen viel leichter fällt, Liebe zu geben als sie zu empfangen, beruht Ihre Liebe wahrscheinlich auf Unsicherheit. Sie versuchen dann, das Gefühl, nicht liebenswert zu sein, in Ihrem tiefsten Inneren auszugleichen.

WAS IST MEIN NÄCHSTER SCHRITT?

- Erste Priorität: Tun Sie mehr von dem, was Sie richtig machen. Tun Sie weniger von dem, was nicht das Richtige für Sie ist.
- Bringen Sie anderen auf eine Art und Weise, die Ihnen leichtfällt, mehr Wertschätzung entgegen.

- Wenn Sie spüren, dass eine Verbindung zwischen Ihnen und einem anderen Menschen entsteht, fördern Sie sie durch Zuneigung und Mitgefühl. Erwarten Sie nichts, treffen Sie keine Vorhersagen. Lassen Sie die Bindung sich von selbst entwickeln.
- Lassen Sie andere so sein, wie sie sind, ohne sie zu beurteilen. Seien Sie zumindest bereit, neutral zu sein. Sie müssen nicht jeden in Ihrem näheren und weiteren Umfeld lieben, aber Sie können damit aufhören, Ihre Missbilligung zu zeigen und Liebe vorzuenthalten.
- Lesen Sie inspirierende Schriften und Gedichte, die die bedingungslose Liebe fördern. Dadurch können Sie Ihre Vision von ewiger Liebe, wie sie hier auf Erden erfahren wird, auffrischen.
- Finden Sie einen Weg, selbstlose Liebe auszustrahlen, indem Sie jemanden unterstützen. Einsamkeit, Isolation oder Armut zu lindern, ist ein Schritt zur bedingungslosen Liebe.
- Achten Sie darauf, wenn Sie sich selbst bewerten. Sie müssen nicht versuchen, sich selbst zu lieben – das ist normalerweise nur die Ego-Persönlichkeit, die versucht, Imagepflege zu betreiben. Gehen Sie stattdessen in den Meditationsmodus und lassen Sie die Selbstbewertung verklingen. Sie müssen nicht dagegen ankämpfen – hören Sie ihr einfach nicht mehr zu.

Ihre Einsicht heute:

____

____

____

____

____

TAG 4: SELBSTWERT UND SELBSTVERSTÄNDNIS

IHR ZIEL: Sich Ihres Selbstwerts im Leben sicher sein

Die heutigen Einsichten:

Selbstwert wird erreicht, indem man seine Wahrheit lebt.

Wenn Sie Ihr wahres Selbst betrachten, hat Ihr Leben einen Sinn.

All die Werte Ihres wahren Selbst fügen Ihrem Lebenssinn eine weitere Ebene hinzu.

Der letztendliche Zweck des Lebens eines jeden Menschen ist es, voll bewusst zu sein.

Wenn Sie vollkommen erwacht sind, drücken Sie damit die ganze Wahrheit aus.

Der Sinn des Lebens liegt im gegenwärtigen Moment und in der Art und Weise, wie man darauf reagiert.

Reines Bewusstsein ist das Reservoir unendlicher Möglichkeiten, die Quelle von Zweck und Bedeutung.

Solange Sie existieren, hat Ihr Leben einen Sinn. Vollkommenes Bewusstsein durchströmt jede Zelle. Das gesamte Universum wirkt zusammen, um den gegenwärtigen Moment möglich zu machen. Auf der Ebene Ihres wahren Selbst ist die Wahrheit sehr klar. Es gibt keinen Zweifel daran, wie wertvoll Sie sind. Das Leben findet allein durch Ihr Gewahrsein einen Sinn. Aber wenn Ihr Gewahrsein begrenzt ist, gerät der Selbstwert ins Wanken. Die Ego-Persönlichkeit befindet sich in einem Zustand der Loslösung vom wahren Selbst. Deshalb zweifelt sie immer daran, dass sie wertvoll ist. Wenn Sie vom Ego aus leben, werden Sie sich unweigerlich die Frage stellen, ob das eigene Dasein wirklich eine Rolle spielt.

Während der vollkommenen Meditation stellt sich der Zustand der inneren Ruhe und Stille von selbst ein. Sie müssen nicht dafür arbeiten oder es sich verdienen. Dasselbe Prinzip gilt auch außerhalb des Meditationsmodus. Erkennen Sie, dass Ihre Existenz seit Ihrer Geburt jeden Augenblick bedeutsam gewesen ist. Dieses Begreifen ist der Schlüssel. Sie müssen sehen und fühlen, wie wertvoll Sie sind. Die meisten Menschen suchen an der falschen Stelle nach Bestätigung. Sie suchen im Außen nach Anerkennung, um sich selbst wertvoll zu fühlen, und wenn die Anerkennung in Kritik umschlägt, sind sie am Boden zerstört. Von der Anerkennung und Kritik anderer abhängig zu sein, kann niemals zu einem dauerhaften, unerschütterlichen Selbstwertgefühl führen.

Die Fähigkeit der Ego-Persönlichkeit, sich wertvoll zu fühlen, ist unbeständig und flüchtig. Üblicherweise gründet »Ich« sich auf Äußerlichkeiten wie Geld, Besitz und Status, um seine Würdigkeit zu beweisen, was jedoch alles reine Fassade ist. Das Ego fühlt sich aber nur dann wirklich wertvoll, wenn es sich mit den Werten des wahren Selbst verbindet. Jeder erlebt diese Verbindung hin und wieder, was zeigt, dass das wahre Selbst immer versucht, mit uns zu kommunizieren.

Deshalb spüren wir Impulse liebevoller Güte, die Abwesenheit von Selbstzweifeln, den Wunsch, Dankbarkeit zu zeigen, und ein Gefühl völligen Wohlbefindens. »Ich bin genug« wird zur Grundhaltung, ganz gleich, was Sie tun. Indem Sie durch vollkommenes Erwachen die Verbindung dauerhaft herstellen, bringen Sie sich in eine ideale Lage. Das Ego versucht sich wichtig zu machen. Doch in Wahrheit sind Sie demütig und selbstlos. Sie sind zum Instrument des höheren Bewusstseins geworden, das seine Wahrheit in die Welt hinausstrahlt.

DIE DREI ENTSCHEIDENDEN FRAGEN

Heute können Sie Ihr Selbstwertgefühl festigen und sich Ihrer Bedeutung klarer werden, indem Sie über die drei entscheidenden Fragen nachdenken. Am effektivsten wird es wahrscheinlich sein, sich zunächst nur mit einer Frage zu beschäftigen. Richten Sie die Aufmerksamkeit auf die Themen, die Sie persönlich am meisten ansprechen.

WAS MACHE ICH RICHTIG?

- Jeder Schritt, der Ihnen ein Gefühl der Sinnhaftigkeit schenkt, ist richtig. Indem Sie in den Meditationsmodus gehen, erfahren Sie etwas sehr Einfaches und doch ganz Wichtiges: ein Selbstgefühl. Egal, was Sie denken, sagen, fühlen oder tun, Ihr Selbstgefühl sieht still zu und ändert sich nie.
- Genießen Sie es, so zu sein, wie Sie sind. Nehmen Sie sich einen Moment Zeit, um zu spüren, wie gut es ist, einfach hier zu sein. »Ich bin« ist die Basis des wahren Selbst.
- Streben Sie nach Eigenständigkeit in allem: in dem, wie Sie sich fühlen, in den Überzeugungen, die Sie zum Ausdruck bringen, in Ihrer Arbeit, in Ihrer Rolle in der Familie. Diese Dinge gehören allein Ihnen. Schätzen Sie sie entsprechend.
- Lassen Sie es zu, dass andere Sie loben und Ihnen ihre Wertschätzung zeigen. Liebe und Lob anzunehmen, ist nicht immer einfach, aber sie spiegeln Ihren inneren Wert wider.
- Nehmen Sie ein Projekt in Angriff, das Ihnen wirklich etwas bedeutet. Selbstwert zeigt sich, wenn man in die Welt hinaus geht. Im Stillen darüber nachzudenken, wie großartig man sein könnte oder wie unwichtig man ist, ist eine vom Ego konstruierte Täuschung. Wenn Sie sich in ein sinnvolles Projekt einbringen, lassen Sie zu, dass sich Ihr innerer Wert ausdehnt und entwickelt.
- Sich selbst gegenüber bescheiden und demütig zu sein, ist ein Zeichen großer Selbstachtung, wenn diese Gefühle vom wahren Selbst ausgehen.
- Das Leitprinzip ist, andere so zu respektieren, wie man sich selbst respektieren würde. Dies ist die natürliche Haltung des wahren Selbst, denn das wahre Selbst aller Menschen ist gleichwertig.

WAS IST NICHT DAS RICHTIGE FÜR MICH?

- Jeder Schritt, der Ihnen das Gefühl gibt, klein und unbedeutend zu sein, ist nicht das Richtige für Sie.
- Sich an jemanden zu binden, der stark und versiert ist, kann eine groß-

artige Erfahrung sein, aber trägt nicht zu Ihrem Selbstwert bei. Die meiste Zeit werden Sie nur versuchen, eine Leere in sich selbst zu füllen. Wenn die starke Person sich wieder entfernt, ist die Leere wieder da.

- Sich selbst groß erscheinen zu lassen, indem man andere klein macht, funktioniert nicht. Sie werden niemanden überzeugen, und Ihr Verhalten wird Ihnen Ärger einbringen. Jemand anderen schlecht aussehen zu lassen, spiegelt Ihre eigene Unsicherheit wider.
- Das Selbstbild ist nicht dasselbe wie das wahre Selbst. Das Aufpolieren Ihres Selbstbildes wird die Ego-Persönlichkeit befriedigen und Sie von Ihrem wahren Selbst getrennt halten. Selbstbilder sind von Natur aus trügerisch, weil sie das verdecken, was darunter liegt. Das Ego glaubt, sich selbst etwas Gutes zu tun, indem es verbirgt, wofür es sich schämt, und zu vermeiden trachtet, dass andere es sehen. Aber der größere Schaden entsteht dadurch, dass das Selbstbild das wahre Selbst verbirgt, das jede Schwäche oder Wunde heilen kann.
- Der Versuch, sich in den Augen anderer Menschen wichtig zu machen, funktioniert nicht. Sie werden immer eine subjektive Meinung über Sie haben, ob diese nun gerecht und angemessen ist oder nicht. Lassen Sie andere denken, was sie wollen. Das braucht Sie nicht zu kümmern.

WAS IST MEIN NÄCHSTER SCHRITT?

- Erste Priorität: Tun Sie mehr von dem, was Sie richtig machen. Tun Sie weniger von dem, was nicht das Richtige für Sie ist.
- Seien Sie auf eine Weise, die Ihnen leichtfällt, bescheiden und anspruchslos. Auf der Ebene des wahren Selbst hat das reine Bewusstsein Sie zu dem gemacht, was Sie sind, nicht Ihr Ego.
- Es ist wichtiger, der/die Beste zu sein, der/die man sein kann, als das Beste zu tun, was man tun kann. Es ist natürlich wünschenswert, sein Bestes zu geben, aber Ihr Wesen, das heißt Ihr Bewusstseinszustand, bestimmt Ihren Selbstwert über alles hinaus, was Sie jemals tun werden.
- Seien Sie Ihrer Quelle für alles dankbar, was sie Ihnen gegeben hat. Kein Ego von irgendjemanden hat jemals die Dinge geschaffen, die wir im Leben wirklich schätzen.

- Wenn Sie das Wort »Ich« sehr oft gebrauchen, gehen Sie in den Meditationsmodus und verbinden Sie sich wieder mit dem, das Sie wirklich sind. Ihr wahres Wesen ist selbstlos.

Ihre Einsicht heute:

____

____

____

____

____

TAG 5: KREATIVITÄT UND ENTDECKERGEIST

IHR ZIEL: Ihr Leben zu einer Entdeckungsreise machen

Die heutigen Einsichten:

Solange Sie neugierig bleiben, werden Sie niemals alt.
Erneuerung ist das ewige Geheimnis des Lebens.
Alles, dem Sie Ihre Aufmerksamkeit schenken, kann Ihnen ein Geheimnis offenbaren.
Wenn Sie die Welt erforschen, erforschen Sie in Wirklichkeit sich selbst.
Jede neue Entdeckung ist auch eine Selbstentdeckung.
Bewusstsein ist seinem Wesen nach kreativ und neugierig.
Um ein kreatives Leben zu führen, lassen Sie sich vom Wandel begeistern.
Jeder Augenblick bringt Sie an die Schwelle einer neuen Entdeckung.

Schon bei Ihrer Geburt war es Ihnen bestimmt, ein kreatives Leben zu führen. Diese Bestimmung kam vom Bewusstsein, das sich seinem Wesen entsprechend danach sehnt, zu wissen und zu verstehen.

Deshalb sind Kinder so fasziniert von der Welt. Sie sind ganz in das Staunen vertieft, neue Dinge zu lernen. Dem Leben gehen nie die neuen Dinge aus, die es uns zeigen kann. Alles, worauf man seine Aufmerksamkeit richtet, kann etwas enthüllen, was man vorher nicht wusste. Aber wenn man aufhört, aufmerksam zu sein, verschwindet das Staunen und das Leben wird vorhersehbar und zur Routine.

Haben Sie Angst vor Veränderungen oder sind Sie von ihnen fasziniert? Menschen, die sich dem Wandel widersetzen, haben insgeheim (oder ganz offensichtlich) Angst davor. Sie sind gezwungen, so zu tun, als könnte sie sich in Sicherheit wiegen, indem sie ihr Leben so routiniert und vorhersehbar wie möglich gestalten. Diese Strategie läuft der Realität entgegen, denn das Leben ist nichts anderes als Veränderung. Jeder Tag ist eine neue Welt. Entweder man erwacht und sieht den Wandel als Chance an, oder man verurteilt sich selbst zu beschränktem Gewahrsein, zunehmender Langeweile und Überdruss am eigenen Leben.

Ihr wahres Selbst betrachtet das Leben als eine Entdeckungsreise. Es will alle Möglichkeiten erkunden, die jeden Tag neu machen. Dahinter verbirgt sich kein Geheimnis – Ihr wahres Selbst drückt einfach nur die Neugierde und das Staunen aus, mit dem Sie geboren wurden. Erwacht zu sein ist ein unberechenbarer Zustand. Das muss so sein, da das Bewusstsein in jedem Augenblick nach einem kreativen Ventil sucht.

Wir sind so begierig auf Nachrichten, dass wir rund um die Uhr im Fernsehen und in den sozialen Medien damit gefüttert werden. Wir können es kaum erwarten zu hören, was anderen Menschen geschieht, aber die Nachrichten über uns selbst nehmen wir irgendwie nicht wahr. Die Ego-Persönlichkeit hat Angst, zu tief nach innen zu blicken, und will lieber gar nicht wissen, was sie dort finden könnte. Um echte Selbstentdeckung zu vermeiden, erzählt das Ego Ihnen eine Geschichte, die auf der Vergangenheit basiert. »Ich« wird aus alten Erinnerungen konstruiert. Wenn Sie morgens aufstehen, um die gleiche Geschichte zu wiederholen, wie Sie sie am Tag zuvor erlebt haben, füllen Sie einfach alten Wein in neue Schläuche.

Wenn man sich wirklich erneuern möchte, sollte man damit im Meditationsmodus beginnen. Wenn Sie sich mit Ihrem wahren Selbst verbinden, fühlt sich jede Wahrnehmung frisch und neu an. Das wahre Selbst lebt im gegenwärtigen Moment, dem einzigen Ort, an dem es etwas zu entdecken gibt. Das ewige Jetzt ist das ewige Du. Das ist die wichtigste Entdeckung, die man machen kann.

DIE DREI ENTSCHEIDENDEN FRAGEN

Heute können Sie sich selbst erneuern, indem Sie über die drei entscheidenden Fragen nachdenken. Am effektivsten wird es wahrscheinlich sein, sich zunächst nur mit einer Frage zu beschäftigen. Richten Sie die Aufmerksamkeit auf die Themen, die Sie persönlich am meisten ansprechen.

WAS MACHE ICH RICHTIG?

- Jeder Schritt, mit dem Sie Ihrer Neugierde folgen, ist richtig. Durch das Wechseln in den Meditationsmodus, erneuern Sie Ihren Geist in der Stille. Nur ein frischer Geist kann neue Sichtweisen entwickeln, wie sie am Anfang jeder Entdeckung stehen.
- Begegnen Sie Menschen vorurteilslos und treffen Sie keine vorschnellen Urteile. Sie sind genauso faszinierend wie Sie selbst, sobald Ihr Gewahrsein offen ist.
- Gewöhnen Sie sich an, aufmerksam zu sein. Das Leben ist nur dann langweilig, wenn Sie aufhören, Neues zu entdecken.
- Sie können jeden Augenblick in sich selbst zentriert sein und auf die nächste überraschende Entdeckung warten. Da die innere Stille erwacht ist, ist sie sich ständig gewärtig, dass an jeder Ecke etwas Neues wartet.
- Etwas wirklich Bedeutsames zu entdecken, fühlt sich ganz persönlich an. Sie sehen sich selbst in der Welt »da draußen« widergespiegelt. Was am Ende jedoch alle am meisten beglückt, ist, etwas Neues in sich selbst zu finden. Wenn etwas, das Sie wahrnehmen, Sie

plötzlich überrascht, erfreut oder fasziniert, legen Sie diese Eigenschaften des wahren Selbst offen.

- Es ist wichtiger, sich selbst zu erforschen, als die Welt. Jeder wirkliche Wert im Leben – Wahrheit, Schönheit, Bedeutung, Sinn, Liebe, Mitgefühl – wartet in Ihrem wahren Selbst. Mehr und mehr mit diesen Werten in Ihrem wahren Selbst in Berührung zu kommen, ist Ihr Ziel, wenn Sie sich auf die Reise der Selbstfindung begeben.

WAS IST NICHT DAS RICHTIGE FÜR MICH?

- Jeder Schritt, der Ihnen das Gefühl gibt, dass das Leben langweilig, voller Routine und vorhersehbar ist, ist nicht das Richtige für Sie.
- Andere Menschen als immer gleich abzustempeln, funktioniert nicht. Sie sprechen ihnen die Fähigkeit ab, sich zu erneuern, was genau das ist, was Sie sich für sich selbst wünschen.
- Wenn Sie nichts mehr wirklich interessiert oder begeistert, leben Sie auf der Ebene der Ego-Persönlichkeit. Sie sind in Routine verfallen, denn die Dinge immer gleich zu halten, ist der primäre Abwehrmechanismus des Egos. Ein berechenbares Leben gibt »Ich« das falsche Gefühl, die Kontrolle zu haben. In Wirklichkeit hat sich das Ego mit einer sehr begrenzten Existenz zufriedengegeben.
- Sich gegen den Wandel zu stemmen, wird am Ende nicht funktionieren. Sie verstärken nur die Unsicherheit und Angst des Egos. Die Realität ist im Prozess der ewigen Veränderung. Wenn Sie diese Tatsache akzeptieren, können Sie beginnen, sich dem Wandel ohne Furcht zu stellen. Widersetzen Sie sich dem aber, werden Ihnen Veränderungen weiterhin Angst machen.
- Den Menschen nachzugeben, die nicht wollen, dass Sie sich ändern, funktioniert nicht. Jemand anderes möchte Sie vielleicht in eine Schublade stecken. Aber die einzige Person, die Sie auf diese Weise einengen kann, sind Sie selbst. Wenn Sie Ihrer selbst überdrüssig sind, ist das ein Zeichen, dass Sie in einer Schublade feststecken. Wenn Sie sich anpassen, mit dem Strom schwimmen, sich die Anerkennung anderer verdienen wollen und sich gesellschaftlichen Konventionen unterwerfen, werden Sie sich schnell mit sich selbst langweilen.

WAS IST MEIN NÄCHSTER SCHRITT?

- Erste Priorität: Tun Sie mehr von dem, was Sie richtig machen. Tun Sie weniger von dem, was nicht das Richtige für Sie ist.
- Seien Sie auf eine Weise, die Ihnen leichtfällt, offener für neue Menschen und Erfahrungen.
- Finden Sie in jeder Beziehung etwas Neues. Ein Interesse erwacht nicht wieder, weil die andere Person sich verändert. Es entsteht, weil man anfängt, sie genauer wahrzunehmen und ihr vermehrt Aufmerksamkeit zu schenken.
- Befreien Sie sich von der Neigung zur Wiederholung. Immer nach dem gleichen Schema vorzugehen und immer das alte Lied zu singen, sind Symptome desselben Zustands: eingeschlafen zu sein.
- Nehmen Sie sich Zeit, um das Licht des Lebens zu genießen. Es leuchtet in Kindern, in der Kunst, in der Musik, in den Wundern der Natur, im Licht des reinen Bewusstseins und in der Leichtigkeit des Seins.

Ihre Einsicht heute:

____

____

____

____

TAG 6: HÖHERES ZIEL UND SPIRITUALITÄT

IHR ZIEL: Ihre spirituellen Werte ausstrahlen

Die heutigen Einsichten:

Das höhere Ziel eines jeden ist es, vollständig zu erwachen.
Höheres Bewusstsein und Spiritualität sind dasselbe.
Getrennt von allen zu leben ist eine Illusion, aus der man erwachen kann.

Ihre Verbindung zum reinen Bewusstsein ist immer vorhanden.
Ihr wahres Selbst strahlt göttliche Gegenwart aus.
Ihr höchstes Ziel hängt davon ab, wer Sie sind, nicht davon, was Sie tun.
Ihre reine Anwesenheit ist von unschätzbarem Wert.
Jede spirituelle Errungenschaft ruht in Ihrem wahren Selbst und wartet darauf, aktiviert zu werden.

Ihr wahres Selbst strahlt all die spirituellen Wert aus, nach denen Sie sich sehnen. Wenn Sie erwacht sind, strahlen Sie ohne Anstrengung genau diese Werte der Liebe, des Mitgefühls, der Barmherzigkeit, der Anteilnahme und der Vergebung aus. Sie sind sich bereits flüchtig dieser Werte gewahr geworden, die Sie in sich tragen. Indem Sie die vollkommene Meditation praktizieren, erweitern Sie diese Einblicke, vertiefen sie und lassen sie häufiger auftreten.

Im modernen Leben sehen sich viele Menschen mit einem frustrierenden Dilemma konfrontiert: Sie sehnen sich nach Spiritualität, fühlen sich aber daran gehindert, ein spirituelles Leben zu führen. Da die organisierten Religionen heute in vielerlei Hinsicht wenig befriedigen, ist Spiritualität zu einem einsamen Unterfangen geworden, das die Menschen mit großen Hoffnungen erfüllt, aber auch mit Unsicherheit, was die innere Reise angeht. Hinzu kommt, dass die Anforderungen und die Komplexität unseres geschäftigen Lebens es uns schwierig machen, Zeit zu finden, um »spirituell zu sein«.

Die Antwort auf dieses Dilemma besteht darin, die ganze Zeit in der spirituellen Mitte zu verweilen, einem Gewahrseinszustand, der sich durch vollkommene Meditation entfaltet. Es gibt keine wirkliche Trennung zwischen dem Weltlichen und dem Spirituellen, auch wenn uns die organisierten Religionen über Jahrhunderte hinweg darauf getrimmt haben, eine solche Trennung anzuerkennen und sogar so weit zu gehen, die weltliche Existenz als der religiösen Hingabe und Gottesfurcht zuwiderlaufend zu verurteilen. Alles geschieht jedoch im selben Bewusstsein. Sie haben nicht ein Bewusstsein, um eine Familie zu gründen, zur Arbeit zu gehen und Lebensmittel zu kaufen, und ein anderes Bewusstsein, um zu beten und Ihre Andachten auszuüben. Das wahre Selbst drückt die am höchsten geschätzten menschlichen Werte aus. Vom wahren Selbst her gesehen ist Liebe Liebe und Hingabe ist Hingabe.

So gesehen sind die spirituellen Werte, nach denen sich die Menschen sehnen, nahtlos in das alltägliche Leben eingewoben und werden einfach durch das Erwachtsein zugänglich. *Je erwachter Sie sind, desto mehr werden Sie den Geist ausstrahlen. Das wahre Selbst wird durch alles, was Sie tun, durchscheinen, denn das Tun ist nicht das Wichtigste. Der wichtige Teil ist das Sein.* Wer Sie sind, hat mehr spirituellen Wert als noch so andachtsvolle Gedanken und Taten. Was das wahre Selbst Ihnen gibt, ist Gegenwart. Wir können es göttliche Gegenwart nennen, aber ich betrachte es als die Gegenwart des reinen Seins. Gott und reines Sein sind beide absolut, unendlich, allwissend und allmächtig – es sind einfach verschiedene Namen für die Quelle der Schöpfung.

Je näher Sie Ihrer Quelle sind, desto näher sind Sie der Quelle der Schöpfung. Beides ist dasselbe. Diese Tatsache verleiht Ihrer Existenz einen unendlichen Wert. Sie teilen Ihr wahres Selbst mit gesalbten Heiligen und Weisen. Sobald Sie dies als wahr akzeptieren, ist die spirituelle Reise nicht länger frustrierend und weit. Jeder flüchtige Eindruck des wahren Selbst zeigt Ihnen, wer Sie wirklich sind, und Sie müssen keine beschwerliche Reise zurücklegen, um es zu entdecken.

DIE DREI ENTSCHEIDENDEN FRAGEN

Heute können Sie im Einklang mit Ihrem spirituellen Kern sein, indem Sie über die drei entscheidenden Fragen nachdenken. Am effektivsten wird es wahrscheinlich sein, sich zunächst nur mit einer Frage zu beschäftigen. Richten Sie die Aufmerksamkeit auf die Themen, die Sie persönlich am meisten ansprechen.

WAS MACHE ICH RICHTIG?

- Jeder Schritt, bei dem Sie eine spirituelle Präsenz in sich spüren, ist richtig. Indem Sie in den Meditationsmodus gehen, öffnen Sie einen Kanal, mittels dessen Sie alle spirituellen Werte ausstrahlen können.
- Es ist richtig zu akzeptieren, dass jeder Mensch über ein wahres Selbst verfügt, was bedeutet, dass auch jeder das Potenzial hat, die höheren Werte der Liebe, des Mitgefühls und der Vergebung auszudrücken. Allen wird ein Hauch von Erwachen zuteil, auch wenn dieser nicht so hoch geschätzt wird, wie es sein sollte.
- Gewöhnen Sie sich an, jeden flüchtigen Eindruck Ihres wahren Selbst wahrzunehmen und zu schätzen. Sie könnten sogar innehalten und sich sagen: »So bin ich wirklich.«
- Es ist richtig, andere Menschen nicht über ihr Verhalten, ihre Stimmungen, Gewohnheiten und Schwächen zu definieren. Jeder leidet an einer Trennung vom wahren Selbst. Seien Sie dankbar, dass Sie Ihre Trennung heilen, und verurteilen sie andere Menschen nicht.
- Handeln Sie so weit wie möglich aus dem Herzen heraus. Dies ist der sicherste Weg, sich wieder mit Ihrem wahren Selbst zu verbinden. Das Herz heilt Wunden und fördert die Akzeptanz, die wir alle brauchen.

WAS IST NICHT DAS RICHTIGE FÜR MICH?

- Jeder Schritt, der Ihnen das Gefühl gibt, isoliert, allein und unbedeutend zu sein, ist nicht das Richtige für Sie.
- Sich bemühen, spirituell zu sein, funktioniert nicht. Es ist kein Ersatz für das wahre Selbst, das naturgemäß, ohne Anstrengung, spirituell ist.
- Jemand anderem das Gefühl zu geben, minderwertig zu sein, funktioniert nicht. Sie sprechen ihm damit sein wahres Selbst ab. Seien Sie generell möglichst geduldig und nachsichtig. Vergessen Sie nie, dass auch Sie nicht in perfekter Verbindung mit Ihrem wahren Selbst stehen. Jeder ist bereit zu heilen.

- Es funktioniert nicht, einen Gott anzubeten, der gnadenlos, rachsüchtig und unversöhnlich ist. Gott soll den Menschen ein Vorbild sein, und diese Welt wäre ohne Gnade und Barmherzigkeit die Hölle.
- Wenn Sie den Glauben daran verlieren, dass Sie wirklich wichtig sind, dann fühlen Sie sich von Ihrem wahren Selbst getrennt. Sie sind von unermesslichem Wert und müssen sich nur mit dieser Wahrheit verbinden, um sie zu spüren. Der Glaube an den eigenen spirituellen Wert ist von essenzieller Bedeutung.

WAS IST MEIN NÄCHSTER SCHRITT?

- Erste Priorität: Tun Sie mehr von dem, was Sie richtig machen. Tun Sie weniger von dem, was nicht das Richtige für Sie ist.
- Orientieren Sie sich an dem Besten, was in Ihnen steckt. Weisen Sie abwertende Gedanken zurück. Es funktioniert, mit solchen Gedanken zu kommunizieren und ihnen zu sagen: »Ich brauche euch nicht. Das ist nicht das, was ich wirklich bin.«
- Demut ist eine spirituelle Qualität, Selbsterniedrigung hingegen nicht. Sie ist ein Zeichen, dass Sie sich selbst verurteilen. Achten Sie darauf, sich nicht durch Kommentare oder Witze kleinmachen zu lassen. Seien Sie sich bewusst, dass Sie sowohl über der Kritik als auch über der Zustimmung anderer stehen.
- Geben Sie anderen Menschen das Gefühl, von Ihnen so geschätzt zu werden, wie Sie sich selbst schätzen.

Ihre Einsicht heute:

____

____

____

____

____

TAG 7: GANZHEIT UND EINHEIT

IHR ZIEL: In völliger Freiheit und Glückseligkeit existieren

Die heutigen Einsichten:

Ihr wahres Selbst wurde nie geboren und stirbt nie.
Da Sie ewig sind, sind Sie ganz. Da Sie grenzenlos sind, sind Sie ganz.
Es reicht, jetzt hier zu sein. Es gibt nichts mehr zu suchen, sobald Sie dies erkannt haben.
Reines Bewusstsein ist vollständig, und Sie sind reines Bewusstsein.
Jenseits von Licht und Dunkelheit, Gut und Böse schmelzen alle Gegensätze dahin. Dann ist Ihre Existenz reine Glückseligkeit.
In der Ganzheit sind Sie frei, denn es gibt nichts, was sich Ihnen entgegenstellen könnte, und nichts, dem Sie sich widersetzen könnten.

Es gibt viele Dinge, nach denen Sie streben können, und das Leben bietet alle möglichen Ziele, die Sie erreichen können. Nach Ganzheit hingegen können Sie nicht streben. Entweder Sie sind ganz oder nicht. Ganzheit misst sich nicht daran, was Sie jemals getan haben oder jemals tun werden. Ganzheit ist etwas, das man erkennt. Es ist, als ob man in einen spirituellen Spiegel schaut und sieht, wie die Wahrheit auf einen zurückgeworfen wird.

Solange Sie nicht vollständig erwacht sind, ist die Ganzheit schwer zu erfassen. Wir sind alle darauf konditioniert, in Trennung zu leben. Wir teilen unsere Erfahrungen in Gegensatzpaare wie Gut und Böse, »Du« und »Ich« und alle möglichen Dinge, die wir mögen und nicht mögen. Die ständige Aktivität des Akzeptierens von X und des Ablehnens von Y beschäftigt die Ego-Persönlichkeit unaufhörlich. Das »Ich« scheint sich nur durch den Mischmasch all der Dinge definieren zu können, die es annimmt oder verwirft. Solange Sie sich mit der Ego-Persönlichkeit identifizieren, werden Sie zweifellos Ihre Identität auf diese Weise verankern.

Es gibt jedoch eine Alternative, die einfach mit »Alles in Ordnung« beschrieben werden kann. In diesen drei Worten steckt die Freiheit. Wenn alles in Ordnung ist, können Konflikte, Widerstand, Angst und Einschränkung ein Ende finden, die nur existieren, weil die Ego-Persönlichkeit einige Dinge als *nicht* in Ordnung ansieht. Es ist unmöglich, dass alle Dinge in Ordnung sind, solange man sich mit dem »Ich« identifiziert, und da wir dies aber alle tun, ist das Einnehmen eines anderen Standpunktes fast unmöglich oder zumindest irritierend.

»Alles in Ordnung« ist der natürliche Zustand eines gesunden Körpers. Jede Zelle funktioniert in Abstimmung mit den anderen Zellen. Alle inneren Vorgänge verschmelzen zu einem Ganzen. Warum ist es so schwer, diese Ganzheit auf den Rest des Lebens zu übertragen? Geben wir nicht der menschlichen Natur oder dem beklagenswerten Zustand der Welt die Schuld dafür. Beide spiegeln einen Bewusstseinszustand wider, der nur auf Trennung basiert. Die Welt schreitet durch das Aufeinanderprallen von Gegensätzen fort, weil wir unser eigenes Leben auf diese Weise angehen.

Mir ist klar, dass Sie beim Lesen dieser Zeilen sich vielleicht unwillkürlich gegen »Alles in Ordnung« wehren, weil wir alle auf den Zustand des Abgetrennt-Seins konditioniert sind. Wir sehen schlechte Dinge und wollen sie korrigieren. Wir sehen gute Dinge und wollen sie fördern. Es scheint nur richtig zu sein, so zu leben, aber der Sinn des Erwachens besteht in etwas anderem und erfordert eine innere Veränderung.

Ganzheit ist für den Geist genauso natürlich wie für den Körper. Wenn einer dieser beiden Aspekte des geistigen Körpers ins Ungleichgewicht gerät, kehrt er von selbst wieder ins Gleichgewicht zurück. Die Rückkehr zur Ganzheit braucht Zeit, weil einige Ungleichgewichte groß sind, aber der Rückkehrprozess findet in jedem Fall statt. Nichts kann Ungleichgewichte verschlimmern oder dauerhaft machen, abgesehen von der Ego-Persönlichkeit.

Die Anlagen für die Ganzheit sind bereits in Ihnen vorhanden. Sie nehmen die Ganzheit in Momenten der Freiheit, der Ruhe, der beständigen Stille und der Glückseligkeit wahr. Die Glückseligkeit sticht besonders hervor, weil die anderen Anzeichen passiv sind. Ruhe und Stille lassen sich als Abwesenheit von Störungen beschreiben. Glückseligkeit hingegen ist eine lebendige Erfahrung. Die sie begleitende Freude und Ekstase sind unverkennbar. So dankbar wir für jede einzelne Erfahrung von Glückseligkeit auch sein mögen, bleibt das eigentliche Ziel die dauerhafte, unveränderliche Glückseligkeit. Ihr wahres Selbst spürt sie bereits, und wenn Sie erwachen, werden Sie mit Ihrem wahren Selbst verschmelzen und spüren, dass die Glückseligkeit beständig ist und niemals weggenommen werden kann.

DIE DREI ENTSCHEIDENDEN FRAGEN

Heute können Sie Ihre Glückseligkeit fördern, indem Sie über die drei entscheidenden Fragen nachdenken. Am effektivsten wird es wahrscheinlich sein, sich zunächst nur mit einer Frage zu beschäftigen. Richten Sie die Aufmerksamkeit auf die Themen, die Sie persönlich am meisten ansprechen.

WAS MACHE ICH RICHTIG?

- Jeder Schritt, der Ihnen ein Gefühl der Glückseligkeit vermittelt, führt Sie auf den richtigen Weg. Der Übergang in den Meditationsmodus macht das nach Belieben möglich. Sie können die Erfahrung von Glückseligkeit auslösen, indem Sie ruhig sitzen und sich an vergangene Momente der Freude erinnern. Damit lösen Sie das aus, was Psychologen so schön als als »grundloses Glück« bezeichnen. Das bedeutet nichts anderes, als dass Sie und nicht die Außenwelt die Glückseligkeit herbeiführen. Dies war schon immer so, ohne dass Sie sich dessen bewusst waren. Glückseligkeit geschieht im Bewusstsein und nirgendwo sonst.

- Um glückselig zu sein, darf man keine inneren Konflikte haben. Diese äußern sich in Form von Selbstzweifeln, zwiespältigen Gefühlen, innerem Widerstand oder Widerstand von anderen und dem Hegen alten Grolls. Seien Sie sich der Anzeichen für solche inneren Konflikte gewärtig und halten Sie sie nicht fest, sondern bringen Sie sie nach Möglichkeit zum Verschwinden. Hören Sie auf, mit der Vergangenheit zu hadern.
- Gewöhnen Sie sich an, integrativ zu sein. Ganzheit errichtet keine Barrieren der Ablehnung, und Ihr wahres Selbst tut das auch nicht.
- Entwickeln Sie Ihre eigene Methode, der Glückseligkeit zu folgen. Der Weg zur Ganzheit führt in diese Richtung. Nehmen Sie sich jeden Tag, am besten mehrmals, Zeit, um Ihr Gefühl von Glückseligkeit aufzufrischen.

WAS IST NICHT DAS RICHTIGE FÜR MICH?

- Jeder Schritt, der Ihnen das Gefühl gibt, innerlich im Konflikt zu stehen, ist nicht das Richtige für Sie.
- Durch Feindbilder und Lagerdenken werden Konflikte geschürt.
- Sie werden Konflikte förmlich anziehen, wenn Sie glauben, sich ständig verteidigen zu müssen.
- Zu glauben, dass nur anderen Menschen Glück zuteilwird, bringt nichts. Glück ist die natürliche Folge von »Alles in Ordnung«. Die Ursache für Ihr eigenes Unglück liegt in Ihrer Selbstbeurteilung.
- Wenn man nach der Devise »Das Bittere mit dem Süßen nehmen« lebt, erwartet man in der Regel, dass das Leben genauso oft bitter wie süß sein wird. In Ihrem wahren Selbst gibt es aber keine Bitterkeit, denn diese entsteht aus Reue und Groll über Vorkommnisse in der Vergangenheit. Selbst wenn das Leben mit Schwierigkeiten aufwartet, muss man im Auge behalten, dass die wahre Natur des Bewusstseins Glückseligkeit ist. Ein einzelner fauler Apfel ist kein Grund, die ganze Ernte wegzuwerfen.

WAS IST MEIN NÄCHSTER SCHRITT?

- Erste Priorität: Tun Sie mehr von dem, was Sie richtig machen. Tun Sie weniger von dem, was nicht das Richtige für Sie ist.
- Setzen Sie sich das höchstmögliche Ziel, nämlich Freiheit und Glückseligkeit. Feiern Sie jedes Mal, wenn Sie selbst auferlegte Beschränkungen hinter sich gelassen haben.
- Tun Sie in allen Situationen Ihr Bestes, um Einteilungen wie Gewinner und Verlierer, »Wir gegen sie« und Ähnliches zu vermeiden. Spaltungen entstehen in Ihrem Kopf und können nur von Ihnen selbst wieder aufgehoben werden.
- Tauchen Sie ein in die inspirierende Welt der Literatur, in der sich Ekstase und Freiheit ausdrücken. Es gibt kaum ein mächtigeres Mittel, um die eigene Glückseligkeit zu steigern, wann immer Sie es wünschen.

Ihre Einsicht heute:

____

____

____

____

____

DIE STILLE ZUM SCHWINGEN BRINGEN

52 MANTRAS

In diesem Abschnitt stelle ich Ihnen zweiundfünfzig Mantras vor. Sie können sie als Grundlage für einen einjährigen Mantra-Meditationskurs verwenden – jede Woche ein Mantra – oder jeweils einzelne auswählen, um Ihr Innenleben spontan zu bereichern. Zu Beginn wollen wir uns zunächst mit Nutzen und Bedeutung von Mantras befassen.

Wie kann man Stille am besten nutzen? Diese Frage kam vor Tausenden von Jahren auf, als man den stillen Geist entdeckte. Wie ich bereits erwähnt habe, ist Stille entweder nützlich oder nutzlos. Für sich genommen hat sie keinen besonderen Wert – der Verstand hat einfach seine unaufhörliche Tätigkeit eingestellt. Aber als in der Frühgeschichte des Menschen Stille irgendwann bewusst wahrgenommen wurde, führte dies zu einer zweiten Entdeckung: Stille ist mehr als Bewegungslosigkeit. Sie ist ein Zustand des erhöhten Gewahrseins, und in diesem Zustand haben wir besondere kreative Möglichkeiten.

Tatsächlich kann man aus dem unsichtbaren »Stoff« der Stille alles schaffen. Sie haben diese Fähigkeit bereits genutzt, um ein Leben lang Gedanken und Gefühle zu erzeugen. Jede Idee, ob banal oder weltbewegend, entsteht aus der Stille. Natürlich will man, dass etwas Gutes entsteht, das Bestmögliche zum Vorschein kommt. Je kreativer und hilfreicher Ihre Gedanken sind, desto besser wird es Ihnen gehen.

In Indien entwickelte sich eine regelrechte Wissenschaft der Schwingungen (im Sanskrit als *Shabda* bezeichnet) zur Bereicherung der inneren Stille. Das zentrale Merkmal dieser Wissenschaft ist das Mantra, ein Wort, das in der Meditation wegen seines Schwingungswertes verwendet wird. Das Wort *Schwingung* in diesem Zusammenhang hat wenig zu tun mit den Schwingungen, wie wir sie vom Schall kennen. Wir beziehen uns hier vielmehr auf die Quantenphysik, die alle Materie und Energie auf Schwingungen oder Wellen im Quantenfeld reduziert. Bevor eine Katze eine Katze ist, besteht sie aus Atomen. Die Atome bestehen aus subatomaren Teilchen, und diese Teilchen verschwinden als unsichtbare Wellen oder Schwingungen im Quantenfeld.

Daraus können wir folgern, dass Schwingungen kreativ sind, und genau das ist der Zweck eines Mantras: eine Qualität in der Stille zu schaffen, die die Werte des Bewusstseins – Liebe, Gelassenheit, Mitgefühl, Empathie, Kreativität und vieles andere – in das Gewahrsein einer Person bringt. Indem sie die Stille in Schwingung versetzen, bereichern Mantras das Innenleben eines Menschen, was auch Konsequenzen für sein äußeres Leben hat.

WIE SIE MIT DEN MANTRAS ARBEITEN

Jedes der Mantras wird in zwei Formen wiedergegeben: zum einen als mentaler Klang in Sanskrit, der im Geiste wiederholt wird, wobei eine Aussprachehilfe in Klammern dahintersteht; zum anderen als Affirmation, welche die gewünschte Wirkung des Mantras ausdrückt. Einige der Mantras sind ganz einfach und umfassen nur eine Silbe, wie *Om*, während andere fünf oder mehr Silben lang sein können. Wenn Sie sich eine der längeren Silbenfolgen nur schwer merken können, können Sie stattdessen auch die Affirmations-Form des Mantras rezitieren.

Sie können die Mantras systematisch durchgehen, indem Sie ein Jahr lang jeweils ein Mantra eine Woche verwenden. Wer möchte, kann sich aber auch gerne zufällig ein beliebiges Mantra aussuchen und sein Leben damit bereichern.

Und so praktizieren Sie die Mantras:

1. Wählen Sie ein Mantra aus.
2. Schließen Sie die Augen und meditieren Sie fünf bis zehn Minuten lang mit dem Mantra.
3. Sehen Sie sich die Affirmation an, die mit dem Mantra einhergeht, und denken Sie darüber nach, um sich auf die wohltuende Wirkung des Mantras auszurichten.

Man muss das Mantra nicht innerlich singen, um einen Rhythmus zu erzeugen. Sagen Sie sich das Mantra einfach immer dann wieder vor, wenn Sie merken, dass es abgeklungen ist. Versuchen Sie nicht, so viele Wiederholungen wie möglich in die Meditationszeit hineinzuquetschen – das ist nicht effektiv.

Der ganze Ablauf soll entspannt und mühelos sein. Gehen Sie mit dem Mantra einfach wie mit jedem anderen Wort um, das Ihnen in den Sinn kommt, und lassen Sie es von selbst in Ihr und aus Ihrem Gewahrsein gleiten. Was immer Ihnen angenehm ist, wird funktionieren. Es gibt keine falsche Weise, Mantra-Meditationen durchzuführen:

MEHR ÜBER DIE MANTRAS

Mantras sind Silben in Sanskrit, deren Energie und Bedeutung das spirituelle Wachstum fördern. Sie sind ein Werkzeug für das Erwachen, das den natürlichen Prozess der spirituellen Transformation unterstützt. Die dem reinen Bewusstsein innewohnende Intelligenz ist hier am Werk. Wie Sie in diesem Buch gelernt haben, will Ihr Geist naturgemäß zu seiner Quelle im stillen, unbegrenzten Gewahrsein zurückkehren. Die Mantra-Meditation ist eine hilfreiche Möglichkeit, die Zeit, die Sie im Meditationsmodus verbringen, zu verlängern.

Wahrscheinlich haben Sie schon davon gehört, dass Menschen ein persönliches Mantra erhalten. Es gibt Tausende von verschiedenen Mantras, aber die persönlichen, sogenannten Keim-Mantras (*Bijas*), sind ein guter Anfang. Diese einsilbigen Mantras – das bekannteste ist *Om* – sind die grundlegendsten Schwingungen oder Urlaute reinen Gewahrseins. Sie existieren und wirken auf einer Ebene des Geistes, die viel grundlegender ist als das Denken oder selbst Fühlen.

Da Urlaute als die grundlegenden Schwingungen in der Natur betrachtet werden, die vor der Entwicklung der Sprache existierten, stellen sie nichts dar, worüber wir nachdenken können: Sie haben keine bestimmte Bedeutung. Vielmehr sind sie grundlegende Bewusstseinsfrequenzen, die mit Klängen verbunden sind und mit denen wir auf sehr reine Weise meditieren können. Aus diesem Grund beginne ich mit Keim-Mantras. Sie richten das eigene Leben nach den Impulsen der Kreativität und Intelligenz in der Natur aus.

Die danach folgenden Mantras dienen einer spezifischeren Anwendung, die jeweils im Einzelnen erklärt wird. Die Mantra-Meditation wurde von allen Meditationspraktiken am umfangreichsten und eingehendsten erforscht. Der Abbau von Angstzuständen, die Senkung des Blutdrucks, eine wirksame Stressbewältigung und andere Vorteile für Körper und Geist sind inzwischen gut bekannt. Ich ermutige Sie daher, mit Mantras zu experimentieren – freuen Sie sich auf vielversprechende Erfahrungen innerhalb der großen Welt der vollkommenen Meditation.

1. OM

[Ohm]

Reines Bewusstsein ist die Quelle der Schöpfung.

Dieses Keim-Mantra hat keine spezifische Bedeutung. Es ist mit dem allumfassenden Sein verbunden, ausgedrückt als die Urschwingung *Om*. Dies ist der Klang oder die Schwingung des Bewusstseins, wodurch alle Prozesse in der Schöpfung erzeugt werden.

2. HRIM

[Hriem]

Ich bin Wahrheit und Freude.

Der Klang dieses Keim-Mantras ist die Energie des Bewusstseins, das mit dem spirituellen Herzen eines Menschen verbunden ist. Es strahlt ein Licht der Wahrheit, der Stärke, der Liebe, der Weite und des Glücks aus.

3. KLIM

[Kliem]

Ich bin die Kraft der Liebe und der Erfüllung.

Der Klang dieses Keim-Mantras ist der Strom des Gewahrseins, der immerdar erschafft, nährt, erfrischt, belebt, anzieht und erfreut. Wir können es als die Energie bezeichnen, die das tiefste Verlangen des Herzens erfüllt, nicht nur nach Liebe, sondern auch nach der höchsten Erfüllung des Erwachens.

4. SHRIM

[Schriem]

Ich bin Schönheit, Fülle und Freude.

Der Klang dieses Keim-Mantras ist die Energie des reinen Bewusstseins, das den Wert von Wohlstand und Glück zum Ausdruck bringt und Großzügigkeit, Hingabe, Genuss, Schönheit und Vergnügen fördert. Die sanfte Energie hat eine nährende und harmonisierende Kraft.

5. HUM

[Hum]

Ich bin die Kraft der Transformation.

Der Klang dieses Keim-Mantras drückt die transformative Kraft des Gewahrseins aus. Es wird als spirituelles Feuer visualisiert, das sein Licht auf das Wahre und Dauerhafte wirft und es stärkt, während es uns von dem Falschen, Negativen und Vergänglichen reinigt und es entfernt.

6. KRIM

[Kriem]

Ich bin die Kraft der Entwicklung.

Der Klang dieses Keim-Mantras drückt die organisierende Kraft des Bewusstseins aus. Es ist die Energie, die jede Zelle am Laufen hält und das Denken geordnet ablaufen lässt. Dieselbe Energie vereinigt Geist und Körper zu einer Ganzheit, die wächst und sich entwickelt.

7. GAM

[Gam]

Ich bin Ganzheit und Harmonie.

Der Klang dieses Keim-Mantras erweitert das Gewahrsein, um Hindernisse zu überwinden und Erfolg zu erlangen. Wo es Probleme gibt, öffnet dieses Mantra das Gewahrsein für die Ebene der Lösung, die Ebene des wahren Selbst.

8. AIM

[Eim]

Ich bin Kreativität und Inspiration.

Der Klang dieses Keim-Mantras weckt in uns das nötige Gewahrsein, um zu spirituellem Verständnis, Einsicht und kreativer Inspiration zu gelangen. Es hilft insbesondere denjenigen, die in den Bereichen der Forschung und Lehre sowie der Kunst und Musik tätig sind.

9. DUM

[Dum]

Ich bin furchtlos und stark.

Der Klang dieses Keim-Mantras unterstützt die Energie des mütterlichen Schutzes, der Ermutigung, Stärke und Befähigung. Es repräsentiert das wahre Selbst, das Schwierigkeiten löst und Widerstände überwindet.

10. HAUM

[Haum]

Ich bin offenes, unbegrenztes Gewahrsein.

Der Klang dieses Keim-Mantras bekräftigt, dass Ihr Wesen nicht durch irgendeine Erfahrung – sei sie positiv oder negativ – bedingt, begrenzt oder definiert ist. Ihr wahres Selbst bleibt zu jeder Zeit und unter allen Umständen ein grenzenloses Feld von Möglichkeiten.

11. AIM KLIM SAUH

[Eim Kliem Sso]

Mein Herz ist ganz und erfüllt.

Dieses Mantra ist eine Kombination von Klängen zur Verwirklichung der eigenen Herzenswünsche. Indem es das Herz erneuert, löst es auch seit Langem bestehende Probleme mit Stress, Angst, Schmerz und Trauer.

12. HRIM SHRIM KLIM

[Hriem Schriem Kliem]

Ich bin Weisheit, Liebe und Großzügigkeit.

Der Klang dieses Mantras aktiviert die Energie des spirituellen Herzens bei der Erfüllung Ihrer innersten Wünsche. Es schöpft aus der Eigenschaft des reinen Bewusstseins, das allwissend ist.

13. OM HAUM JUM SAH

[Ohm Haum Dschuhm Sa-ha]

Ich bin erfüllt vom heilenden Licht der Weisheit und Wahrheit.

Der Klang dieses Mantras bringt Heilung für den geistigen Körper, Linderung von Schmerz und Leid. Es hilft, negative Gefühle von Trauer und Hoffnungslosigkeit zu überwinden. Und es befreit von der Angst vor Veränderung, indem es die Entwicklung des Gewahrseins des unveränderlichen wahren Selbst vorantreibt.

14. OM HRIM SHRIM DUM

[Ohm Hriem Schriem Dum]

Ich bin mächtig, furchtlos und weise.

Dieses Mantra bringt die Klänge zusammen, die die inneren Ressourcen von Stärke, Mut und Intelligenz erzeugen, mit deren Hilfe Sie jede Herausforderung meistern können.

15. LAM

[Lam]

Ich bin verwurzelt und sicher.

Lam ist das erste der sechs Mantras, die sich auf die Chakras konzentrieren, spirituelle Energiezentren, die entlang der Wirbelsäule visualisiert werden. Der Klang dieses Keim-Mantras wirkt auf das Wurzelchakra am Steißbein, das uns mit unserer Quelle von Stabilität und Sicherheit im Leben verbindet. Dieses Chakra stärkt die Fähigkeit, sich im Leben verwurzelt zu fühlen.

16. VAM

[Wam]

Ich bin vollständig und zufrieden.

Der Klang dieses Keim-Mantras belebt das zweite Chakra, das im Bereich des Beckens liegt, das sogenannte Sakralchakra. Es ist das Energiezentrum, das mit Kreativität, Sexualität, Begehren und Vergnügen verbunden wird.

17. RAM

[Ram]

Ich bin Vertrauen und Stärke.

Der Klang dieses Keim-Mantras wirkt auf das dritte Chakra, das sich im Bereich des Solarplexus befindet. Es verbindet uns mit unserer Quelle der Kraft und des Selbstwerts. Sie gewinnen Vertrauen und Selbstbewusstsein auf der Ebene des wahren Selbst.

18. YAM

[Jam]

Ich bin Liebe und Freude.

Dieses Keim-Mantra wirkt sich belebend auf das vierte Chakra, das Herzchakra, aus, das mit allen emotionalen Themen verbunden ist. Wenn man im gegenwärtigen Moment leben kann, ist das Herzchakra offen für das Erleben von Liebe und Freude.

19. HAM

[Ham]

Ich bin der Ausdruck der Wahrheit.

Dieses Keim-Mantra belebt das fünfte Chakra, das Halschakra, das Zentrum für Sprache und Selbstausdruck. Wenn dieses Chakra offen ist, findet Ihre Wahrheit klaren und vollständigen Ausdruck in allem, was Sie sagen und denken. Sie sind mit der ewigen Wahrheit Ihres wahren Selbst verbunden.

20. KSHAM

[Kscham]

Ich bin das Licht des reinen Wissens.

Dieses Keim-Mantra wirkt sich belebend auf das sechste Chakra aus, das sich auf der Stirn, im Bereich des »dritten Auges« zwischen den Augenbrauen, befindet. Der Klang dieses Mantras verbindet Sie mit dem unendlichen Wissen des reinen Bewusstseins. Wenn dieses Energiezentrum aktiviert ist, werden Ihre Gedanken, Gefühle und Handlungen von innen heraus in einem sanften Fluss geleitet.

21. PRAJNANAM BRAHMA

[Prah-dschja-nam Bra-mah]

Bewusstsein ist die Ganzheit des Lebens.

Die Bedeutung dieses etwas längeren Mantras ist eine der großen Wahrheiten des Seins. Sie lautet, dass alles Bewusstsein ist – das Bewusstsein ist das Absolute. Wörtlich übersetzt heißt dieses Mantra »Brahman ist Erkenntnis«, wobei das Sanskrit-Wort Brahman für das Unendliche, das Ewige, für »alles« steht. Brahman ist der Urgrund des Seins. Es ist Ihr Ursprung und der Ursprung der Schöpfung als ein Feld reinen Bewusstseins.

(Wenn es Ihnen schwerfällt, lange Mantras zu sprechen, verwenden Sie die kursiv geschriebene Kernaussage als Meditation).

22. AYAM ATMA BRAHMA

[Ajam Aht-mah Bra-mah]

Mein Selbst ist Brahman.

Dieses Mantra drückt aus, dass die Seele eines jeden Menschen mit allem in der Schöpfung, oder Brahman, vereint ist. Ihre Seele, oder Atman, ist spirituell gesehen Ihr absolut Innerstes. Der Geist ist das, was trennt, aber jede Seele ist ein Ausdruck von Ganzheit. Jeder Mensch hat deshalb den gleichen spirituellen Wert, der unendlich ist.

23. TAT TVAM ASI

[Tat Tvam Assi]

Ich sehe reines Gewahrsein in jedem und allem.

Dieses Mantra bedeutet wörtlich »Das bist du«, wobei sich *das* auf unsere spirituelle Essenz bezieht. Nennen Sie es das wahre Selbst, reines Bewusstsein oder Sein, wir teilen dieselbe Essenz. Der Klang dieses Mantras belebt Ihre Fähigkeit, das Sein und die Essenz in jedem Menschen gleichermaßen zu erkennen. Sie beurteilen nichts, während Sie gleichzeitig erkennen, dass es in jedem Menschen grenzenlose Glückseligkeit auf der Ebene des wahren Selbst gibt.

24. AHAM BRAHMASMI

[A-ham Bra-mah-smi]

Ich bin Brahman.

Dieses Mantra bedeutet, dass das »Ich« (Ihr wahres Selbst) alles in der Schöpfung, oder Brahman, umfasst. Mit dieser Affirmation bekräftigen Sie Ihre spirituelle Ganzheit, die Einheit Ihrer individuellen Seele mit der kosmischen Seele. Sie baden im Licht des reinen Gewahrseins, das Ihre Essenz ist.

25. EKAM EVA DVITIYAM BRAHMA

[Eh-kahm Eh-vah Dvi-ti-jam Bra-mah]

Brahman ist Einheit, ohne Trennung.

Dieses Mantra bedeutet wörtlich, dass Brahman die eine Realität ist, der ewige Urgrund von allem, was ist. Es gibt keine zweite Realität, und deshalb sind auch Sie die eine Realität. Ganz gleich, wie getrennt, allein oder isoliert Sie sich fühlen, die Ganzheit hat Sie nie aus den Augen verloren. Das reine Bewusstsein wartet darauf, Sie in allem zu unterstützen. Nichts hat größere Macht als das reine Bewusstsein.

26. SO HAM

[Sso Ham]

Ich bin.

Dieses Mantra ist so einfach, dass es schwer ist, seine wahre Bedeutung zu erkennen. »Ich bin« bedeutet, dass Ihr wahres Selbst existiert. Es hat nie nicht existiert. Es wird nie aufhören zu existieren. Wenn Sie also »Ich bin« rezitieren, drücken Sie nichts Geringeres als Ihr ewiges, unsterbliches Sein aus.

27. SARVAM KHALVIDAM BRAHMA

[Sahr-vam Kahl-vi-dam Bra-mah]

Alles ist wahrhaftig Brahman.

Dieses Mantra betont, dass alles, was wir erleben, alles, was wir denken und fühlen – all dies – die Aktivität des reinen Bewusstseins ist. Dies ist unsere ewige Verbindung. Aus der Sicht Ihres wahren Selbst kann die Vielfalt der Schöpfung nicht darüber hinwegtäuschen, dass alles (Brahman) denselben Ursprung hat. Reines Bewusstsein ist der Schoß der Schöpfung.

28. SAT CHIT EKAM BRAHMA

[Ssat Tschit E-kam Bra-mah]

Die Wirklichkeit ist eine Ganzheit.

Dieses sechssilbige Mantra bekräftigt, dass die Wirklichkeit ganz ist. Sie ist nicht getrennt in innere und äußere Erfahrungen. Seien Sie versichert, dass Sie nicht getrennt sind und nicht bemerkt werden.

Sie sind Teil der Ganzheit, und Ihr Leben ist in das Gewebe des ewigen Seins eingewoben.

29. OM TAT SAT

[Ohm Tat Ssat]

Das Gewahrsein umfasst die ewige Wahrheit.

Dieses Mantra bekräftigt die Wahrheit. Um die Wahrheit zu finden, muss man einzig über Gewahrsein verfügen. Ihr wahres Selbst kennt nur die Wahrheit. Weil Sie hier und jetzt existieren, sind Sie das Vehikel der ewigen Wahrheit. Ihr Leben bekräftigt die Wahrheit, und wenn Sie erwachen, wird Ihre Wahrheit stärker und mächtiger.

30. SATYAM SHIVAM SUNDARAM

[Ssat-jam Schi-wam Sun-da-ram]

Das reine Sein ist wohlwollend und schön.

Dieses Mantra bekräftigt, dass Gewahrsein die Quelle alles Guten, Wahren und Schönen ist. Diese kostbaren Werte sind Geschenke aus dem eigenen Sein. Ihr wahres Selbst betrachtet Ihr Leben als einen Fluss von Schönheit und Wahrheit. Wenn Sie erwacht sind, bleiben Sie die ganze Zeit in diesem Fluss.

31. OM GAM GANESHAYA NAMAH

[Ohm Gam Gane-scha-ja Na-ma-ha]

Ich lade die unendliche Weisheit der Natur ein.

Dieses Mantra lädt die unterstützende Kraft der Natur in Ihr Leben ein. Die Natur ist erfüllt von der schöpferischen Intelligenz des reinen Bewusstseins. Ihr wahres Selbst wurde geschaffen, um jedes Geschenk der Natur anzunehmen und zu nutzen. In diesem Fall besteht die Gabe aus der Intelligenz, die alles weiß und alles lösen kann.

32. OM SHARAVANA BHAVAYA

[Ohm Scha-ra-wa-na Ba-wah-ja]

Ich lade das Licht der Transformation ein.

Transformation und Wandel umgeben Sie, und dieses Mantra lädt zur persönlichen Transformation ein. Durch die Kluft zwischen dem Ego und dem wahren Selbst entstehen negative Tendenzen. Das Bewusstsein kann sie vollständig umwandeln. Dieses Mantra ruft die Kraft des Bewusstseins auf, Veränderungen zu bewirken.

33. OM DUM DURGAYEI NAMAH

[Ohm Dum Dur-gah-jei Na-ma-ha]

Ich lade die nährende und schützende Kraft meines wahren Selbst ein.

Bei diesem Mantra geht es darum, sich innerlich sicher und geborgen zu fühlen. Das Ego ist seinem Wesen nach etwas völlig anderes als Ihr wahres Selbst. Das Ego ist unsicher, schwankend und defensiv. Im Gegensatz dazu ist das wahre Selbst in völliger Sicherheit und stellt Ihnen seine Fürsorge und seinen Schutz zur Verfügung. Es allein kann Ihnen ein Gefühl vollkommener Sicherheit geben.

34. OM TARE TUTTARE TURE SWAHA

[Ohm Tah-re Tut-tah-re Tu-re Swah-hah]

Ich bitte um all die Unterstützung, die ich benötige.

Bei diesem Mantra geht es darum, Ihre Bedürfnisse mithilfe der liebevollen Unterstützung Ihres wahren Selbst zu stillen. Während das Ego Mühe hat, ein Sammelsurium von Bedürfnissen, Wünschen, Sehnsüchten und Fantasien zu stillen, weiß Ihr wahres Selbst, was Sie wirklich brauchen, um zu wachsen und zu gedeihen.

35. OM SAT CHIT ANANDA

[Ohm Ssat Tschit Ah-nan-da]

Ich lade das ewige Glückseligkeitsbewusstsein ein.

Dieses Mantra bekräftigt, dass Ihre Existenz grenzenloses Glückseligkeitsbewusstsein ist. Jede glückliche Erfahrung ist ein Vorgeschmack dieser Glückseligkeit. Ohne sie ist kein Glück möglich. Wenn Sie erwachen, entsteht Glückseligkeit einfach durch Ihr Gewahrsein. So kommen drei Dinge zusammen, die niemals vergehen können: Ewigkeit, Gewahrsein und Glückseligkeit.

36. OM RAM RAMAYA SWAHA

[Ohm Ram Ra-mah-ja Swah-hah]

Ich lade die heilende Kraft der Natur ein.

Dieses Mantra aktiviert die heilende Kraft des Bewusstseins. Die Heilreaktion ist ein Bestandteil der Körperfunktionen, und in der Meditation dehnen wir diese Heilung auf den Geist aus. Das Heilen gehört zur Weisheit der Natur. Mit diesem Mantra laden Sie sie ein, Ihnen körperliche, geistige und emotionale Heilung zu bringen.

37. OM NAMO NARAYANAYA

[Ohm Na-mo Nah-rah-ja-nah-ja]

Ich lade Gleichgewicht und Ganzheit ein.

Dieses Mantra bringt Sie in Einklang mit der Kraft der Natur, um Geist und Körper in Balance zu bringen. Sie kehren immer wieder in Ihren natürlichen Zustand des Gleichgewichts zurück, aber einige Erfahrungen können uns in ein fortdauerndes Ungleichgewicht versetzen. Dieses Mantra lädt das Bewusstsein ein, Unausgewogenheiten zu finden und zu korrigieren.

38. OM ARKAYA NAMAH

[Ohm Ar-ka-ja Na-ma-ha]

Ich lade die Selbstbefähigung ein.

Dieses Mantra bringt Ihr Gewahrsein in Einklang mit der unendlichen Kraft des reinen Bewusstseins. Da es ganz ist, muss reines Bewusstsein sich vor nichts schützen und gegen nichts ankämpfen. Seine Macht ist absolut. Mit diesem Mantra laden Sie die Kraft und Stärke ein, die nur die Ganzheit bringen kann.

39. OM MANGALAYA NAMAH

[Ohm Man-ga-lah-ja Na-ma-ha]

Ich lade Energie und Leidenschaft ein.

Die Natur ist unendlich dynamisch und strotzt vor Energie. Dieses Mantra lädt Energie in Ihr Leben ein, damit Sie es mit Leidenschaft leben können. Leidenschaft ist mehr als Emotion. Sie drückt die unendliche Dynamik des reinen Bewusstseins aus, das Sie durchfließt.

40. OM AIM SARASWATIYEI SWAHA

[Ohm Eim Ssa-ra-swa-ti-jei Swa-ha]

Ich lade Weisheit und Inspiration ein.

Dieses Mantra aktiviert Ihre innere Weisheit. Weisheit ist mehr als Wissen oder Erfahrung. Sie verkörpert Wahrheit und schöpft sie tief aus Ihrem Inneren, um sie in alltäglichen Situationen anzuwenden. Dieser Bereich tief in Ihrem Inneren ist Ihr wahres Selbst. Hier laden Sie die Weisheit ein.

41. OM SHRIM MAHA LAKSHIMIYEI NAMAH

[Ohm Schriem Ma-ha Lak-schmi-jei Na-ma-ha]

Ich lade Überfluss und Glück ein.

In diesem Mantra geht es um die Fülle des Lebens. Die Natur hält alle guten Dinge im Überfluss bereit, und Ihr wahres Selbst verbindet Sie mit der unendlichen Fülle des reinen Bewusstseins. Ihr wahres Selbst kennt keinen Mangel. Mit diesem Mantra nehmen Sie diese Sichtweise an und überwinden jegliche Vorstellungen von Mangel.

42. OM HRAUM MITRAYA NAMAH

[Ohm Hraum Mi-trah-ja Na-ma-ha]

Ich verbinde mich mit allem Leben.

Die Ehrfurcht vor dem Leben ist ein immerwährender spiritueller Wert. Dieses Mantra lädt die Energie ein, die das Leben unterstützt, wo immer es entsteht. Sie sind in den Stoff des Lebens eingewoben, und die Fäden sind liebevoll und unterstützend. So wie das reine Bewusstsein Sie liebevoll begleitet, können auch Sie dem Leben um Sie herum Unterstützung gewähren.

43. OM GAM GURUBHYO NAMAH

[Ohm Gam Gu-rub-hio Na-ma-ha]

Ich lade spirituelles Licht in mein Herz ein.

Dieses Mantra weist den Weg auf dem Pfad des Erwachens. Es gibt eine unglaubliche Leichtigkeit in Ihrem Wesen. Wenn Sie diese Leichtigkeit in Ihrem Herzen tragen, gehen Sie den Weg mit Freude und Optimismus. Dann bringt das Reisen selbst Erfüllung. Es ist nicht nötig, auf das endgültige Ziel zu warten, das vollständige Erwachen. In jedem Augenblick des Erwachens gibt es Licht und Leben.

44. OM SHRIM SHRIYEI NAMAH

[Ohm Schriem Schri-jei Na-ma-ha]

Ich öffne mein Gewahrsein für die vollkommene Erfüllung.

Dieses Mantra lädt zur vollständigen inneren Erfüllung ein. Das Ego kann die vollkommene Erfüllung nicht kennen oder Sie zu ihr führen. Mit diesem Mantra verstärken Sie Erfolg, Fülle, Schönheit, Liebe und Gnade in jedem Aspekt Ihres Lebens. So erkennen Sie, dass die volle Erfüllung kein weit entferntes Ziel ist, sondern das Wesen Ihres wahren Selbst.

45. ARUL KARUNAI DAYA

[A-rul Ka-ru-nai Da-jah]

Ich lade liebevolle Freundlichkeit und Einfühlungsvermögen ein.

Dieses Mantra schafft einen Raum des Mitgefühls und der Akzeptanz in Ihrem Herzen. Wenn das Mitgefühl im Herzen wächst, wird Ihr Leben leichter, angenehmer und mit Gnade und Freundlichkeit gesegnet.

46. OM NAMAH SHIVAYA

[Ohm Na-ma Schi-wa-ja]

Ich lade reine Stille und Transzendenz ein.

Om Namah Shivaya ist eines der bekanntesten und populärsten Sanskrit-Mantras. Es heißt übersetzt »Om, ich verneige mich vor Shiva (dem Göttlichen)«. Das spirituelle Leben geht über das alltägliche Leben hinaus in die Richtung der reinen Stille und des reinen Friedens und Seins. »Darüber hinausgehen« ist Teil jedes spirituellen Weges. Was uns anzieht und uns in Bewegung hält, ist der Frieden jenseits allen Verständnisses, das tief in uns vorhanden ist. Dieses sechssilbige Mantra hilft Ihnen, Ihre innere Stille zu vertiefen, sodass die geistig-spirituelle Transformation natürlich und mühelos vollzogen werden kann.

47. SIDDHO HAM

[Sid-ho Ham]

Ich bin erwacht und vollkommen.

Dieses Mantra bekräftigt, dass das gegenwärtige Gewahrsein immer vollkommen, offen, ganz und annehmend ist. Nichts fehlt in Ihrem Sein. Das Mantra bestätigt die Wahrheit, dass Sie vollkommen sind, so wie Sie jetzt gerade sind. Diese Wahrheit ist es, die Ihnen Ihren Wert und Ihren notwendigen Platz im Universum gibt.

48. NARASIMHA TAVADA SO HAM

[Na-ra-sim-ha Ta-va-da Sso Ham]

Ich bin unbesiegbares Gewahrsein.

Mein Bewusstsein verwandelt jede Negativität in ihr höchstes Gut. Dieses Mantra aktiviert jenen Aspekt unseres Gewahrseins, der selbst für die hartnäckigsten Probleme eine Lösung finden und sie so zu einem nützlichen Entwicklungsschritt machen kann.

49. SHRI DHANVANTRE NAMAH

[Schrie Dan-wan-treh Na-ma-ha]

Ich bitte um Heilung früherer Verletzungen.

Dieses Mantra hilft bei der Heilung von Wunden und Traumata aus der Vergangenheit. Solche Wunden sind zu tief, als dass das Ego einen Zugang dazu hätte. Es fürchtet sich vor der Rückkehr zu dem Schmerz. Aber das wahre Selbst heilt ohne Schmerz. Es gibt nichts, worüber Sie nachdenken müssten. Die heilende Kraft des Bewusstseins arbeitet mit unendlicher Sorgfalt in der Stille.

50. SHIVO HAM

[Schie-wo Ham]

In der Tiefe meines Wesens bin ich göttlich.

Dieses Mantra bedeutet wörtlich »Ich bin das Göttliche«, wobei das »Ich« nicht das Ego ist. Es ist Ihr wahres Selbst, das vollständig aus Geist besteht. Indem Sie sich auf das Göttliche in Ihnen ausrichten, nähern Sie sich immer mehr der Ebene des ewigen Seins. Dort erkennen Sie, wer Sie wirklich sind, und dann gibt es keine Trennung zwischen dem Weltlichen und dem Göttlichen mehr.

51. AHAM PREMA

[A-ham Pre-mah]

Ich bin Liebe.

Dieses Mantra offenbart Ihnen: Sie sind Liebe. Liebe ist die Essenz des wahren Selbst. Sie müssen Ihr nicht folgen. Die Liebe, die Sie von außen empfangen, ist ein Spiegelbild Ihrer Liebe. Je mehr Sie sich dessen gewahr werden, dass Sie Liebe sind, desto mehr werden Sie erkennen, dass Sie sich in einer von Liebe geschaffenen Welt befinden und dass ewige Liebe in allem zum Ausdruck kommt.

52. OM SHANTI OM

[Ohm Schahn-ti Ohm]

Ich strahle Frieden aus.

Shanti ist der Klang für Frieden in all seinen Facetten: Frieden im Geist, Frieden in der Welt, Frieden im Sein selbst. Dieses Mantra beruhigt den Emotionalkörper und besänftigt das Herz. Es beruhigt alle Gefühle der Unruhe und des Konflikts. *Om Shanti Om* in der Meditation zu wiederholen, ist eine stille Bestätigung, dass Sie in der Tiefe Ihres Wesens von universellem Frieden erfüllt sind.

EPILOG

DIE MEISTERMEDITATION

Es gibt viele Möglichkeiten, den Zustand des vollständigen Erwachens zu beschreiben. Zum Beispiel als einen Tropfen, der sich im unendlichen Ozean auflöst, oder als Laterne, die das Licht des Lebens ausstrahlt. In alle Richtungen sieht man nur noch Unendlichkeit. Es sind alles inspirierende Beschreibungen, aber sie haben einen gravierenden Nachteil. Sie versuchen, das Unaussprechliche auszudrücken. Diesem Buch liegt die Vorstellung zugrunde, dass Ihr Geist von Natur aus fähig ist, sich in die Meditation zu begeben. Meiner Meinung nach ist dieser einfache, aber sehr wichtige Punkt in anderen Meditationsbüchern übersehen worden.

Es ist wichtig, eine Vision von Ihrem Ziel zu haben. Andernfalls können Sie es nicht erreichen. Wenn das Ziel der vollkommenen Meditation darin besteht, ganz erwacht zu sein, hier und jetzt, ein für alle Mal, können wir es uns dann vorstellen? Ich glaube ja, und zwar mithilfe einer letzten Meditation. Sie ist wie eine Meistermeditation, die alle anderen Meditationen einschließt. Mit ihr verschwinden Sie nicht im Ozean des Bewusstseins, sondern im Gegenteil. Sie erleben ganz deutlich, dass Sie überall präsent sind, genau in diesem Moment.

Im Gegensatz zu den vorherigen Meditationen in diesem Buch umfasst die Meistermeditation mehrere Schritte – sieben, um genau zu sein –, sodass Sie fünf bis zehn Minuten für die vollständige Meditation einrechnen sollten.

DIE MEISTERMEDITATION

SCHRITT 1: »Ich bin in allem, was ich sehe.«

Setzen Sie sich ruhig mit geschlossenen Augen hin und zentrieren Sie sich. Nehmen Sie sich fünf Minuten Zeit, um mit dem Mantra *Aham* zu meditieren.

Wenn Sie sich ruhig und gelassen fühlen, öffnen Sie die Augen, aber bleiben Sie an Ihrem inneren Ort. Lassen Sie den Blick über Ihre Umgebung schweifen, ohne sich auf ein bestimmtes Objekt zu konzentrieren.

Sagen Sie sich: »Ich bin in allem, was ich sehe. Ohne mich ist nichts sichtbar.«

SCHRITT 2: »Ich bin in allem, was ich höre.«

Schließen Sie die Augen und bleiben Sie zentriert. Lassen Sie nun für einen Moment die Umgebungsgeräusche auf sich einwirken.

Sagen Sie sich: »Ich bin in allem, was ich höre. Ohne mich gibt es nichts zu hören.«

SCHRITT 3: »Ich bin in allem, was ich berühre.«

Bleiben Sie zentriert, die Augen weiterhin geschlossen. Berühren Sie nun mit den Fingern sanft Ihre Haut, Kleidung und Objekte in der Nähe, wie zum Beispiel den Stuhl, auf dem Sie sitzen.

Sagen Sie sich: »Ich bin in allem, was ich berühre. Ohne mich gibt es nichts Greifbares.«

SCHRITT 4: »Ich bin in allem, was ich schmecke.«

Bleiben Sie zentriert, die Augen weiterhin geschlossen, und schmecken Sie jetzt das Innere Ihres Mundes. Stellen Sie sich eine Zitrone vor, die in zwei Hälften geschnitten wird, wobei Tropfen des Saftes herausspritzen. Schmecken Sie die Säure der Zitrone.

Sagen Sie sich: »Ich bin in allem, was ich schmecke. Ohne mich hat nichts einen Geschmack.«

SCHRITT 5: »Ich bin in allem, was ich rieche.«

Bleiben Sie zentriert, die Augen weiterhin geschlossen. Atmen Sie nun sanft die Gerüche in Ihrer Umgebung ein; es spielt keine Rolle, um welche Art von Gerüchen es sich handelt.

Sagen Sie sich: »Ich bin in allem, was ich rieche. Ohne mich hat nichts einen Geruch.«

SCHRITT 6: »Ich bin in allem, was ich denke.«

Bleiben Sie zentriert, die Augen weiterhin geschlossen. Lassen Sie Ihren Geist nun für einen Moment wandern, wohin er will, zu beliebigen Empfindungen, Bildern, Gefühlen oder Gedanken. Es spielt keine Rolle, wo er landet.

Sagen Sie sich selbst: »Ich bin in allem, was ich denke. Ohne mich gibt es keinen Verstand.«

SCHRITT 7: »Ich bin überall.«

Bleiben Sie auch beim letzten Schritt noch zentriert und halten Sie die Augen geschlossen. Richten Sie Ihre Aufmerksamkeit auf die Herzregion. Nehmen Sie die unsichtbaren Wellen wahr, die von Ihrem Herzen aus in alle Richtungen pulsieren. Folgen Sie ihnen, soweit Sie können, bis sie immer schwächer werden. Dehnen Sie sich für einen Moment so weit aus, wie die Wellen in alle Richtungen reichen. Es könnte helfen, sich die Oberfläche eines Teiches vorzustellen. Ein Regentropfen trifft auf die stille Oberfläche und schafft kreisförmige Wellen, die sich ausbreiten, soweit das Auge reicht. Dann ebben die Wellen allmählich ab, bis die Wasseroberfläche irgendwann wieder ganz glatt ist.

Sagen Sie sich selbst: »Ich bin überall. Nichts kann ohne mich sein.«

Um die Meditation zu beenden, ruhen Sie im Gewahrsein Ihres Seins, das still, unbeweglich, grenzenlos und als Ihr wahres Ich präsent ist.

Wenn Sie die Meistermeditation ein paar Mal durchgeführt haben, wird sie Ihnen leichtfallen. Aber was ist ihr Sinn? Der Sinn wird sich je nach Ihrem Gewahrseinszustand ändern. Das Ziel ist immer das gleiche: Ihnen zu zeigen, wer Sie wirklich sind. Es ist gut, diese Übung bei der Hand zu haben, denn wir verändern ständig unsere Identität. Sie sind nicht länger ein Säugling, Kleinkind, Kind, Jugendlicher oder junger Erwachsener. Diese Lebensabschnitte haben Ihr Ego definiert, als sich Ihre persönliche Geschichte entfaltete. Es waren alles Übergangsphasen; daher war »Ich« temporär, auch wenn das Ego gerne vorgibt, dass es dauerhaft ist und definiert, wer Sie sind.

Das Ego unterliegt dem Wandel und kann Ihnen deshalb nicht wirklich sagen, wer Sie sind. Sie beginnen die Wahrheit erst dann zu verstehen, wenn Sie merken, dass es trotz aller Veränderungen eine Konstante in Ihrem Leben gibt. Ich nenne sie das Selbstgefühl. Nicht viele Menschen halten in der Hektik ihres Lebens inne, um diesen stillen Begleiter wahrzunehmen. So oder so, Ihr Selbstgefühl existiert. Es ist Ihr Wesen. Worte können es nur als »Ich bin« beschreiben.

»Ich bin« hört sich nicht nach viel an. Es nimmt nicht teil an Ihrer persönlichen Geschichte. »Ich« wählt nicht Erfahrung A und lehnt Erfahrung B ab. Es hat keine Vorlieben oder Abneigungen. Man würde nie erwarten, dass sich in »Ich bin« ein Geheimnis verbirgt, aber es ist da. Dank Ihres Selbstgefühls sind Sie überall. In der Meistermeditation ist Ihnen das klar geworden.

Sie sind in allem, was Sie sehen. Versuchen Sie einmal, irgendetwas zu sehen, ohne anwesend zu sein – das können Sie gar nicht. Sie können sich nicht mal vorstellen, dass Sie nicht anwesend sind. Versuchen Sie, ein Geräusch zu hören, ohne anwesend zu sein. Auch das geht nicht. Bei der Meditation sind Sie durch die fünf Sinne und den Verstand gegangen (entsprechend den sechs blinden Männern in der buddhistischen Parabel von den Blinden und dem Elefanten) und jedes Mal haben Sie gemerkt, wie präsent Sie in jeder Erfahrung sind.

Die sechs Männer in der Parabel (sie untersuchen einen Elefanten, um festzustellen, worum es sich bei diesem Tier handelt; jeder untersucht einen anderen Körperteil, wie zum Beispiel den Rüssel oder einen Stoßzahn; dann vergleichen sie ihre Erfahrungen untereinander und stellen fest, dass jede individuelle Erfahrung zu einer eigenen, vollständig unterschiedlichen Schlussfolgerung führt) sind deshalb blind, weil die fünf Sinne und der Verstand die Realität nicht erfassen können, wenn man nicht die Ganzheit – den Elefanten – erlebt. An dieser Stelle kommt Schritt 7 ins Spiel. Die Wellen, die sich in alle Richtungen ausbreiten, sind Wellen im Bewusstsein; sie steigen und fallen, und die Schöpfung taucht in all ihrem Reichtum und ihrer Pracht auf. Als Mensch sind Sie in jedem Aspekt der Wirklichkeit anwesend, den ein Mensch wahrnehmen kann.

Versuchen Sie, sich die Nichtexistenz vorzustellen. Versuchen Sie, sich eine Zeit vor Ihrer Geburt oder eine Zeit nach Ihrem Tod vorzustellen. Sie werden es nicht können, weil Sie mit den Elementen verschmolzen sind, die ewig fortbestehen. Zeit, Raum, Materie und Energie existieren seit Milliarden von Jahren, aber das ist nicht dasselbe wie die Ewigkeit. Die Ewigkeit besteht aus den beiden Dingen, die sich nicht ändern oder weggenommen werden können: Existenz und Bewusstsein. Das wirkliche Sie ist »Ich bin«, denn diese beiden kleinen Wörter drücken Ihre Existenz und Ihr Gewahrsein aus. Ohne den Schatten eines Zweifels *wissen Sie, dass Sie sind.*

Die Meistermeditation verändert sich mit Ihnen. Den meisten Menschen wird es beispielsweise in Schritt 1 leichtfallen zu begreifen, dass sie in allem, was sie sehen, auch sind. Photonen, die Träger des Lichts, sind unsichtbar. Licht an sich ist nicht hell. Es hat keine Farbe. Ohne Ihre Anwesenheit in allem, was Sie sehen, würden Sie nichts sehen. Im Gehirn gibt es kein Licht, keine Farben oder Bilder. Es ist nicht das Gehirn, das sieht, sondern *Sie.*

Je mehr Sie erwachen, desto vertrauter, persönlicher und kraftvoller wird diese Wahrheit. Es gibt Raum für den Geist. Wenn Sie zu sich selbst sagen: »Ohne mich ist nichts sichtbar«, wird Ihr Ego zwangsläufig reagieren. Es wird antworten: »Lächerlich. Natürlich sind die Sterne ohne mich sichtbar. Sie existierten schon Milliarden von Jahren, bevor ich geboren wurde.« Aber die Meditation weiß, wie sie das Ego umschiffen kann. Wenn Sie das nächste Mal zu sich selbst sagen: »Ohne mich ist nichts sichtbar«, wird Ihr Ego vielleicht nicht mehr spotten. Es könnte einfach zögern und sagen: »Hmm.«

So wird es gehen, nicht geradlinig, sondern querbeet. Sie werden mit Vorstellungen konfrontiert, die das Ego, das begrenzte, isolierte, getrennte »Ich«, mit dem Sie sich seit Ihrer Geburt identifiziert haben, vor ein Rätsel stellen. Glücklicherweise ist das Erwachen real. Es führt dazu, dass Sie anfangen, den Glauben an das begrenzte Selbst zu verlieren. Der Tag wird kommen, vielleicht sehr bald, vielleicht erst im Laufe der Zeit, an dem Sie sich sagen »Ohne mich ist nichts sichtbar«, und sich nicht widersetzen, nicht zögern, grübeln, verwirrt sind oder abgelenkt werden.

Sie werden staunen. Stellen Sie sich vor, Sie dachten die ganze Zeit, Sie wären dieses winzige, unbedeutende »Ich«, das alles tut, um sich sicher zu fühlen, obwohl Sie die ganze Zeit die Essenz von allem waren, was sichtbar ist. Wie mikroskopisch klein auch immer, Sie sind das Bewusstsein, das das Sehen möglich macht. Wie kosmisch auch immer, Sie sind die Essenz, die das Sehen möglich macht. In einem Zustand des Staunens fallen die Schuppen von Ihren Augen, der konditionierte Verstand lässt los, und Sie verschmelzen still mit dem, was Sie wirklich sind.

Dies ist der Gipfel der menschlichen Erfahrung, in der gesamten Menschheitsgeschichte. Ich liebe es, das Bewusstsein zu erkunden, denn nichts ist faszinierender, als »Ich bin« auszupacken und zu entdecken, dass jede Erkenntnis darin enthalten ist. Noch mehr gerate ich ins Staunen, wenn ich die Schriften von Mystikern und Dichtern lese, die eine Sprache gefunden haben, um Ekstase auszudrücken. Sie sind über das Staunen hinausgegangen und leben in der Glückseligkeit der ewigen Schöpfung.

Oh Gott
Ich habe die Liebe entdeckt!
Wie wunderbar, wie gut, wie schön sie ist!
Sei gegrüßt
Geist der Leidenschaft, der du das Universum durchdringst und
in Aufruhr versetzt
Und alles, was sich darin bewegt.

Das ist die unverkennbare Stimme des persischen Dichters Rumi, aber im erwachten Leben werden wir alle mit seiner Stimme sprechen. Er öffnet ein Fenster zu dem, wer wir wirklich sind. Das Wunder ist, dass wir die Wahrheit spüren, wenn wir ihr begegnen, auch wenn wir noch nicht erwacht sind. Eine Schöpfung aus Liebe und Leidenschaft klingt doch sehr menschlich. Das muss sie auch, denn wir sind die Essenz der Schöpfung, und das dürfen wir nie vergessen.

DANKSAGUNG

Dieses Buch wurde in den schlimmen Monaten des weltweiten COVID-19-Ausbruchs fertiggestellt, und mehr denn je bin ich denjenigen dankbar, die zu meiner erweiterten Familie geworden sind. Besonders herausheben möchte ich die persönliche Verbindung und das Band der Zuneigung mit den Mitarbeitern der Chopra Foundation und von Chopra Global, meinen Verlegern und meinem langjährigen und so klugen Lektor Gary Jansen. Ebenso bemerkenswert in ihrem unermüdlichen Einsatz ist Carolyn Rangel. Ich danke euch allen von Herzen. Meine Frau Rita und ich fühlen uns gesegnet, von Kindern und Enkelkindern umgeben zu sein, die uns alle seit ihrer Geburt lieb und teuer sind. Mögen diese Bande nur noch stärker werden, während die Welt lernt, wieder zu heilen.